Langenscheidt

Übungsgrammatik
Spanisch

von María Luz Cámara Hernando

Langenscheidt

Berlin · Madrid · München · Warschau · Wien · Zürich

Herausgegeben von der Langenscheidt-Redaktion
Coverfoto: Getty Images/Ingram Publishing/Thinkstock
Layout: Ute Weber
Projektmanagement/Lektorat: Eva Maria Weermann, TextMedia
Muttersprachliches Lektorat: Veronica Loret de Mola

Laden Sie sich auf www.langenscheidt.de/uebungsgrammatik mit dem Code us986 kostenlos Ihren Grammatiktrainer herunter.

www.langenscheidt.de
© 2012 by Langenscheidt KG, Berlin und München

Satz: kaltner verlagsmedien GmbH, Bobingen
Druck und Bindung: Stürtz GmbH, Würzburg

ISBN 978-3-468-34986-7

12010

Inhaltsverzeichnis

Benutzerhinweise

Das Ziel

Für alle, die die spanische Grammatik nicht nur in der Theorie beherrschen wollen, ist die *Übungsgrammatik Spanisch* ideal.

Einfache Erklärungen und zahlreiche Beispiele helfen Ihnen dabei, schnell zu *verstehen* und leicht zu *lernen*. Abwechslungsreiche Übungen am Ende eines jeden Kapitels ermöglichen Ihnen, die verschiedenen Themen gezielt zu *trainieren*. Alle wichtigen Grammatikthemen der Niveaustufen A1 bis B2 werden umfassend präsentiert. Sollten Ihre Spanischkenntnisse etwas eingerostet sein, können Sie die Regeln systematisch *wiederholen* und *auffrischen*. Wer mit den Grundregeln vertraut ist, kann sein Wissen *vertiefen*. Ob es auch wirklich sitzt, können Sie in einem Abschlusstest *überprüfen*. Die Gliederung in sinnvolle Lerneinheiten ermöglicht schnelles und gezieltes *Nachschlagen*, sodass keine Grammatikfrage offen bleibt.

Der Grammatiktrainer zum Download

Der Grammatiktrainer bietet Ihnen vielfältige Trainingsmöglichkeiten, um die Grammatikthemen zu vertiefen oder Gelerntes zu wiederholen. Mithilfe der interaktiven Übungen können Sie Regeln schnell erfassen und ganz leicht nachvollziehen. Indem Sie Ihr Wissen in immer neuen Zusammenhängen und Übungsfolgen praktisch anwenden, festigen Sie das Gelernte und werden immer sicherer – Übung für Übung und Satz für Satz. Mit der praktischen Lernstatistik können Sie jederzeit Ihren persönlichen Arbeitsstand überprüfen und noch vorhandene Schwächen trainieren. Auch ein gezieltes Lernen nach den Niveaustufen A1 bis B2 ist möglich. Und wenn Sie einmal ein Wort nicht verstehen, sehen Sie einfach im integrierten Wörterbuch nach.

Der Aufbau der Übungsgrammatik

Aufgrund ihrer übersichtlichen, farbigen Gestaltung – fremdsprachliche Wörter und Beispielsätze sind hellblau hervorgehoben – ist die *Übungsgrammatik Spanisch* besonders benutzerfreundlich.
Eine unterhaltsame Illustration führt in das jeweilige Grammatikthema ein und setzt es in einen alltagstauglichen Kontext. Jedes Kapitel folgt einem strukturierten Aufbau: Zunächst werden die Formen dargestellt, dann wird ihr Gebrauch erörtert und durch Beispiele mit Übersetzung

veranschaulicht. Am Ende des Kapitels finden Sie Übungen, um das Gelernte zu festigen. Und damit Sie nicht umständlich hin und her blättern müssen, haben wir ein innovatives System zur schnellen Lernerfolgskontrolle entwickelt: Klappseiten, auf denen Sie problemlos die Lösungen überprüfen können. Hier können Sie auch gleich die Grundregel zum abgefragten Thema noch mal auffrischen. Praktischer geht's nicht!

Die Aussprache

Eine Übersicht über die wichtigsten Ausspracheunterschiede des Spanischen im Vergleich zum Deutschen hilft Ihnen, in der gesprochenen Sprache den richtigen Laut zu bilden.

Tipps & Tricks

Damit Ihnen der Einstieg in die spanische Grammatik leichter fällt, verraten wir Ihnen vorab in einem Extrateil ein paar Tipps & Tricks zum Grammatiklernen.

Die Terminologie

Wenn Ihnen ein Begriff im Deutschen oder im Spanischen nicht ganz klar ist, haben Sie im Terminologieverzeichnis die Möglichkeit, diesen in einer alphabetisch sortierten Liste nachzuschlagen.

Der Abschlusstest

Und damit Sie Ihren Lernerfolg abschließend auch überprüfen können, finden Sie am Ende des Buches einen Abschlusstest, der eine Aufgabe zu jedem Kapitel bereit hält. So können Sie zum einen feststellen, wo Sie noch Schwachstellen haben und welches Grammatikkapitel Sie sich daher noch mal genauer ansehen sollten, und zum anderen erkennen Sie, in welchen Themengebieten Sie schon richtig fit sind.

Die unregelmäßigen Verben

Ferner finden Sie am Ende des Buches eine Übersicht über die wichtigsten unregelmäßigen spanischen Verben. Hier haben Sie alle Sonderformen auf einen Blick und können sich diese gut einprägen.

Das Register

Um gezielt nach einzelnen Themen und Begriffen suchen zu können, haben wir im Register die wichtigsten Schlagwörter für Sie erfasst, sodass Sie mühelos und schnell den entsprechenden Eintrag finden.

Auf einen Blick

So funktioniert unser System für eine schnelle Lern-erfolgskontrolle: Nach dem Motto „Learning by doing" bieten wir Ihnen am Ende jeder Lerneinheit Übungen zu den verschiedenen Grammatikthemen. So können Sie das Gelernte gleich in der Praxis anwenden, testen ob Sie alles behalten haben und sich konsequent verbessern.

Wie in den Grammatikkapiteln erkennen Sie auch bei den Übungen anhand der Niveaustufenangaben am Rand sofort, ob das Thema bzw. die Aufgabe für Ihr Lernnivau relevant ist.

Die Lösungen zu den Aufgaben finden Sie unmittelbar daneben auf ausklappbaren Seiten. Ausgeklappt wird natürlich erst nach dem Lösen! Hier können Sie auch gleich die Grundregel zum abgefragten Thema noch einmal auffrischen.

Thematische Darstellung der Grammatikregeln

Der Artikel

Vor Zahlen bedeutet unos ungefähr:
Tiene **unos** 50 años. *Er/Sie ist ungefähr 50 Jahre alt.*

☼ Der unbestimmte Artikel wird mit ninguno/ninguna verneint. Vor dem Verb steht außerdem no:
No tenemos **ninguna** casa en la playa. *Wir haben kein Haus am Meer.*
No he hablado con **ninguno** de mis amigos. *Ich habe mit keinem meiner Freunde gesprochen.*

⚡ Ninguno wird zu ningún, wenn es unmittelbar vor einem maskulinen Substantiv im Singular steht:
No te tenido **ningún** problema con ellas. *Ich habe kein Problem mit ihnen gehabt.*

B1 1.3   **Lo als Artikel**

❶ Lo ist eine neutrale Form des Artikels. Sie steht nur vor Adjektiven, Possessivpronomen, Partizipien und Adverbien, die als Substantiv verwendet werden:
Lo mejor está aún por llegar. *Das Beste wird noch kommen.*
Me agrada **lo** bien que trabaja. *Es gefällt mir sehr, wie gut er/sie arbeitet.*

⚡ Lo ist unveränderlich in Genus und Numerus:
Me gusta mucho **lo** guap**a** que está María. *Mir gefällt es sehr, wie schön Maria aussieht.*
No te puedes imaginar **lo** conten**tos** que están. *Du kannst dir nicht vorstellen, wie glücklich sie sind.*

30

Übungsseite zum Stoff des vorhergehenden Kapitels

Klappseite mit den Lösungen plus Grundregel

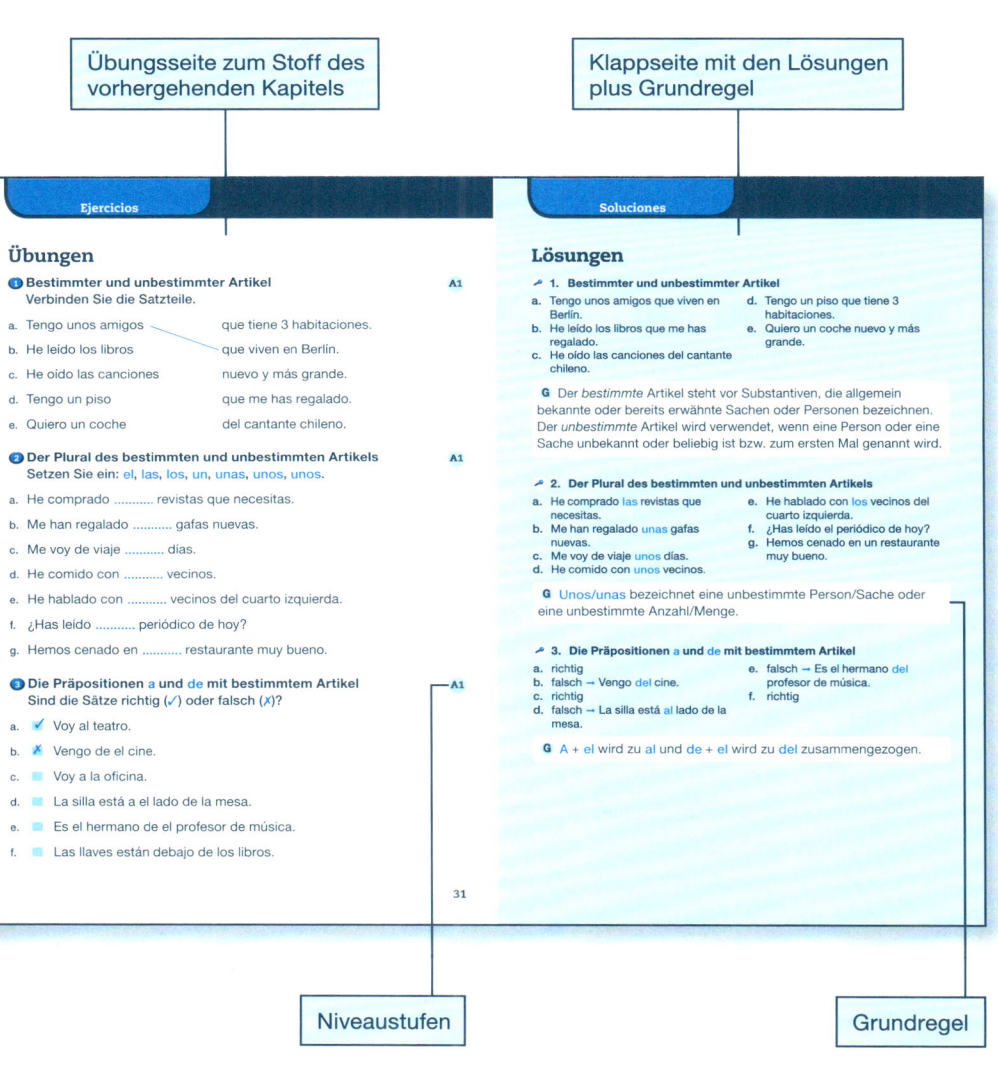

Ejercicios

Übungen

1 Bestimmter und unbestimmter Artikel   A1
Verbinden Sie die Satzteile.

a. Tengo unos amigos   que tiene 3 habitaciones.

b. He leído los libros   que viven en Berlin.

c. He oído las canciones   nuevo y más grande.

d. Tengo un piso   que me has regalado.

e. Quiero un coche   del cantante chileno.

2 Der Plural des bestimmten und unbestimmten Artikels   A1
Setzen Sie ein: el, las, los, un, unas, unos, unos.

a. He comprado ……….. revistas que necesitas.

b. Me han regalado ……….. gafas nuevas.

c. Me voy de viaje ……….. días.

d. He comido con ……….. vecinos.

e. He hablado con ……….. vecinos del cuarto izquierda.

f. ¿Has leído ……….. periódico de hoy?

g. Hemos cenado en ……….. restaurante muy bueno.

3 Die Präpositionen a und de mit bestimmtem Artikel   A1
Sind die Sätze richtig (✓) oder falsch (✗)?

a. ✔ Voy al teatro.

b. ✗ Vengo de el cine.

c. ▪ Voy a la oficina.

d. ▪ La silla está a el lado de la mesa.

e. ▪ Es el hermano de el profesor de música.

f. ▪ Las llaves están debajo de los libros.

31

Soluciones

Lösungen

↗ 1. Bestimmter und unbestimmter Artikel

a. Tengo unos amigos que viven en Berlín.

b. He leído los libros que me has regalado.

c. He oído las canciones del cantante chileno.

d. Tengo un piso que tiene 3 habitaciones.

e. Quiero un coche nuevo y más grande.

G Der *bestimmte* Artikel steht vor Substantiven, die allgemein bekannte oder bereits erwähnte Sachen oder Personen bezeichnen. Der *unbestimmte* Artikel wird verwendet, wenn eine Person oder eine Sache unbekannt oder beliebig ist bzw. zum ersten Mal genannt wird.

↗ 2. Der Plural des bestimmten und unbestimmten Artikels

a. He comprado las revistas que necesitas.

b. Me han regalado unas gafas nuevas.

c. Me voy de viaje unos días.

d. He comido con unos vecinos.

e. He hablado con los vecinos del cuarto izquierda.

f. ¿Has leído el periódico de hoy?

g. Hemos cenado en un restaurante muy bueno.

G Unos/unas bezeichnet eine unbestimmte Person/Sache oder eine unbestimmte Anzahl/Menge.

↗ 3. Die Präpositionen a und de mit bestimmtem Artikel

a. richtig

b. falsch → Vengo del cine.

c. richtig

d. falsch → La silla está al lado de la mesa.

e. falsch → Es el hermano del profesor de música.

f. richtig

G A + el wird zu al und de + el wird zu del zusammengezogen.

Niveaustufen

Grundregel

Die Niveaustufenangaben gemäß dem Europäischen Referenzrahmen

Neben den wegweisenden Symbolen warten in jedem Kapitel die Niveaustufenangaben A1, A2, B1, B2 auf Sie. Diese verraten Ihnen, welche Grammatikthemen und welche Regeln für Ihr Lernniveau relevant sind. Die Niveaustufen beziehen sich nicht nur auf das jeweilige Grammatikkapitel, sondern auch auf das in den Beispielsätzen verwendete Vokabular.

In der Praxis heißt das: Ist ein Grammatikkapitel beispielsweise der Niveaustufe A1 zugeordnet, so sind alle verwendeten Vokabeln A1, es sei denn, sie sind mit einer anderen Niveaustufe, z. B. A2 (direkt vor dem jeweiligen Wort oder Satz), versehen. Alle in diesem Kapitel enthaltenen Grammatikregeln sollten Sie dann beherrschen, es sei denn, eine Niveaustufenangabe am Rand weist Sie darauf hin, dass diese Regel für ein höheres Niveau, z. B. B1, bestimmt ist.

Hier eine kurze Erläuterung, welche Kenntnisse auf die einzelnen Niveaustufen des Europäischen Referenzrahmens zutreffen:
A1/A2: *Elementare Sprachverwendung,* d. h.
A1: Sie können einzelne Wörter und ganz einfache Sätze verstehen und formulieren.
A2: Sie können die Gesprächssituationen des Alltags bewältigen und kurze Texte verstehen oder selbst verfassen.

B1/B2: *Selbstständige Sprachverwendung,* d. h.
B1: Sie können sich in den Bereichen Alltag, Reise und Beruf schriftlich und mündlich gut verständigen.
B2: Sie verfügen aktiv über ein großes Repertoire an grammatikalischen Strukturen und Redewendungen und können im Gespräch mit Muttersprachlern bereits stilistische Nuancen erfassen.

C1/C2: *Kompetente Sprachverwendung,* d. h.
C1: Sie können sich spontan und fließend zu verschiedenen, auch komplexen oder fachspezifischen Sachverhalten äußern und sich schriftlich wie mündlich an die stilistischen Erfordernisse anpassen.
C2: Sie können mühelos jeder Kommunikationsform in der Fremdsprache folgen und sich daran beteiligen. Dabei verfügen Sie über ein umfassendes Repertoire an Grammatik und Wortschatz.

Die Symbole

Die Verwendung von selbsterklärenden Symbolen trägt dazu bei, dass Sie sich innerhalb der Kapitel auf Anhieb gut zurechtfinden. Folgende Symbole werden Ihnen immer wieder begegnen:

Unter ❶ erhalten Sie Informationen zu den speziellen Spracheigenheiten des Spanischen sowie zum landestypischen Sprachgebrauch.

Unter ☀ finden Sie einen Merksatz, den Sie sich gut einprägen sollten.

➡ Hier wird der mündliche Sprachgebrauch dem geschriebenen Spanisch gegenübergestellt.

⚡ weist Sie auf Stolpersteine hin, damit Sie diese möglichen Fehlerquellen vermeiden können. Hier handelt es sich zumeist um Unterschiede zwischen dem deutschen und dem spanischen Sprachgebrauch.

◑ signalisiert Ihnen, dass es sich hier um eine Ausnahme oder Sonderform handelt, die Sie sich besonders gut merken sollten.

L! hält einen Lerntipp für Sie bereit.

➕ gibt Ihnen eine kleine Hilfestellung.

✎ kennzeichnet die Lösungen.

G Nach diesem Symbol finden Sie die Grundregel.

Das Symbol ▷ verweist auf andere Kapitel im Buch, die Sie sich bei dieser Gelegenheit ansehen sollten. So können Sie auch gut nachvollziehen, wie die einzelnen Grammatikthemen zusammenhängen.

Abkürzungen

bzw.	beziehungsweise	*Pers.*	Person
d. h.	das heißt	*Pl.*	Plural
etw.	etwas	*Plusqu.perf.*	Plusquamperfekt
f.	feminin	*Sing.*	Singular
Ind.	Indikativ	*u. a.*	unter anderem
Kond.	Konditional	*usw.*	und so weiter
m.	maskulin	*z. B.*	zum Beispiel

Tipps & Tricks zum Sprachenlernen: Grammatik lernen, fast kinderleicht

Beneiden Sie nicht auch manchmal Kinder, die eine Sprache so ganz einfach nebenbei lernen, ohne sich über lästige Grammatikregeln oder fehlerhafte Konstruktionen Gedanken zu machen? Ganz so sorglos können wir Ihnen die Grammatik nicht nahebringen, aber nichtsdesto-trotz heißt Sprachenlernen und insbesondere Grammatiklernen nicht zwingend stures Auswendiglernen und langweiliges Regelpauken. Um Ihnen den Umgang mit Grammatik etwas zu erleichtern, verraten wir Ihnen hier einige praktische Tipps & Tricks zum Sprachenlernen.

L! Pioniergeist ist gefragt

Versuchen Sie, die Andersartigkeit der Fremdsprache und ihre gram-matischen Eigenarten nachzuvollziehen. Sehen Sie das Erlernen der Sprachregeln, der verschiedenen Zeiten und Formen einer Fremd-sprache als Chance, Ihren eigenen Erfahrungsschatz zu erweitern, als Einblick in Denkweisen, die Ihnen nicht vertraut sind, die für andere Menschen, die diese Sprache täglich sprechen, aber ganz selbstver-ständlich sind. Zeigen Sie Pioniergeist! Lassen Sie Ihrer Freude am sprachlich Neuen, Fremden und Andersartigen freien Lauf!

L! Das Gesetz der Regelmäßigkeit

Grammatik ist wie Sport. Wer nur einmal alle Jubeljahre trainiert, wird wohl kein Marathonläufer. Es ist sinnvoller, regelmäßig ein wenig als unregelmäßig viel zu lernen. Setzen Sie einen bestimmten Zeitpunkt fest, zu dem Sie sich ungestört dem Grammatiktraining widmen kön-nen, z. B. täglich eine Viertelstunde vor dem Einschlafen oder drei Mal wöchentlich in der Mittagspause. Wie immer Sie sich entscheiden: Lernen Sie kontinuierlich, denn nur so lässt sich auch Ihr Langzeit-gedächtnis trainieren.

L! Aufwärmen lohnt sich

Gelernten Stoff zu wiederholen ist wie leichtes Joggen: Laufen Sie sich warm mit Altbekanntem, bevor Sie sich an Neues wagen. Auch wenn ständig neue Grammatikregeln auf Sie zukommen, darf das bereits Erlernte nicht vernachlässigt werden. Wiederholen Sie auch Themen-gebiete, die Sie schon gut können, das macht Spaß und hält fit.

L! Das Salz in der Suppe

Versuchen Sie niemals zu viele Grammatikregeln auf einmal zu lernen. Man verliert sonst schnell den Überblick und vergisst die Details. Verwenden Sie Grammatik wie das Salz in der „Fremdsprachen-Suppe". Ebenso wie man eine Suppe versalzen kann, kann man sich das Erlernen einer Fremdsprache erschweren, indem man versucht, sich zu viele Grammatikregeln auf einmal zu merken. Lernen Sie langsam, stetig und zielorientiert und verdauen Sie in kleinen Häppchen.

L! Eigenlob stinkt nicht immer

Schauen Sie auf das, was Sie bereits können. Loben Sie sich für Fortschritte oder belohnen Sie sich für gute Leistungen. Lob motiviert und Motivation ist eine grundlegende Voraussetzung fürs Lernen.

L! Schluss mit dem Fachchinesisch

Wenn Sie etwas Neues lernen, kommen immer auch neue Fachbegriffe auf Sie zu, die Sie kennen sollten. Wählen Sie gezielt nach und nach einzelne Grammatikbegriffe aus (▷ Terminologie) und machen Sie sich mit ihrer Bedeutung vertraut. Sie werden sehen, dass es Ihnen im Laufe der Zeit leichter fallen wird, die Regeln einer Fremdsprache (auch die Ihrer Muttersprache) nachzuvollziehen und sich mit anderen darüber auszutauschen, wenn die Fachterminologie für Sie nicht mehr Fachchinesisch ist.

L! Hemmungslos werden

Auch wenn die Beschäftigung mit Grammatik nicht zu Ihren bevorzugten Freizeitaktivitäten gehört, sollten Sie, um Abneigungen, Hemmungen oder Widerwillen abzubauen, die Sprachregeln mit anderen, alltäglichen Regeln vergleichen. Straßenverkehrsregeln, mathematische Grundregeln, Regeln von Sportarten etc. sind Ihnen heute völlig vertraut, mussten jedoch erst einmal von Ihnen gelernt werden. Auch die Regeln der Grammatik werden Sie eines Tages verinnerlicht haben und, ohne darüber nachdenken zu müssen, intuitiv anwenden können.

L! Fehleranalyse gegen Fettnäpfchen

Haben Sie keine Angst vor Fehlern! Es ist nicht das Ziel des Lernens, keine Fehler zu machen, sondern gemachte Fehler zu bemerken. Nur wer einen Fehler im Nachhinein erkennt, kann ihn beim nächsten Mal vermeiden. Das Beherrschen grammatischer Grundregeln und das Verinnerlichen von Sonderformen und Ausnahmen ist dabei durchaus hilfreich: zum einen, um einen Fehler nachvollziehen zu können, und zum anderen, um nicht ein zweites Mal in dasselbe Fettnäpfchen zu treten.

⦗ Begeben Sie sich nicht ins Abseits

Grammatik ist spannend, wenn man sich einen Einblick in ihre Strukturen verschafft. Vergleichen Sie Grammatik auch in diesem Sinne mit Sport. Jede Sportart wird erst dann so richtig interessant, wenn man in der Lage ist, ihre Regeln nachzuvollziehen. Oder würden Sie auch Fußball oder Tennis anschauen, wenn es für Sie nur ein sinnfreies „dem-Ball-Nachlaufen" darstellen würde? Betrachten Sie eine Fremdsprache als eine Sportart, deren komplizierte Spielregeln Sie allmählich erlernen, um mitspielen und mitreden zu können, damit Sie nicht im Abseits landen.

⦗ Haben Sie einen Typ?

Finden Sie heraus, welcher Lerntyp Sie sind. Behalten Sie eine Regel schon im Gedächtnis, wenn Sie sie gehört haben *(Hörtyp)* oder müssen Sie sie gleichzeitig sehen *(Seh-/Lesetyp)* und dann aufschreiben *(Schreibtyp)*? Macht es Ihnen Spaß, Grammatikregeln, Zeit- und Wortformen in kleinen Rollenspielen auszuprobieren *(Handlungstyp)*? Die meisten Menschen tendieren zum einen oder anderen Lerntyp. Reine Typen kommen nur sehr selten vor. Sie sollten daher sowohl Ihren Typ ermitteln als auch Ihre Lerngewohnheiten Ihren Vorlieben anpassen. Halten Sie also Augen und Ohren offen und lernen Sie ruhig mit Händen und Füßen, wenn Sie der Typ dafür sind.

⦗ Sag's mit einem Post-it

Auf Post-its wurden schon Heiratsanträge gemacht oder Beziehungen beendet. Also ist es kein Wunder, dass man damit auch Grammatik lernen kann. Schreiben Sie sich einzelne Regeln (idealerweise mit Beispielen, s. u.) separat auf Blätter oder Post-its und hängen Sie sie dort hin, wo Sie sie täglich sehen können, z. B. ins Bad über den Spiegel, an den Computer, den Kühlschrank oder neben die Kaffeemaschine. So verinnerlichen Sie schwierige Regeln ganz nebenbei. Denn das Auge lernt mit.

L! Beispielsätze gegen Trockenfutter

Trockenfutter ist schwer verdaulich. Einzelne Grammatikregeln trocken aufzunehmen ebenso. Ergänzen Sie jede Regel mit Beispielsätzen. Wenn Ihnen die Beispiele, die Sie in den Lehrbüchern finden, nicht gefallen, formulieren Sie eigene!
Fortgeschrittene können in Originaltexten (Zeitungen, Büchern, Filmen, Songtexten) nach konkreten Anwendungsbeispielen suchen. So wird Grammatik leicht bekömmlich.

L! Führen Sie Selbstgespräche

Wählen Sie besonders schwierige Grammatikphänomene aus, schreiben Sie dazu einzelne Beispielsätze auf und sprechen Sie diese laut vor sich hin, z. B. unter der Dusche, beim Spazierengehen oder während langer Autofahrten. Reden Sie mit sich selbst in der Fremdsprache, so prägen Sie sich auch komplizierte Formen und Wendungen ganz schnell ein.

L! Grammatik à la Karte

Wie beim Vokabellernen lässt sich auch für die Grammatik eine Art Karteikasten mit einzelnen Karten anlegen. Eine Regel, eine Ausnahme oder ein Stichwort auf die eine Seite und Beispiele, Anwendungen oder Lösungen auf die andere. Schauen Sie sich die Karten regelmäßig an und sortieren Sie die, die Ihnen vertraut sind, allmählich aus.

L! Gegensätze ziehen sich an

Merken Sie sich die verschiedenen Verben, Adjektive oder Präpositionen paarweise, indem Sie sich immer auch das Wort einprägen, mit dem Sie das Gegenteil ausdrücken können (Antonym), oder ein weiteres Wort mit der gleichen Bedeutung (Synonym). Das hilft Ihnen, nicht „sprachlos" zu sein, wenn Ihnen mal ein Wort nicht gleich einfällt. Indem Sie Antonyme und Synonyme mit dazu lernen, bauen Sie sich einen breit gefächerten Wortschatz auf und können sprachlich aus dem Vollen schöpfen.

L! Übung macht den Meister!

Wie heißt es doch so schön: „Lehre bildet Geister, doch Übung macht den Meister!".
So wichtig es auch ist, sich die Grammatikregeln und -strukturen fest einzuprägen, so unerlässlich ist es jedoch, diese immer wieder zu

wiederholen und zu testen. Denn nur konsequentes Üben trägt dazu bei, dass frisch Gelerntes auch in das Langzeitgedächtnis gelangt und nicht mit der Zeit verblasst, einrostet oder ganz verschwindet.

L! Denken Sie in Schubladen

Was im wahren Leben nicht unbedingt sinnvoll ist, kann beim Grammatiklernen hilfreich sein: Machen Sie sich gedankliche Schubladen, in die Sie die gelernten Formen und Ausnahmen einsortieren, und versehen Sie diese mit Etiketten: unregelmäßige Verben, Hilfsverben, Präpositionen, Konjunktionen etc.

L! Bleiben Sie in Bewegung

Sie müssen beim Lernen nicht unbedingt am Schreibtisch sitzen. Stehen Sie auf, gehen Sie im Zimmer auf und ab oder wiederholen Sie beim Spazierengehen, beim Joggen, beim Schwimmen in Gedanken die neu gelernten Regeln. Ihr Gehirn funktioniert nachweislich besser, wenn Ihr Körper in Bewegung ist.

L! Beweisen Sie Taktgefühl

Klopfen Sie im Takt dazu (z. B. auf die Tischplatte), wenn Sie sich Grammatikregeln, feste Wendungen oder Beispielsätze einprägen wollen. Takt und Rhythmus fördern Ihr Erinnerungsvermögen. Eventuell hilft auch musikalische Unterstützung in Form von Hintergrundmusik. Und beim Wiederholen der Regeln und Strukturen können Sie Ihr Taktgefühl und Ihr Gedächtnis unter Beweis stellen.

L! Grammatik aus dem Ei

Lernen Sie mit Eselsbrücken, Reimen, Merkhilfen und Lernsprüchen. „7-5-3 Rom schlüpft aus dem Ei" – was bei historischen Jahreszahlen funktioniert, klappt auch beim Sprachenlernen.

L! Machen Sie Witze?

Merken Sie sich Witze, Sprichwörter oder Redewendungen, in denen eine grammatikalische Struktur oder eine Regel Anwendung findet. Indem Sie sich beispielsweise einen Witz in der Fremdsprache einprägen und sich an diesen erinnern, prägen Sie sich auch das jeweilige Grammatikphänomen ein. Aber denken Sie daran, dass sich weder Witze noch feste Wendungen immer wörtlich von einer Sprache in die andere übertragen lassen!

L! Lieber Miss Marple als Steuerberater?

Viele Menschen empfinden Grammatikübungen als langweilig. Zugegeben: Wer immer nur Lückentexte macht, verliert schnell die Lust. Achten Sie darauf, dass die Grammatikübungen, die Sie machen, abwechslungsreich sind. Sie sollten beim Grammatiktraining nicht das Gefühl haben, Ihre Steuererklärung auszufüllen oder an einer unbezahlten Umfrage teilzunehmen, sondern vielmehr das Gefühl, einen rätselhaften Kriminalfall zu lösen (mit Zuordnungsaufgaben), an einem Quiz teilzunehmen (mit Multiple-Choice-Aufgaben) oder einen Geheimcode zu dechiffrieren (bei Satzbauübungen, hoffentlich nicht bei Übersetzungen).

L! Gretchenfrage: Und wie steht's mit der Muttersprache?

Denken Sie über Ihre eigenen Sprechgewohnheiten nach und schauen Sie sich die Regeln Ihrer Muttersprache an. Die Gesetze der Fremdsprache sind viel einfacher nachvollzieh- und erlernbar, wenn man die Unterschiede zur eigenen Muttersprache kennt. Welche Zeitformen verwenden Sie wann, wie werden sie gebildet etc.? Indem Sie die Fremdsprache mit Ihrer Muttersprache vergleichen, machen Sie sich Parallelen und Unterschiede bewusster und prägen sich diese gleich viel besser ein.

L! E-Mail für Sie

Um auch schriftlich voneinander zu lernen, suchen Sie sich eine/n E-Mailpartner/-in und schreiben Sie kurze fremdsprachige Mails. Treffen Sie die Vereinbarung, sich gegenseitig zu korrigieren. Sie werden sehen, es macht Spaß, sich über sprachliche Dinge auszutauschen und auf die Fehler des anderen, die vielleicht auch Ihre eigenen sind, aufmerksam zu machen.

L! Wer liest, ist im Vorteil

Wagen Sie sich langsam an fremdsprachige Lektüre heran, sei es in vereinfachter Form mit Übersetzungshilfen, sei es in Form leichter Originaltexte, und schauen Sie sich insbesondere die grammatischen Feinheiten immer wieder bewusst an. Es zählt nicht, wie viel Sie lesen, sondern dass Sie einzelne grammatische Strukturen im Kontext nachvollziehen können und verstehen, was ausgedrückt werden soll.

⚡ Tauschen Sie Grammatik gegen Sauerbraten

Versuchen Sie, einer anderen Person (Kind, Freund/-in, Partner) die grammatischen Eigenarten einer Fremdsprache zu erklären. Niemand lernt besser als jemand, der andere unterrichtet und sich dabei die Regeln noch mal selbst bewusst macht. Dafür erklärt Ihr Kind Ihnen sicher bei Bedarf, wie man eine MMS verschickt, oder Ihre Schwiegermutter, wie man Sauerbraten zubereitet.

⚡ Haben Sie O-Töne?

Lernen Sie multimedial! Schauen Sie DVDs oder Kinofilme im Originalton und wenn möglich mit Originaluntertitel an, also z. B. einen spanischen Film mit spanischem Untertitel. Sie werden sehen, dass Sie durch das Mitlesen das Gesprochene besser verstehen als ohne die Texthilfe. Halten Sie die DVD auch mal an und schreiben Sie sich interessante Wörter, Phrasen oder grammatische Strukturen auf.

⚡ Learning by doing in freier Wildbahn

Zu guter Letzt, wenden Sie die Fremdsprache und Ihr neu gelerntes Wissen aktiv an. Reisen Sie in Länder, in denen die Sprache gesprochen wird, genießen Sie es, mit Menschen in der Fremdsprache zu sprechen, die Sie gerade lernen oder dann auch schon können, und freuen Sie sich über die Anerkennung, die Sie dafür bekommen, und die Kontakte, die Sie dabei knüpfen können – weil Sprachen verbinden …

Viel Spaß und Erfolg beim Grammatiklernen
wünscht Ihnen
Ihre Langenscheidt-Redaktion

Terminologie

Terminus Spanisch	Terminus Deutsch
adjetivo	Adjektiv
adverbio	Adverb
adverbio de cantidad	Adverb der Menge
adverbio de lugar	Lokaladverb
adverbio de modo	Modaladverb
adverbio de tiempo	Temporaladverb
artículo	Artikel
artículo determinado	bestimmter Artikel
artículo indeterminado	unbestimmter Artikel
comparación	Vergleich
comparativo	Komparativ
comparativo de igualdad	Komparativ der Gleichheit
comparativo de inferioridad	Komparativ der Unterlegenheit
comparativo de superioridad	Komparativ der Überlegenheit
condicional	Konditional
conjunción	Konjunktion
conjunción coordinante	nebenordnende Konjunktion
conjunción subordinante	unterordnende Konjunktion
dígrafo	Digraph
futuro	Futur
futuro simple	Futur I
futuro compuesto	Futur II
género	Genus
gerundio	Gerund
imperativo	Imperativ
imperativo afirmativo	bejahter Imperativ
imperativo negativo	verneinter Imperativ
imperfecto	Imperfekt
indefinido	historische Vergangenheit
infinitivo	Infinitiv
negación	Verneinung
número cardinal	Kardinalzahl
número ordinal	Ordinalzahl
objeto directo	direktes Objekt

Terminus Spanisch	Terminus Deutsch
objeto indirecto	*indirektes Objekt*
oración afirmativa	*Aussagesatz*
oración interrogativa	*Fragesatz*
participio	*Partizip*
pasiva refleja	*reflexives Passiv*
perfecto	*Perfekt*
perífrasis verbal	*verbale Umschreibung*
plural	*Plural*
pluscuamperfecto	*Plusquamperfekt*
pregunta indirecta	*indirekte Frage*
preposición	*Präposition*
presente	*Präsens*
pronombre	*Pronomen*
pronombre demostrativo	*Demonstrativpronomen*
pronombre indefinido	*Indefinitpronomen*
pronombre interrogativo	*Interrogativpronomen*
pronombre personal	*Personalpronomen*
pronombre personal tónico	*betontes Personalpronomen*
pronombre personal átono	*unbetontes Personalpronomen*
pronombre posesivo	*Possessivpronomen*
pronombre relativo	*Relativpronomen*
pronombre reflexivo	*Reflexivpronomen*
superlativo	*Superlativ*
superlativo absoluto	*Elativ*
sustantivo	*Substantiv*
verbo	*Verb*
verbo modal	*Modalverb*
vocal	*Vokal*
voz pasiva	*Passiv*
voz pasiva de acción	*Vorgangspassiv*
voz pasiva de estado	*Zustandspassiv*

Aussprache

Die folgende Übersicht bietet eine Orientierungshilfe bei Konsonanten, deren Aussprache abweichend von der deutschen ist:

Buchstabe	Lautschrift	Erklärung	Beispiel
c	k	vor a, o, u; wie *Kabel*	cama ['kama] *Bett*
	θ	vor e, i; Lispellaut wie englisch th	cena ['θena] *Abendessen*
		in Lateinamerika und Teilen Südspaniens wie scharfes s in *Messe*	cena ['sena] *Abendessen*
ch	tʃ	wie tsch in *Tschechien*	chico ['tʃiko] *Junge*
g	g	vor a, o, u; wie *Gast*	gafas ['gafas] *Brille*
	x	vor e, i; wie *Dach*	gente ['xente] *Leute*
h		immer stumm	hacer [a'θer] *machen*
j	x	wie ch in *Dach*	jota ['xota] *Jot (Buchst.)*
ll	ʎ	wie *brillant*	llorar [ʎo'rar] *weinen*
	j	in Lateinamerika u. Teilen Spaniens wie *ja*	llorar [jo'rar] *weinen*
ñ	ɲ	ähnlich wie gn in *Champignon*	niño ['niɲo] *Kind*
q	k	immer mit (stummem) u; wie *Korn*	que [ke] *was*
r	rr	am Wortanfang oder rr zwischen Vokalen wie stark gerolltes r	rosa ['rosa] *Rose* perro ['perro] *Hund*
	r	zwischen Vokalen wie einfach gerolltes r	pero ['pero] *aber*
v	b	wie *Bogen*	vaca ['baka] *Kuh*
z	θ	Lispellaut wie englisch th	zapato [θa'pato] *Schuh*
		in Lateinamerika und Teilen Südspaniens wie *Messe*	zapato [sa'pato] *Schuh*

1 Der Artikel

A1

Los perros son muy inteligentes.
E=mc²

Hunde sind sehr intelligent.

Wie im Deutschen ist der Artikel im Spanischen entweder bestimmt oder unbestimmt. Er richtet sich in Genus und Numerus nach dem Substantiv, das er begleitet. Im Unterschied zum Deutschen kennt das Spanische entsprechend den Substantiven nur maskuline und feminine Artikel.

1.1 Der bestimmte Artikel

A1

Formen

Maskulinum Singular	Plural	Femininum Singular	Plural
el amigo *der Freund*	los amigos *die Freunde*	la amiga *die Freundin*	las amigas *die Freundinnen*

Der bestimmte Artikel el verschmilzt mit den Präpositionen a und de (▷ 16) zu al bzw. del:

a + el → **al**	de + el → **del**
Voy **al** médico.	El libro está encima **del** sofá.
*Ich gehe **zum** Arzt.*	*Das Buch liegt **auf dem** Sofa.*

A2

Ausnahme: Bei Eigennamen bleiben Artikel und Präposition getrennt:
Voy de viaje **a El** Cairo. *Ich reise nach Kairo.*
Soy **de El** Salvador. *Ich komme aus El Salvador.*

👉 In der gesprochenen Sprache hingegen verschmilzt der Artikel auch in solchen Fällen mit der Präposition:

Soy **del** Salvador. *Ich bin aus Salvador.*

Geschrieben müssen sie jedoch getrennt werden.

B1

⚡ Bei femininen Substantiven mit betontem **a** oder **h** + betontem **a** am Wortanfang benutzt man im Singular (zur leichteren Aussprache) den maskulinen Artikel **el** anstatt **la**, sofern kein anderes Wort zwischen dem Artikel und dem Substantiv steht:

el alma *die Seele*, aber: **las** almas *die Seelen*

el hambre *der Hunger*

⚡ Auf diese Substantive folgende Adjektive stehen aber in der femininen Form (▷ **3.3**):

El agua está frí**a**. *Das Wasser ist kalt.*

el hada buen**a** *die gute Fee*

Gebrauch

ℹ Der bestimmte Artikel wird in der Regel wie im Deutschen verwendet. Er steht vor Substantiven, die allgemein bekannt sind oder bereits erwähnt wurden:

La comida está preparada. *Das Essen ist fertig.*

⚡ Der bestimmte Artikel steht jedoch:

* vor Substantiven, die für verallgemeinernde Aussagen oder generelle Wahrheiten verwendet werden:

  Los perros son muy inteligentes. *Hunde sind sehr intelligent.*

* bei Wochentagen, wenn sie zur Darstellung sich wiederholender Handlungen dienen:

  Los viernes voy al cine. *Ich gehe freitags (gewöhnlich) ins Kino.*

  ⚡ Ausnahme: Handelt es sich um einen konkreten Tag, steht wie im Deutschen kein Artikel:

  Hoy es viernes. *Heute ist Freitag.*

* bei Uhrzeiten:

  Son **las** diez menos cuarto. *Es ist Viertel vor zehn.*

* bei Monatsangaben:

  Te visitaré **el** próximo agosto. *Ich werde dich nächsten August besuchen.*

  Empiezo **el** mes que viene. *Ich fange nächsten Monat an.*

◗ Ausnahme: Vor nicht näher bestimmten Monatsnamen wird im Unterschied zum Deutschen kein Artikel gebraucht:

Mayo es el mes más bonito del año. *Der Mai ist der schönste Monat im Jahr.*

Bei Verwendung der Präposition en vor Monatsnamen steht ebenfalls kein Artikel:

Empiezo en abril. *Ich fange im April an.*

• bei Körperteilen:

Mi hermana tiene los ojos azules. *Meine Schwester hat blaue Augen.*

Me duele el estómago. *Mir tut der Magen weh.*

• bei Prozentangaben:

A2

El 75 % de los alumnos ha aprobado el examen. *75 % der Schüler haben die Prüfung bestanden.*

• vor manchen Länder-, Fluss- und Ortsnamen:

la India *Indien*   el Nilo *der Nil*

• bei einigen Verben, die ähnlich wie gustar *(gern) mögen* verwendet werden (doler *schmerzen*, parecer *scheinen*, **A2** encantar *bezaubern*). Ebenfalls bei tocar + Instrument *(Instrument) spielen* und jugar + a + Sportart *(Sport) ausüben, spielen*:

Me gusta la música. *Ich mag Musik.*

Sé tocar la guitarra. *Ich kann Gitarre spielen.*

Siempre he jugado al (a+el) tenis. *Ich habe immer Tennis gespielt.*

⚡ Bei diesen Verben bleibt der Artikel auch in der Verneinung erhalten:

No me gusta la música. *Ich mag keine Musik.*

No sé tocar la guitarra. *Ich kann keine Gitarre spielen.*

Nunca he jugado al (a+el) tenis. *Ich habe nie Tennis gespielt.*

• bei Anredeformeln und bei Titeln, wenn diese nicht bei einer direkten Anrede benutzt werden:

El doctor Salas es mi nuevo médico. *Doktor Salas ist mein neuer Arzt.*

(Aber: Doctor Salas, ¡buenos días! *Doktor Salas, guten Tag!*)

El señor Fuentes vive en el segundo piso. *Herr Fuentes wohnt im zweiten Stock.*

(Aber: Señor Ibáñez, ¿qué tal está hoy? *Herr Ibáñez, wie geht es Ihnen heute?*)

B1   ◗ Ausnahme: Vor **don** und **doña** steht kein Artikel:
Doña Inés quiere hablar con usted. *Frau Agnes möchte mit Ihnen sprechen.*
He visto a don Ernesto en el restaurante. *Ich habe Herrn Ernesto im Restaurant gesehen.*

A2   ☼ Der bestimmte Artikel kann ohne begleitendes Substantiv gebraucht werden, wenn klar ist, worüber gesprochen wird. Er steht dann vor einem Adjektiv oder vor **de** + Substantiv oder **que** + Satz:
Sólo me queda bien un traje: el gris. *Mir passt nur ein Anzug: der graue.*
Mi hermana es la del vestido rojo. *Meine Schwester ist die mit dem roten Kleid.*
De estas camisas puedes comprar la que quieras. *Von diesen Hemden kannst du das kaufen, was du willst.*

A1   ## 1.2   Der unbestimmte Artikel

Formen

Maskulinum		Femininum	
Singular	**Plural**	**Singular**	**Plural**
un amigo	**unos** amigos	**una** amiga	**unas** amigas
ein Freund	*Freunde*	*eine Freundin*	*Freundinnen*

⚡ Im Unterschied zum Deutschen hat der unbestimmte Artikel im Spanischen eine Pluralform.

B1   ☼ Gleich dem bestimmten Artikel verwendet man bei femininen Substantiven mit betontem **a** oder **h** + betontem **a** am Wortanfang im Singular den unbestimmten Artikel **un** anstatt **una**, wenn dieser unmittelbar vor dem Substantiv steht und nicht durch andere Begleiter von ihm getrennt ist:

un ala *ein Flügel*	**unas** alas *Flügel*
un hacha *eine Axt*	**unas** hachas *Äxte*

Dem Substantiv folgende Adjektive nehmen aber die feminine Form an (▶ **3.3**): **un** ave blanca *ein weißer Vogel.*

Gebrauch

❶ Der unbestimmte Artikel im Singular steht vor Substantiven, die unbekannt bzw. nicht näher bestimmt sind oder zum ersten Mal erwähnt werden. Er wird meist wie im Deutschen gebraucht:

Tengo **un** amigo que vive en México. *Ich habe einen Freund, der in Mexiko lebt.*

He visto **una** película peruana que me ha gustado mucho. *Ich habe einen peruanischen Film gesehen, der mir sehr gut gefallen hat.*

⚡ Anders als im Deutschen steht kein unbestimmter Artikel vor **medio** und **otro**:   `A2`

Bebo todos los días **medio** litro de leche. *Ich trinke jeden Tag einen halben Liter Milch.*

He comprado **otro** libro de ese escritor. *Ich habe ein anderes Buch von diesem Schriftsteller gekauft.*

⚡ Wird das begleitende Substantiv ausgelassen, verwendet man bei maskulinen Substantiven **uno** anstelle von **un**:   `B1`

En la floristería había geranios y he comprado **uno**. *Im Blumengeschäft gab es Geranien und ich habe eine gekauft.*

En esa tienda venden sillones muy bonitos y te voy a regalar **uno**. *In diesem Geschäft werden sehr schöne Sessel verkauft und ich werde dir einen schenken.*

❶ Der unbestimmte Artikel im Plural bezeichnet eine unbestimmte Menge oder eine unbestimmte Anzahl:

Hoy he comido con **unos** amigos. *Heute habe ich mit ein paar Freunden gegessen.*

Te he traído **unas** revistas españolas muy interesantes. *Ich habe dir einige interessante spanische Zeitschriften mitgebracht.*

Substantive, die auch mit der Pluralform den Singular ausdrücken können, zeigen normalerweise durch die Verwendung der Pluralform des unbestimmten Artikels an, dass der Singular und nicht der Plural des Begriffs gemeint ist:

Necesito sin falta **unos** pantalones nuevos. *Ich brauche unbedingt eine neue Hose.*

Quiero comprarme **unas** gafas más modernas. *Ich will mir eine modernere Brille kaufen.*

Vor Zahlen bedeutet **unos** ungefähr:
*Tiene **unos** 50 años. Er/Sie ist **ungefähr** 50 Jahre alt.*

💡 Der unbestimmte Artikel wird mit ninguno/ninguna verneint. Vor dem Verb steht außerdem no:
No tenemos **ninguna** casa en la playa. *Wir haben **kein** Haus am Meer.*
No he hablado con **ninguno** de mis amigos. *Ich habe mit **keinem** meiner Freunde gesprochen.*

⚡ Ninguno wird zu ningún, wenn es unmittelbar vor einem maskulinen Substantiv im Singular steht:
No te tenido **ningún** problema con ellas. *Ich habe **kein** Problem mit ihnen gehabt.*

B1 ### 1.3   Lo als Artikel

❶ Lo ist eine neutrale Form des Artikels. Sie steht nur vor Adjektiven, Possessivpronomen, Partizipien und Adverbien, die als Substantiv verwendet werden:
Lo mejor está aún por llegar. ***Das** Beste wird noch kommen.*
Me agrada **lo** bien que trabaja. *Es gefällt mir sehr, wie gut er/sie arbeitet.*

⚡ Lo ist unveränderlich in Genus und Numerus:
Me gusta mucho **lo** guap**a** que está María. *Mir gefällt es sehr, wie schön Maria aussieht.*
No te puedes imaginar **lo** content**os** que están. *Du kannst dir nicht vorstellen, wie glücklich sie sind.*

Lösungen

🔑 **1. Bestimmter und unbestimmter Artikel**

a. Tengo unos amigos que viven en Berlín.

b. He leído los libros que me has regalado.

c. He oído las canciones del cantante chileno.

d. Tengo un piso que tiene 3 habitaciones.

e. Quiero un coche nuevo y más grande.

> **G** Der *bestimmte* Artikel steht vor Substantiven, die allgemein bekannte oder bereits erwähnte Sachen oder Personen bezeichnen. Der *unbestimmte* Artikel wird verwendet, wenn eine Person oder eine Sache unbekannt oder beliebig ist bzw. zum ersten Mal genannt wird.

🔑 **2. Der Plural des bestimmten und unbestimmten Artikels**

a. He comprado las revistas que necesitas.

b. Me han regalado unas gafas nuevas.

c. Me voy de viaje unos días.

d. He comido con unos vecinos.

e. He hablado con los vecinos del cuarto izquierda.

f. ¿Has leído el periódico de hoy?

g. Hemos cenado en un restaurante muy bueno.

> **G** Unos/unas bezeichnet eine unbestimmte Person/Sache oder eine unbestimmte Anzahl/Menge.

🔑 **3. Die Präpositionen a und de mit bestimmtem Artikel**

a. richtig

b. falsch → Vengo del cine.

c. richtig

d. falsch → La silla está al lado de la mesa.

e. falsch → Es el hermano del profesor de música.

f. richtig

> **G** A + el wird zu al und de + el wird zu del zusammengezogen.

🖋 4. Artikel oder kein Artikel?

a. ¿No te gusta la música clásica?

b. Tengo otro coche.

c. He bebido medio litro de agua.

G Im Spanischen wird der bestimmte Artikel vor Verben wie gustar *(gern) mögen*, doler *schmerzen*, encantar *entzücken* benutzt. Vor otro *ein(e) andere(r)* und medio *ein(e) halbe(r)* wird im Spanischen kein unbestimmter Artikel verwendet.

🖋 5. Bestimmter Artikel, unbestimmter Artikel und lo

Hola Carlos:

Gracias por el correo que me mandaste el jueves pasado. Yo estoy bastante bien, llevo unos días muy ocupada porque tengo un examen bastante difícil el próximo viernes, pero hoy todavía es martes, así que aún me queda un poco de tiempo para estudiar. Siento en el alma no poder acompañarte mañana al concierto. Si quieres cuando acabe, el fin de semana, podemos ir al cine: a ti te gusta mucho el cine policíaco y creo que están poniendo una película sobre una desaparición en un pueblo. La película seguro que está muy bien porque trabaja Arnaldo Arias y ya sabes lo buen actor que es. Ya me dirás si te apetece venir. Si no, no pasa nada, podemos quedar para tomar un café. Lo importante es que nos veamos.

Un beso.

Rosa

G Lo steht vor substantivierten Adjektiven, Adverbien, Partizipien und Possessivpronomen.

Übungen

1 **Bestimmter und unbestimmter Artikel**   A1
Verbinden Sie die Satzteile.

a. Tengo unos amigos   que tiene 3 habitaciones.

b. He leído los libros   que viven en Berlín.

c. He oído las canciones   nuevo y más grande.

d. Tengo un piso   que me has regalado.

e. Quiero un coche   del cantante chileno.

2 **Der Plural des bestimmten und unbestimmten Artikels**   A1
Setzen Sie ein: el, las, los, un, unas, unos, unos.

a. He comprado .... revistas que necesitas.

b. Me han regalado .... gafas nuevas.

c. Me voy de viaje .... días.

d. He comido con .... vecinos.

e. He hablado con .... vecinos del cuarto izquierda.

f. ¿Has leído .... periódico de hoy?

g. Hemos cenado en .... restaurante muy bueno.

3 **Die Präpositionen a und de mit bestimmtem Artikel**   A1
Sind die Sätze richtig (✓) oder falsch (✗)?

a. ✓ Voy al teatro.

b. ✗ Vengo de el cine.

c. ▣ Voy a la oficina.

d. ▣ La silla está a el lado de la mesa.

e. ▣ Es el hermano de el profesor de música.

f. ▣ Las llaves están debajo de los libros.

A2

④ Artikel oder kein Artikel?
Übersetzen Sie die Sätze ins Spanische.

a. Du magst keine klassische Musik?

....

b. Ich habe ein anderes Auto.

....

c. Ich habe einen halben Liter Wasser getrunken.

....

B2

⑤ Bestimmter Artikel, unbestimmter Artikel und lo
Ergänzen Sie gegebenenfalls passende Formen.

Hola Carlos:

Gracias por .... correo que me mandaste .... jueves pasado.

Yo estoy bastante bien, llevo .... días muy ocupada porque

tengo .... examen bastante difícil .... próximo viernes,

pero hoy todavía es .... martes, así que aún me queda ....

poco de tiempo para estudiar. Siento en .... alma no poder

acompañarte mañana a .... concierto. Si quieres cuando acabe,

.... fin de semana, podemos ir a .... cine: a ti te gusta

mucho .... cine policíaco y creo que están poniendo ....

película sobre .... desaparición en .... pueblo. ....

película seguro que está muy bien porque trabaja Arnaldo Arias y

ya sabes .... buen actor que es. Ya me dirás si te apetece venir.

Si no, no pasa nada, podemos quedar para tomar .... café.

.... importante es que nos veamos.

.... beso. Rosa

2 Das Substantiv

Wenn ich 9 Äpfel in einer Hand habe und in der anderen 5, was habe ich dann? – Sehr große Hände!

2.1 Das Genus

ℹ️ Im Spanischen gibt es maskuline und feminine Substantive, anders als im Deutschen aber kein Neutrum.

Formen
Das Genus der Substantive bestimmen hauptsächlich zwei Endungen: **-o** für maskuline Substantive und **-a** für feminine Substantive.

Maskulinum	Femininum
el precio *der Preis*	**la** bolsa *die Tüte*
el banco *die Bank*	**la** mesa *der Tisch*
el libro *das Buch*	**la** casa *das Haus*

◑ Ausnahme: Einige Substantive, die auf **-o** enden, sind feminin: **la** mano *die Hand*, **la** radio *das Radio*, **la** moto *das Motorrad*, **la** foto *das Foto*.

Ebenfalls sind auch einige Substantive, die auf **-a** enden, maskulin: **el** idioma *die Sprache*, **el** día *der Tag*, **el** clima *das Klima*, **el** tema *das Thema*, **el** programa *das Programm*.

Neben den häufigen Endungen **-o** und **-a** gibt es weitere typisch maskuline bzw. feminine Substantivendungen:

Maskulinum	
-aje:	**A2** el vi**aje**
	die Reise
-án	el talism**án**
	der Talisman
-ón	el avi**ón**
	das Flugzeug
-ún	el at**ún**
	der Thunfisch
-or	el dol**or**
	der Schmerz
-ete	**A2** el fil**ete**
	das Schnitzel

Femininum	
-dad	la ciu**dad**
	die Stadt
-tad	la amis**tad**
	die Freundschaft
-ed	la s**ed**
	der Durst
-tud	**B2** la grati**tud**
	die Dankbarkeit
-ción	la esta**ción**
	der Bahnhof
-sión	la televi**sión**
	das Fernsehen
-ez	**B2** la niñ**ez**
	die Kindheit
-umbre	la leg**umbre**
	die Hülsenfrucht
-ie	**B1** la ser**ie**
	die Serie

◖ Ausnahmen in dieser Gruppe sind zum Beispiel:
la flor *die Blume*, **A2** **el p**ez *der Fisch*.

⚡ Eine Reihe von Endungen wird sowohl für maskuline als auch für feminine Substantive verwendet:

Endung	Maskulimum	Femininum
-s:	el me**s** *der Monat*	**A2** la to**s** *der Husten*
-e:	el caf**é** *der Kaffee*	la carn**e** *das Fleisch*
-l:	**A2** el árbo**l** *der Baum*	la sa**l** *das Salz*
-n:	el pa**n** *das Brot*	la sarté**n** *die Pfanne*
-z:	el lápi**z** *der Bleistift*	**A2** la lu**z** *das Licht*

Ľ Da das Genus der spanischen Substantive von dem der deutschen abweichen kann, sollte man sie immer zusammen mit dem passenden Artikel lernen.

Das natürliche Genus

B1

ⓘ Bei Menschen und Tieren richtet sich das grammatische Genus nach dem natürlichen Genus.

- Um die femininen Formen der Bezeichnung von Lebewesen zu bilden, wird die maskuline Endung **-o** durch **-a** ersetzt oder – bei nicht auf **-o** endenden maskulinen Formen – ein **-a** angehängt:

el chico *der Junge*	**la** chica *das Mädchen*
el perro *der Hund*	**la** perra *die Hündin*
el profesor *der Lehrer*	**la** profesora *die Lehrerin*
el león *der Löwe*	**la** leona *die Löwin*

⚡ Einige auf **-e** endenden Substantive bilden das Femininum, indem sie das **-e** durch **-a** ersetzen, andere haben für Maskulinum und Femininum identische Formen. Bei ihnen ist das Genus nur an den Begleitwörtern wie Artikel u. a. erkennbar:

el jefe *der Chef*	**la** jefa *die Chefin*
el paciente *der Patient*	**la** paciente *die Patientin*

- Manche Substantive zur Bezeichnung von Lebewesen ändern einen Teil der Wortendung:

A2 **el** actor *der Schauspieler*	**la** actriz *die Schauspielerin*
el gallo *der Hahn*	**la** gallina *die Henne*

- ⚡ Andere haben völlig unterschiedliche Formen für Maskulinum und Femininum:

el hombre *der Mann*	**la** mujer *die Frau*
A2 **el** toro *der Stier*	**la** vaca *die Kuh*

- Es gibt auch Bezeichnungen für Menschen, die im Maskulinum und Femininum gleich sind. Sie enden meist auf **-ante** oder **-ista**. Ihr Genus erkennt man an den Begleitwörtern (Artikel, Adjektive usw.), die sich nach dem natürlichen Genus richten:

B1 **el** artista *der Künstler*	**la** artista *die Künstlerin*
B1 **el** cantante español *der spanische Sänger*	**la** cantante española *die spanische Sängerin*
B1 **un** taxista *ein Taxifahrer*	**una** taxista *eine Taxifahrerin*

B1 • Viele Bezeichnungen für Tiere haben nur eine Form, die entweder maskulin oder feminin ist. Das jeweilige Genus wird durch Hinzufügen von **macho** (*männlich*) oder **hembra** (*weiblich*) angegeben. Der Artikel wechselt nicht:

B2 **la** jirafa **macho**
die männliche Giraffe

la jirafa **hembra**
die weibliche Giraffe

B2 **el** gorila **macho**
der männliche Gorilla

el gorila **hembra**
der weibliche Gorilla

Gebrauch

A2 In der Regel maskulin sind:
• Berge:
el Himalaya *der Himalaya*, **los** Pirineos *die Pyrenäen*
• Flüsse:
el Danubio *die Donau*, **el** Ródano *die Rhone*
• Seen und Ozeane:
el mar Mediterráneo *das Mittelmeer*,
el océano Atlántico *der Atlantische Ozean*
• Tage, Monate und Jahre:
el lunes *der Montag*, **el** 2000 *das Jahr 2000*
• die meisten Obstbäume:
el peral *der Birnbaum*, **el** melocotonero *der Pfirsichbaum*

B1 • Zusammengesetzte Substantive:
el abrelatas *der Dosenöffner*, **el** sacapuntas *der Bleistiftspitzer*
◗ Ausnahme: Bestehen zusammengesetzte Substantive aus zwei Substantiven, dominiert in der Regel das Genus des zweiten Substantivs:
la boca + **la** calle ➙ **la** bocacalle *die Nebenstraße*
B2 **la** punta + **el** pie ➙ **el** puntapié *der Fußtritt*
Bilden sich zusammengesetzte Substantive aus einem unveränderlichen Wort (z. B. einem Adverb oder einer Präposition) und einem Substantiv, wird immer das Genus des Substantivs übernommen:
ante + **el** brazo ➙ **el** antebrazo *der Unterarm*
bien + **la** venida ➙ **la** bienvenida *das Willkommen*

Feminin sind:
• die Buchstaben:
la o *das O*, **la** zeta *das Z*

- einige Obstbäume:
  la palmera *die Palme*, **la** higuera *der Feigenbaum*
- die meisten Früchte:
  la naranja *die Orange*, **la** uva *die Traube*

⚡ Einige Substantive haben eine unterschiedliche Bedeutung im Maskulinum und Femininum:

el bolso *die Handtasche*   **la** bolsa *die Tüte*
la manzana *der Apfel*   **el** manzano *der Apfelbaum*

2.2   Der Plural   A1

Formen

Die Bildung des Plurals ist im Maskulinum und Femininum gleich. Er wird durch Anhängen der Endung **-s** oder **-es** gebildet, je nachdem ob das Substantiv auf Vokal oder Konsonant endet:

Wortendung	Singular		Plural
Vokal	el mapa *die Landkarte*	→	los mapas
	la casa *das Haus*	→	las casas
	el té *der Tee*	→	los tés
	la llave *der Schlüssel*	→	las llaves
	el libro *das Buch*	→	los libros
	la radio *das Radio*	→	las radios
Konsonant	el papel *das Papier*	→	los papeles
	la sal *das Salz*	→	las sales
	el color *die Farbe*	→	los colores
	la flor *die Blume*	→	las flores
	A2 el reloj *die Uhr*	→	los relojes
	B1 la pared *die Wand*	→	las paredes

◑ Einige Ausnahmen und Besonderheiten:
- Die meisten Substantive auf **-í** und **-ú** können der Plural sowohl mit **-s** als auch mit **-es** bilden:
  B2 el maní *die Erdnuss* → los manís/maníes
  B2 el tabú *das Tabu* → los tabús/tabúes
  ➥ In der Umgangssprache wird normalerweise die Form auf **-s** benutzt.

A2 • Substantive auf -z bilden den Plural mit -ces:
el pez *der Fisch* → los peces
la vez *das Mal* → las veces

A2 • Substantive auf -y enden im Plural auf -is wenn sie ausländischer Herkunft sind. Sind sie spanischen Ursprungs, nehmen sie die Endung -es an:
el jersey *der Pullover* → los jerseis
el rey *der König* → los reyes

A2 • Zwei- und mehrsilbige Substantive mit unbetontem Vokal + -s am Ende bleiben im Plural unverändert:
el lunes *der Montag* → los lunes
B1 la crisis *die Krise* → las crisis

A2 • Bei Substantiven auf -án, -én, -ín, -ón und -ún entfällt der Akzent im Plural (▷ **22.2**):
el atún *der Thunfisch* → los atunes
la canción *das Lied* → las canciones

Gebrauch

• ⚡ Einige Substantive haben eine andere bzw. mehrere Bedeutungen im Plural:
el padre *der Vater* → los padres *die Väter + die Eltern*
la esposa *die Ehefrau* → las esposas *die Ehefrauen +
die Handschellen*

• Überwiegend im Plural werden benutzt: las gafas *die Brille*,
los pantalones *die Hose*.

• Im Gegensatz zum Deutschen wird das Substantiv
la gente *die Leute* immer im Singular gebraucht:
A2 **La gente** no ha dicho nada. *Die Leute haben nichts gesagt.*

• Hingegen wird *Urlaub* normalerweise im Plural verwendet:
Necesito **unas** vacaciones. *Ich brauche Urlaub.*

A2 • Unzählbare Substantive werden im Singular benutzt, wenn die Ware allgemein oder eine unbestimmte Menge gemeint ist. Bei Verwendung im Plural hingegen bezeichnen sie verschiedene Sorten einer Sache oder mehrere Einheiten:
No como **carne**. *Ich esse kein Fleisch.*
Prefiero **las carnes** blancas. *Ich bevorzuge die weißen
Fleischsorten.*

Lösungen

🔑 1. Das Genus der Substantive

a. Rosa es una chica muy simpática. Tiene un amigo que se llama John.

b. El perro de mi hermana María es muy pequeño.

c. El libro es un regalo de mi vecina Ana.

d. El piso de la ciudad es tan grande como la casa de la playa.

> **G** Im Spanischen sind Substantive entweder maskulin oder feminin. Das Neutrum gibt es nicht. Die meisten maskulinen Substantive enden auf **-o** und die femininen auf **-a**.

🔑 2. Genus anzeigende Endungen

Maskulinum: tren, billete, garaje, dolor, balcón, coche, sol, mes, ordenador, pie, taxi, país

Femininum: leche, amistad, televisión, noche, clase, tarde, sed, vez

> **G** Substantive, die auf **-aje**, **-or**, **-án**, **-ón**, **-ún** oder **-ete** enden, sind gewöhnlich maskulin, die auf **-dad**, **-tad**, **-ción**, **-sión**, **-ez**, **-ie** oder **-umbre** sind feminin. Es gibt allerdings auch eine Reihe von Substantivendungen (z. B. **-s**, **-l**, **-n**), an denen das Genus nicht erkennbar ist.

🔑 3. Ausnahmen beim Genus

a. Mi hermano se ha comprado una moto.

b. No he estudiado el tema.

c. El clima de esta ciudad es muy frío.

d. La radio no funciona.

> **G** Einige Substantive auf **-o** sind feminin: Zu ihnen gehören beispielsweise Kurzformen femininer Wörter (la moto → la motocicleta, la foto → la fotografía). Umgekehrt gibt es auf **-a** endende Substantive, die maskulin sind. Dazu zählen beispielsweise alle auf **-ma** endenden Wörter griechischer Herkunft.

4. Die regelmäßige Pluralbildung

Hoy ha sido mi cumpleaños y me han regalado muchas cosas: mis compañeros de trabajo me han regalado unos guantes, mis tíos unos collares, mi hermana me ha comprado dos tartas enormes, mi novio me ha traído unas flores, mis amigas me han comprado tres bolsos, mi prima y mi madre me han regalado dos relojes y mi hijo me ha hecho unos dibujos muy bonitos.

G Substantive, die auf Vokal enden, bilden den Plural durch Anhängen der Endung -s. Substantive auf Konsonant hängen -es an.

5. Sonderfälle der Pluralbildung

a. Si compra un jersey, se lleva dos jerseis.

b. Si compra un paraguas, se lleva dos paraguas.

c. Si compra un albornoz, se lleva dos albornoces.

d. Si compra una televisión portátil, se lleva dos televisiones portátiles.

e. Si compra una sartén, se lleva dos sartenes.

G Substantive auf -z bilden den Plural durch Anhängen von -ces. Substantive, die auf betonten Vokal + n enden, verlieren den Akzent im Plural. Auf unbetonten Vokal + s auslautende mehrsilbige Substantive verändern sich im Plural nicht.

6. Singular oder Plural?

a. He comprado unas gafas nuevas.

b. Ayer me tomé dos cervezas.

c. Había mucha gente en el cine.

d. Normalmente no bebo té para desayunar.

e. Me voy mañana de vacaciones.

G Einige Substantive werden normalerweise nur im Plural benutzt: Sie bezeichnen meist Objekte, die aus zwei identischen bzw. symmetrischen Teilen bestehen. Unzählbare Substantive dagegen werden meist im Singular verwendet. Im Plural benutzt man sie nur, um Sorten oder Einheiten einer Ware anzugeben. Gente *Leute* wird normalerweise im Singular verwendet, vacaciones *Urlaub* hingegen im Plural.

Übungen

1 Das Genus der Substantive A1
Ergänzen Sie passende Substantivendungen.

a. Rosa es una chic........... muy simpática. Tiene un amig...........
que se llama John.

b. El perr........... de mi herman........... María es muy pequeño.

c. El libr........... es un regal........... de mi vecin........... Ana.

d. El pis........... de la ciudad es tan grande como la cas...........

de la play........... .

2 Genus anzeigende Endungen A1
Bitte ordnen Sie die Substantive in die passende Spalte ein.

tren	leche	billete	A2 garaje	dolor
A2 balcón	amistad	televisión	coche	noche
sol	clase	tarde	mes	A2 ordenador
sed	pie	taxi	vez	país

Maskulinum: ..*tren*..

Femininum: ..*leche*...

3 Ausnahmen beim Genus A2
Ergänzen Sie die Sätze mit der passenden Form der
angegebenen Substantive:

el tema – la tema	un moto – una moto
el clima – la clima	el radio – la radio

a. Mi hermano se ha comprado ....

b. No he estudiado ....

c. .... de esta ciudad es muy frío.

d. .... no funciona.

A1   **4** **Die regelmäßige Pluralbildung**
Ergänzen Sie die Pluralendungen der Substantive im folgenden Text.

Hoy ha sido mi cumpleaños y me han regalado muchas

cosa............: mis compañero........... de trabajo me han regalado

unos guante..........., mis tío........... unos collar..........., mi hermana

me ha comprado dos tarta........... enormes, mi novio me ha

traído unas flor..........., mis amig........... me han comprado tres

bolso..........., mi prima y mi madre me han regalado dos

reloj........... y mi hijo me ha hecho unos dibujo........... muy

bonitos.

A2   **5** **Sonderfälle der Pluralbildung**
Im Warenhaus gibt es unglaubliche Sonderangebote.
Ergänzen Sie die Pluralform des jeweiligen Substantivs.

a. Si compra un jersey, se lleva dos ....

b. Si compra un **B1** paraguas, se lleva dos ....

c. Si compra **B2** un albornoz, se lleva dos ....

d. Si compra una televisión portátil, se lleva dos ....

e. Si compra una sartén, se lleva dos ....

A2   **6** **Singular oder Plural?**
Wählen Sie die richtige Form.

a. He comprado una gafa nueva / unas gafas nuevas.

b. Ayer me tomé dos cerveza / cervezas.

c. Había muchas gentes / mucha gente en el cine.

d. Normalmente no bebo té / tés para desayunar.

e. Me voy mañana de vacación / vacaciones.

Das Adjektiv A1

Aquí tiene el nuevo ordenador con ratón integrado.

Hier haben Sie den neuen Computer mit integrierter Maus.

ⓘ Das Adjektiv beschreibt die Eigenschaften von Lebewesen, Dingen oder abstrakten Begriffen. Es begleitet Substantive und tritt entsprechend dem Genus der Substantive entweder in maskuliner oder femininer Form auf.

3.1 Das Genus A1

Formen
☼ Die meisten Adjektive enden auf -o im Maskulinum und auf -a im Femininum. Die feminine Form der auf -or, -án, -ín und -ón endenden Adjektive wird ebenfalls durch Anhängen der Endung -a gebildet:

Maskulinum	Femininum
el chico guap**o**	la chica guap**a**
der hübsche Junge	*das hübsche Mädchen*
el estudiante trabajad**or**	la estudiante trabajador**a**
der fleißige Student	*die fleißige Studentin*
mi amigo catal**án**	mi amiga catalan**a**
mein katalanischer Freund	*meine katalanische Freundin*
mi profesor mallorqu**ín**	mi profesora mallorquin**a**
mein mallorquinischer Lehrer	*meine mallorquinische Lehrerin*
un perro B2 juguet**ón**	una perra jugueton**a**
ein verspielter Hund	*eine verspielte Hündin*

🔹 Ausnahme: Die Vergleichsformen **mayor** *größer, älter,* **menor** *kleiner, jünger,* **mejor** *besser,* **peor** *schlechter, schlimmer* sowie **superior** *obere(r),* **inferior** *untere(r),* **anterior** *frühere(r),* **posterior** *spätere(r)* und **marrón** *braun* bleiben im Femininum unverändert:

Ella es mi hija mayor y …	**él es mi hijo menor**
Sie ist meine größere Tochter …	*und er ist mein kleinerer Sohn.*
Él es mi mejor amigo.	**Ella es mi mejor amiga.**
Er ist mein bester Freund.	*Sie ist meine beste Freundin.*
el abrigo marrón	**A2** **la chaqueta marrón**
der braune Mantel	*die braune Jacke*

Die Adjektive mit Endung auf **-a**, **-e**, **-i**, **-u** oder Konsonant haben nur eine Form für Maskulinum und Femininum:

el pantalón rosa	**A2** **la falda rosa**
die rosa Hose	*der rosa Rock*
el pantalón verde	**la falda verde**
die grüne Hose	*der grüne Rock*
mi amigo feliz	**mi amiga feliz**
mein glücklicher Freund	*meine glückliche Freundin*
el profesor joven	**la profesora joven**
der junge Lehrer	*die junge Lehrerin*

🔹 Ausnahme: Auf Konsonant endende Nationalitätenadjektive haben beide Genusformen, sie bilden das Femininum mit **-a**:

un profesor español	**una profesora española**
ein spanischer Lehrer	*eine spanische Lehrerin*
un cantante andaluz	**una cantante andaluza**
ein andalusischer Sänger	*eine andalusische Sängerin*

⚡ Adjektive, die auf betonten Vokal + **n** enden sowie die Nationalitätenadjektive auf betonten Vokal + **s** verlieren in der femininen Form den Akzent (▷ **22.2**):

mi amigo alemán	**mi amiga alemana**
mein deutscher Freund	*meine deutsche Freundin*
A2 **el alumno inglés**	**la alumna inglesa**
der englische Schüler	*die englische Schülerin*
un hombre **B2** **charlatán**	**una mujer charlatana**
ein geschwätziger Mann	*eine geschwätzige Frau*

3.2   Der Plural   A1

Formen

☼ Die Pluralbildung der Adjektive folgt den gleichen Regeln wie die der Substantive. Adjektive, die auf Vokal enden, hängen ein -s an. Adjektive auf Konsonant ein -es:

A2 mi camisa blanc**a** *mein weißes Hemd*

→ mis camisas blanca**s**

mi amigo bolivian**o** *mein bolivianischer Freund*

→ mis amigos boliviano**s**

mi camisa gri**s** *mein graues Hemd*

→ mis camisas gris**es**

mi amigo españo**l** *mein spanischer Freund*

→ mis amigos español**es**

⚡ Es gibt jedoch bei der Pluralbildung der Adjektive auch eine Reihe von Besonderheiten:

• Adjektive, die auf -**í** oder -**ú** enden, können den Plural alternativ auf -**es** oder -**s** bilden:

   mi amigo hind**ú** *mein hinduistischer Freund*

   → mis amigos hindú**s**/hindú**es**

   mi amiga pakistan**í** *meine pakistanische Freundin*

   → mis amigas pakistaní**s**/pakistaní**es**

   ☛ Wie bei den Substantiven wird die Endung -**s** vorwiegend in der Umgangssprache benutzt.

• Auf -**z** endende Adjektive bilden den Plural mit -**ces**:   A2

   mi profesor andalu**z** *mein andalusischer Lehrer*

   → mis profesores andalu**ces**

   un coche velo**z** *ein schnelles Auto*

   → unos coches velo**ces**

Adjektive, die auf betonten Vokal + **s** oder + **n** enden, tragen im Plural   A2
keinen Akzent (▶ **22.2**):

el alumno franc**és** *der französische Schüler*

→ los alumnos franc**eses**

la camisa marr**ón** *das braune Hemd*

→ las camisas marr**ones**

A1   3.3   Die Angleichung

🔆 Im Spanischen richten sich die Adjektive in Genus und Numerus nach dem Substantiv, auf das sie sich beziehen – auch dann, wenn sie dem Verb nachgestellt werden:

mis amig**os** chilen**os**	Mis amig**os** son chilen**os**.
meine chilenisch**en** Freunde	Meine Freunde sind chilenisch.
mis amig**as** chilen**as**	Mis amig**as** son chilen**as**.
meine chilenisch**en** Freundin**nen**	Meine Freundin**nen** sind chilenisch.

⚡ Wenn gleichzeitig die Rede von maskulinen und femininen Substantiven ist, nehmen die Adjektive die maskuline Form an:
Mis amig**os** y mis amig**as** son muy simpátic**os**. *Meine Freunde und meine Freundinnen sind sehr sympathisch.*
Esos lib**ros** y esas revis**tas** son muy car**os**. *Diese Bücher und diese Zeitschriften sind sehr teuer.*

Die Stellung

ℹ️ Adjektive stehen im Spanischen in der Regel hinter dem Substantiv, auf das sie sich beziehen. Sie haben in dieser Position eine beschreibende, es von anderen unterscheidende Funktion:
Quiero vivir en una casa **grande**. *Ich möchte in einer großen Wohnung wohnen.*
Tengo un coche **pequeño**. *Ich habe ein kleines Auto.*

Sie können aber auch vor dem Substantiv stehen. In dieser Position haben sie eine die Einheit von Adjektiv und Substantiv darstellende Funktion oder sie betonen besonders bzw. drücken eine subjektive Einstellung aus:
la **blanca** A2 nieve *der weiße Schnee*
Te he traído un **pequeño** regalo. *Ich habe dir ein kleines Geschenk mitgebracht.*

⚡ Beachten Sie dabei:
• Bestimmte Adjektive werden üblicherweise nachgestellt verwendet. Das sind vor allem Adjektive, die die Farbe, die Form, den Zustand und die Herkunft ausdrücken:

Mi madre me ha regalado un abrigo **negro**. *Meine Mutter hat mir einen schwarzen Mantel geschenkt.*

Me he comprado una mesa **redonda**. *Ich habe mir einen runden Tisch gekauft.*

Duermo casi siempre con la ventana **abierta**. *Ich schlafe fast immer bei offenem Fenster.*

Todos los días compro el periódico **español**. *Ich kaufe jeden Tag die spanische Zeitung.*

- Medio *(ein) halber*, tanto *so viel*, mucho *viel*, poco *wenig*, otro *(ein) anderer*, *noch einer* stehen jedoch immer vor dem Substantiv, auf das sie sich beziehen: **A2**

  He bebido **medio** litro de agua. *Ich habe einen halben Liter Wasser getrunken.*

  No tengo **tantas** ganas como ayer. *Ich habe nicht so viel Lust wie gestern.*

  He comido en **muchos** restaurantes españoles. *Ich habe in vielen spanischen Restaurants gegessen.*

  Conocemos **poca** gente en esta ciudad. *Wir kennen wenige Leute in dieser Stadt.*

  ¿Puedo hacer **otra** pregunta? *Darf ich noch eine Frage stellen?*

- Mejor und peor werden üblicherweise dem Substantiv vorangestellt:

  Ése es el **mejor** libro que he leído. *Dieses ist das beste Buch, das ich gelesen habe.*

  Ésa es la **peor** canción de ese cantante que he escuchado hasta ahora. *Dies ist das schlechteste Lied, das ich bisher von diesem Sänger gehört habe.*

- Auch Adjektive, die eine Reihenfolge bezeichnen, werden normaler- **A2** weise vorangestellt:

  Kathrin fue mi **primera** amiga alemana. *Kathrin ist meine erste deutsche Freundin gewesen.*

  Hablaremos en los **próximos** días sobre ese tema tan importante. *Wir werden (uns) in den nächsten Tagen über dieses so wichtige Thema sprechen.*

  Es la **segunda** vez que me ocurre algo así. *Es ist das zweite Mal, das mir so etwas geschieht.*

A2 Einige Adjektive verändern ihre Form, wenn sie dem Substantiv im Maskulinum Singular vorangestellt werden:

> bueno → buen
> Ése es un **buen** ejemplo. *Das ist ein gutes Beispiel.*
> malo → mal
> Mi hijo es un **mal** estudiante. *Mein Sohn ist ein schlechter Schüler.*
> primero → primer
> El **primer** día no tuvimos clase.
> *Am ersten Tag haben wir keinen Unterricht gehabt.*
> tercero → tercer
> Éste es el **tercer** libro que leo en español.
> *Das ist das dritte Buch, das ich auf Spanisch lese.*
> santo → san   San Juan *Sankt Johannes*
> Aber: Santo **Do**mingo *Sankt Dominikus,*
>   Santo **To**más *Sankt Thomas*
> Grande → gran   un **gran** día *ein ausgezeichneter Tag*
>   una **gran** noticia *eine sehr gute Nachricht*
> Grande wird sowohl im Maskulinum als auch im Femininum verkürzt.

B2 ⚡ Bei einer Reihe von Adjektiven ist die Stellung bedeutungstragend. Sie ändern ihre Bedeutung, je nachdem ob sie dem Substantiv voran- oder nachgestellt sind:

nachgestellt:	**vorangestellt:**
un amigo **viejo**	un **viejo** amigo
ein Freund, der alt ist	*ein alter = langjähriger, guter Freund*
una persona **sola**	una **sola** persona
eine Person, die alleine/alleinstehend ist	*eine einzige Person*
una moto **grande**	una **gran** moto
ein großes Motorrad	*ein sehr gutes Motorrad*
un empleado **triste**	un **triste** empleado
ein trauriger Angestellter	*ein einfacher Angestellter*

Lösungen

🔑 **1. Das Genus der Adjektive**

Mi padre es ...	Mi madre es ...
simpático	simpática
trabajador	trabajadora
guapo	guapa
inteligente	inteligente
alto	alta
joven	joven

> **G** Adjektive haben eine maskuline und eine feminine Form. Die feminine Form wird gebildet, indem man die Endung -o durch -a ersetzt oder bei den Endungen -or, -án, -ín und -ón ein -a anhängt. Auf -a,-i, -u, -ista und Konsonant endende Adjektive haben gleiche Formen für Maskulinum und Femininum.

🔑 **2. Die Nationalitätenadjektive**

a. Me he comprado un coche alemán.
b. Mi teléfono móvil es japonés.
c. La cantante es española.
d. La estudiante es andaluza.
e. La pasta es italiana.

> **G** Bis auf wenige Ausnahmen bilden alle auf Konsonant endenden Nationalitätenadjektive das Femininum mit der Endung -a.

🔑 **3. Die Pluralbildung der Adjektive**

a. richtig
b. falsch → He comprado dos bolígrafos azules.
c. richtig
d. richtig
e. richtig
f. falsch → ¿Te gustan mis pantalones grises?

> **G** In der Regel wird der Plural mit -s oder -es gebildet, abhängig davon, ob ein Adjektiv auf Vokal oder Konsonant endet.

4. Besonderheiten der Pluralbildung

-es	-ces	ohne Akzent
iraníes	felices	alemanes
bantúes	andaluces	portugueses
iraquíes	veloces	ingleses

G Bei der Pluralbildung gibt es drei Sonderfälle: Adjektive auf -í/-ú bilden den Plural mit -es oder alternativ auf -s (die Endung -s wird hauptsächlich in der Umgangsprache benutzt); bei den auf -z endenden Adjektiven wird im Plural die Endung -ces verwendet; Adjektive, die im Singular auf betonten Vokal + s oder + n enden, verlieren im Plural den Akzent.

5. Die Angleichung

a. Los días son muy cortos.
b. Esos ejercicios son muy largos.
c. Mis hermanas son altas.
d. El apartamento y la casa son muy grandes.

G Adjektive werden in Genus und Numerus an das Substantiv, das sie begleiten, angeglichen. Bezieht sich ein Adjektiv gleichzeitig auf maskuline und feminine Substantive, nimmt es die maskuline Pluralform an.

6. Die Stellung

Me llamo Konrad y soy un chico alemán. Cuando empecé a estudiar español, mi primera profesora se llamaba Rosa, era muy alta y tenía el pelo negro. Éramos muy buenos amigos. Después de Rosa, mi segundo profesor también era mi vecino, por eso teníamos muchos amigos en común. Mi última profesora ahora es mi mujer: somos la mejor pareja del mundo.

G Adjektive können dem Substantiv voran- oder nachgestellt werden: sie werden vorangestellt, wenn sie eine allgemeine Eigenschaft des Substantivs bezeichnen, eine übertragene Bedeutung haben oder eine subjektive Empfindung transportieren. Nachgestellt werden sie hingegen, wenn sie eine beschreibende, unterscheidende Funktion übernehmen. Es gibt jedoch einige Substantive, die nur vor dem Substantiv stehend verwendet werden können und umgekehrt.

Übungen

❶ Das Genus der Adjektive A1

Ergänzen Sie die fehlenden Adjektivformen.

Mi padre es ...	Mi madre es ...
simpático	....
trabajador	....
....	guapa
inteligente	....
....	alta
....	joven

❷ Die Nationalitätenadjektive A1

Setzen Sie die richtige Adjektivform zum Land in Klammern ein.

a. Me he comprado un coche .... (Alemania)

b. Mi teléfono móvil es .... (Japón)

c. La cantante es .... (España)

d. La estudiante es .... (Andalucía)

e. La pasta es .... (Italia)

❸ Die Pluralbildung der Adjektive A1

Kreuzen Sie an: Sind die Sätze richtig (✓) oder falsch (✗)?

a. ☑ Tengo dos amigos españoles.

b. ✗ He comprado dos bolígrafos azuls.

c. ⬛ Los alumnos son muy trabajadores.

d. ⬛ Las niñas son muy altas.

e. ⬛ Mis profesores son argentinos.

f. ⬛ ¿Te gustan mis pantalones gris?

A2

4 Besonderheiten der Pluralbildung

Ordnen Sie folgende Wörter nach der Art ihrer Pluralbildung
und tragen Sie die jeweilige Pluralform ein:

| iraní | feliz | alemán | portugués | iraquí |
| bantú | andaluz | inglés | veloz | |

-es	-ces	ohne Akzent
iraníes	....	....
....	....	....
....	....	....

A1

5 Die Angleichung

Verbinden Sie die Satzteile.

a. Los días son muy   largos.

b. Esos ejercicios son muy   grandes.

c. Mis hermanas son   altas.

d. El apartamento y la casa son muy   cortos.

A2

6 Die Stellung

Setzen Sie die Adjektive in der richtigen Form und Position ein.

mejor / mucho / primero / negro / alemán / segundo / último / bueno

Me llamo Konrad y soy un .... chico .... Cuando empecé a

estudiar español, mi .... profesora .... se llamaba Rosa, era

muy alta y tenía el .... pelo .... Éramos muy .... amigos

.... Después de Rosa, mi .... profesor .... también era mi

vecino, por eso teníamos .... amigos .... en común. Mi

.... profesora .... ahora es mi mujer: somos la .... pareja

.... del mundo.

4 Das Adverb

A2

> Hijo mío, sólo puedo decirte que la verdad absoluta no existe. Y esto es absolutamente cierto.

Mein Sohn, ich kann dir nur sagen, dass die absolute Wahrheit nicht existiert. Und das ist absolut wahr.

ⓘ Das Adverb bestimmt Verben, Adjektive, oder andere Adverbien und ganze Sätze näher. Es beschreibt die Umstände eines Geschehens, einer Handlung oder eines Zustands. Wie im Deutschen ist es unveränderlich.

Formen

☼ Formal gibt es zwei Gruppen von Adverbien: Die einfachen oder ursprünglichen und die große Gruppe der abgeleiteten Adverbien, die durch Anhängen der Endung **-mente** an die feminine Form des Adjektivs entstehen. An Adjektive, die im Maskulinum und Femininum gleich sind, wird die Endung **-mente** direkt angehängt:

Adjektiv			Adverb	
B1 sincer**a**		→	sincera**mente**	*ehrlich*
rápid**a**	+ -mente	→	rápida**mente**	*schnell*
elegant**e**		→	elegante**mente**	*elegant*
feli**z**		→	feliz**mente**	*glücklich*

⚡ Einige Adjektive werden in der maskulinen Form auch als Adverb verwendet:

Mónica habla **alto**. *Monika spricht laut.*

Tú caminas **lento**. *Du gehst langsam.*

El cantante cantaba muy **bajo** y no se le oía bien. *Der Sänger sang sehr leise und man konnte ihn nicht gut hören.*

Gebrauch
Adverbien dienen zur näheren Bestimmung von:
* Verben:
  Lee la carta **lentamente**. *Er/Sie liest den Brief langsam.*
  Vino **enseguida**. *Er/Sie kam sofort.*
* Adjektiven:
  Tengo una amiga **muy** inteligente. *Ich habe eine sehr intelligente Freundin.*
  Está **demasiado** nervioso. *Er ist zu nervös.*
* anderen Adverbien:
  Come **muy** despacio. *Er/Sie isst sehr langsam.*
  Viven **aquí** arriba. *Sie wohnen hier oben.*
* ganzen Sätzen:
  Afortunadamente hemos llegado a tiempo. *Glücklicherweise sind wir rechtzeitig angekommen.*
  Seguramente no lo saben. *Wahrscheinlich wissen sie es nicht.*

Stellung
☀ Das Adverb steht in der Regel nach dem Verb und vor dem Adjektiv oder dem Adverb, das es näher bestimmt:
Nos reímos **mucho**. *Wir haben viel gelacht.*
Estás **muy** guapa. *Du siehst sehr schön aus.*
Tu respuesta estuvo **bastante** bien. *Deine Antwort war ziemlich gut.*

◖ Ausnahme: Adverbien die eine subjektive Einstellung (wie Vermutung, Zweifel, Unsicherheit) transportieren, stehen normalerweise vor dem Verb:
Quizás no tiene tiempo. *Vielleicht hat er/sie keine Zeit.*
Probablemente esté enfermo. *Wahrscheinlich ist er krank.*

⚡ Adverbien, die ganze Sätze näher bestimmen, können im Spanischen verschiedene Positionen im Satz einnehmen. Entweder stehen sie am Anfang oder am Ende eines Satzes oder aber innerhalb des Satzgefüges:
Todo se ha acabado, **desgraciadamente**. *Alles ist zu Ende, leider.*
Desgraciadamente, todo se ha acabado. *Leider ist alles zu Ende.*
Todo, **desgraciadamente**, se ha acabado. *Alles ist leider zu Ende.*

4.1 Das Lokaladverb

A2

Wichtige Lokaladverbien sind:

aquí/acá *hier*	ahí *da*	allí/allá *dort*
adelante *vorwärts*	adonde *wohin*	alrededor *rundum*
arriba *oben*	cerca *nah*	debajo *unten*
delante *vorn(e)*	dentro *drinnen*	detrás *hinten*
donde *wo*	encima *oben*	enfrente *gegenüber*
fuera/afuera *außen*	lejos *weit*	

⚡ Die Lokaladverbien aquí, acá, ahí, allí und allá haben eine deiktische Funktion: Sie bezeichnen die Entfernung zwischen dem Sprecher und einem bestimmten räumlichen Punkt.

Aquí bezeichnet dabei die direkte Nähe zum Sprecher. Ahí bezieht sich auf die Reichweite des Hörers oder auf einen nicht weit entfernt vom Sprecher liegenden Punkt. Allí hingegen bezeichnet einen Punkt, der vom Hörer *und* vom Sprecher weit entfernt ist:
Aquí en mi casa me siento a gusto. *Hier bei mir zu Hause fühle ich mich wohl.*
¿Qué es eso que hay **ahí** a tu lado? *Was ist das, was da neben dir liegt/steht?*
Allá a lo lejos se ve un coche rojo. *Dort in der Ferne sieht man einen roten Wagen.*

⚡ Besonderheiten:
• Einige Lokaladverbien können auch mit temporaler Bedeutung benutzt werden:

B1

   De **aquí** a unos días todo irá mejor. *(Von jetzt an bis) in ein paar Tagen wird alles besser gehen.*
   Ya hablaré con ella más **adelante**. *Ich werde später schon mit ihr reden.*
• Donde und adonde tragen einen Akzent, wenn sie in Interrogativsätzen benutzt werden:
   ¿**Dónde** has estudiado español este año? *Wo hast du dieses Jahr Spanisch gelernt?*
   ¿**Adónde** vas todavia a estas horas? *Wo gehst du um diese Zeit noch hin?*

B1 • Donde und adonde können auch in Relativsätzen verwendet werden:

La casa **donde** vives está muy lejos. *Das Haus, wo du wohnst, liegt sehr weit weg.*

El pueblo **adonde** vamos es muy pequeño. *Das Dorf, wohin wir fahren, ist sehr klein.*

B2 • ⚡ In Relativsätzen wird adonde getrennt geschrieben, wenn das Bezugswort nicht bekannt ist:

Vamos **a donde** quieras. *Gehen wir, wohin du willst.*

A2 ### 4.2 Das Temporaladverb

Die wichtigsten Temporaladverbien sind:

ahora *jetzt*	antes *vorher*	anteayer *vorgestern*
ayer *gestern*	anoche *gestern Abend*	cuando *wann*
después *nachher*	entonces *dann*	hoy *heute*
mañana *morgen*	**B1** mientras *währenddessen*	nunca *nie*
pronto *früh/bald*	siempre *immer*	tarde *spät*
temprano *früh*	todavía *noch*	ya *schon*

Nos vemos **después**. *Wir sehen uns nachher.*
Ahora no tengo tiempo. *Jetzt habe ich keine Zeit.*
Hoy es mi cumpleaños. *Heute habe ich Geburtstag.*

⚡ Besonderheiten:

• Ist nunca dem Verb nachgestellt, muss vor dem Verb no stehen
(▷ **19.2**):

Nunca antes había hablado con él. *Nie vorher hatte ich mit ihm gesprochen.*

No había hablado con él **nunca** antes. *Ich hatte nie vorher mit ihm gesprochen.*

• Wird cuando in Interrogativsätzen benutzt, trägt es einen Akzent
(▷ **22.2**):

¿**Cuándo** va a venir? *Wann wird er/sie kommen?*

B1 • Cuando kann auch in Relativsätzen verwendet werden:

Empezamos **cuando** quieras. *Wir fangen an, wann du willst.*

Llegó **cuando** yo ya no estaba. *Er/Sie kam an, als ich schon weg war.*

4.3 Das Modaladverb · A2

Die meisten Modaladverbien sind abgeleitete Formen mit der Endung **-mente**:

¿Puedo traer a mis amigos? – ¡**Naturalmente**! *Darf ich meine Freunde mitbringen? – Aber selbstverständlich!*
Se acercó **lentamente**. *Er/Sie näherte sich langsam.*

Wichtige Modaladverbien aus der Gruppe der ursprünglichen Adverbien sind:

B2 adrede/aposta *absichtlich*	así *so*	bien *gut*
B2 deprisa *schnell*	como *wie*	despacio *langsam*
mal *schlecht*	mejor *besser*	peor *schlechter*

Lo has hecho **adrede**. *Du hast es absichtlich gemacht.*
Eso no está **bien** escrito. *Das ist nicht gut geschrieben.*

⚡ Besonderheiten:
• Como trägt einen Akzent, wenn es in Interrogativsätzen benutzt wird (▷ **22.2**):
  ¿**Cómo** lo has hecho? *Wie hast du es gemacht?*
• Como kann auch im Relativsatz verwendet werden: **B1**
  Lo haremos **como** tú dices. *Wir werden es machen, wie du sagst.*
  No me gusta **como** nos habla. *Mir gefällt es nicht, wie er/sie zu uns spricht.*

4.4 Das Adverb der Menge · A2

Wichtige Adverbien der Menge sind:

además *außerdem*	algo *etwas*	bastante *genug/ziemlich*
casi *fast*	cuánto *wie viel*	demasiado *zu viel*
mucho *viel*	muy *sehr*	poco *wenig*
más *mehr*	menos *weniger*	nada *nichts*
sólo *nur*	tanto/tan *so viel*	

⚡ Besonderheiten:
• Muy bestimmt Adjektive oder Adverbien näher und steht immer vor diesen. Mucho wird in Verbindung mit Verben verwendet und ist diesen immer nachgestellt:

Tu coche es **muy** bonito. *Dein Wagen ist **sehr** schön.*

Ayer comimos **mucho**. *Gestern haben wir **viel** gegessen.*

◗ Ausnahme: Vor más, mejor, peor, mayor und menor steht immer mucho:

Este coche es **mucho más** barato. *Dieser Wagen ist **viel billiger**.*

Es **mucho mejor** de lo que esperaba. *Es ist **viel besser** als ich dachte.*

- Tan steht immer *vor* Adjektiven oder Adverbien, tanto steht *nach* Verben:

  ¡Eres **tan** simpática! *Du bist **so** sympathisch!*

  ¿Por qué B2 te portas **tan** mal? *Warum benimmst du dich **so** ungezogen?*

  ¡No bebas **tanto**! *Trink nicht **so** viel!*

- Folgt nada auf das Verb, muss doppelt verneint werden und vor dem Verb no stehen (▷ **19.2**):

  No duerme casi **nada**. *Er/Sie schläft **kaum**.*

  Eso **no** está **nada** bien. *Das ist **überhaupt nicht** gut.*

A2   4.5   **Die Adverbien der Bejahung, Verneinung und Vermutung**

Wichtige Adverbien der Bejahung, Verneinung und Vermutung sind:

ciertamente *gewiss*	B1 jamás/no … nunca *nie*
no *nein*	no … nada *nichts*
probablemente *wahrscheinlich, vermutlich*	quizá(s)/tal vez/acaso *vielleicht*
	seguramente *wahrscheinlich*
tampoco *auch nicht*	sin duda *ohne Zweifel*
sí *ja*	también *auch*

⚡ Seguramente drückt im Spanischen keine Gewissheit aus, sondern eine Vermutung:

Seguramente llegará mañana. *Wahrscheinlich kommt er/sie morgen an.*

Lösungen

🔑 **1. Funktion des Adverbs**

a. No me encuentro bien.	→ 1	bestimmt Verb
b. Tengo muy poca hambre.	→ 2	bestimmt Adjektiv
c. Lo has hecho bastante bien.	→ 3	bestimmt Adverb
d. Me he comprado un coche bastante grande.	→ 2	bestimmt Adjektiv
e. Hoy he trabajado bastante.	→ 1	bestimmt Verb
f. Eso está muy mal.	→ 3	bestimmt Adverb
g. No ha comido nada.	→ 1	bestimmt Verb
h. Estos zapatos son muy cómodos.	→ 2	bestimmt Adjektiv
i. Eso está mucho mejor.	→ 3	bestimmt Adverb

G Adverbien bestimmen Adjektive und andere Adverbien näher und stehen ihnen voran; bestimmen sie Verben näher, folgen sie diesen in der Regel. Sie sind unveränderlich in Genus und Numerus.

🔑 **2. Muy oder mucho?**

a. Estas vacaciones han sido mucho mejores que las del año pasado.
b. Ese abrigo es muy bonito.
c. No me gusta mucho ir a la piscina.
d. Tengo muy poco dinero.
e. Este ejercicio lo has hecho muy bien.
f. Habla muy deprisa y no entiendo.
g. Nos reímos mucho con él.
h. Está mucho peor de lo que pensaba.

G Muy *sehr* wird vor Adjektiven und Adverbien benutzt, mucho *viel* hingegen nach Verben. Vor más *mehr*, mejor *besser*, peor *schlechter*, mayor *größer* und menor *kleiner* muss jedoch immer mucho stehen.

3. Das Modaladverb

a. (Tú) Hablas muy despacio.
b. (Él) Me lo dijo tranquilamente.
c. (Ella) Nos saludó amablemente.

d. (Nosotros) Terminamos rápidamente.

G Viele Modaladverbien sind von Adjektiven abgeleitete Formen. Sie werden ausgehend von der femininen Form des Adjektivs durch Anhängen der Endung -mente gebildet. Es gibt jedoch auch eine Reihe von ursprünglichen Adverbien wie z. B. despacio *langsam*, die sich nicht herleiten lassen.

4. Die Stellung der Adverbien

a. Richtig
b. Falsch → No he dormido casi nada.
c. Falsch → Estoy leyendo un libro bastante interesante.

d. Falsch → No iré nunca contigo.
e. Falsch → Yo toco muy bien la guitarra.

G Adverbien stehen in der Regel nach dem Verb und vor dem Adjektiv oder Adverb, auf das sie sich beziehen.

5. Lokal-, Temporal- und Modaladverbien in Interrogativ- und Relativsätzen

a. ¿Cuándo vas a venir a buscarme mañana?
b. ¿Adónde ibas tan deprisa ayer?
c. ¿Cómo quieres los pantalones?

d. Te contesté cuando me preguntaste.
e. Podemos ir a donde dices tú.

G Die Adverbien cuando *wann*, donde *wo*, adonde *wohin* und como *wie* können auch in Interrogativ- und Relativsätzen verwendet werden. Werden sie im Fragesatz verwendet, tragen sie einen Akzent. Adonde *wohin* wird im Relativsatz getrennt geschrieben, wenn das Bezugswort nicht bekannt ist.

Übungen

A2

1 Funktion des Adverbs

Geben Sie an, welche Funktion die Adverbien in den Sätzen jeweils haben.

1. Nähere Bestimmung eines Verbs
2. Nähere Bestimmung eines Adjektivs
3. Nähere Bestimmung eines Adverbs

a. No me encuentro bien. ☐

b. Tengo muy poca hambre. ☐

c. Lo has hecho bastante bien. ☐

d. Me he comprado un coche bastante grande. ☐

e. Hoy he trabajado bastante. ☐

f. Eso está muy mal. ☐

g. No ha comido nada. ☐

h. Estos zapatos son muy cómodos. ☐

i. Eso está mucho mejor. ☐

A2

2 Muy oder mucho?

Ergänzen Sie muy oder mucho in den Sätzen.

a. Estas vacaciones han sido .... mejores que las del año pasado.

b. Ese abrigo es .... bonito.

c. No me gusta .... ir a la piscina.

d. Tengo .... poco dinero.

e. Este ejercicio lo has hecho .... bien.

f. Habla .... deprisa y no entiendo.

g. Nos reímos .... con él.

h. Está .... peor de lo que pensaba.

A2

❸ Das Modaladverb
Übersetzen Sie die Sätze ins Spanische.

a. Du sprichst sehr langsam.

....

b. Er sagte es mir ruhig.

....

c. Sie begrüßte uns freundlich.

....

d. Wir waren schnell fertig.

....

A2

❹ Die Stellung der Adverbien
Sind folgende Sätze richtig (✓) oder falsch (✗)?

a. ✓ Esa película es muy aburrida.

b. ✗ He casi nada dormido.

c. ▦ Estoy leyendo un libro interesante bastante.

d. ▦ No nunca iré contigo.

e. ▦ Yo muy bien toco la guitarra.

B1

❺ Lokal-, Temporal und Modaladverbien in Interrogativ- und Relativsätzen
Verbinden Sie die Satzteile.

a. ¿Cuándo vas a venir   tan deprisa ayer?

b. ¿Adónde ibas   cuando me preguntaste.

c. ¿Cómo quieres   a donde dices tú.

d. Te contesté   los pantalones?

e. Podemos ir   a buscarme mañana?

5) Der Vergleich

Glaubst du, dass es eine bessere Welt gibt? – Ja, aber sie ist sehr teuer.

5.1 Der Komparativ

ℹ Der Komparativ ist eine Vergleichsform, die den Unterschied anzeigt. Anders als im Deutschen wird er im Spanischen nicht durch Anhängen einer Endung gebildet, sondern indem man dem zu steigernden Wort bestimmte Wörter voranstellt.

Der Komparativ der Überlegenheit und der Unterlegenheit A2

Überlegenheit: Verb + **más** + que
Unterlegenheit: Verb + **menos** + que

Mi hermana **gana más que** yo. *Meine Schwester verdient mehr als ich.*
Este niño **llora menos que** los demás. *Dieses Kind weint weniger als die anderen.*

Überlegenheit: **más** + Adjektiv + que
Unterlegenheit: **menos** + Adjektiv + que

Tu casa es **más grande que** la nuestra. *Dein Haus ist größer als das unsere.*
Tu hermano es **menos alto que** tú. *Dein Bruder ist nicht so groß wie du.*

Überlegenheit: **más** + Adverb + que
Unterlegenheit: **menos** + Adverb + que

Esta mañana te has levantado más pronto que yo.
Heute Vormittag bist du früher als ich aufgestanden.
¡Habla menos alto, por favor! *Sprich bitte nicht so laut!*

Überlegenheit: **más** + Substantiv + que
Unterlegenheit: **menos** + Substantiv + que

Esta casa tiene más metros cuadrados que la otra. *Dieses Haus hat mehr Quadratmeter als das andere.*
Tengo menos amigas que tú. *Ich habe nicht so viele wie/weniger Freundinnen als du.*

Gebrauch

⚡ Besonderheiten der Verwendung:

• Die Adjektive **bueno/malo** und die Adverbien **bien/mal** nehmen beim Vergleich der Überlegenheit eine andere Form an. **Bueno/ bien** werden zu **mejor** und **malo/mal** zu **peor**:
Este coche es mejor que el tuyo. *Dieser Wagen ist besser als deiner.*
Trabaja peor que antes. *Er/Sie arbeitet schlechter als früher.*

• Bei Vergleichen in Verbindung mit dem Alter verwendet man im Spanischen anstelle von **grande** *groß, alt* und **pequeño** *klein, jung* die Formen **mayor** und **menor**:
Mi hermano es mayor que yo. *Mein Bruder ist älter als ich.*
Tu hija es menor que la mía. *Deine Tochter ist jünger als meine.*

• Vor **más/menos** können auch die Ergänzungen **un poco/poquito** *ein wenig/ein ganz klein wenig*, **bastante** *genügend* und **mucho/ muchísimo** *viel/sehr viel* vorkommen, um den Vergleich noch präziser zu machen:
Estoy un poquito menos cansada que ayer. *Ich bin ein bisschen weniger müde als gestern.*
Este jabón es mucho más caro que el otro. *Diese Seife ist viel teurer als die andere.*

- Folgt dem Vergleich ein Satz oder eine Nummer, wird **de** anstatt **que** benutzt.

  La habitación es **más** grande **de** lo que parece. *Das Zimmer ist größer als es aussieht.*

  Tiene **más de** 50 camisas. *Er/Sie hat mehr als 50 Hemden.*

Der Komparativ der Gleichheit (A2)

Verb + tanto + como

Trabajo **tanto como** tú. *Ich arbeite genauso viel wie du.*
Hablas **tanto como** yo. *Du redest genauso viel wie ich.*

tan + Adjektiv + como

Soy **tan** joven **como** tú. *Ich bin (genau)so jung wie du.*
Esta película es tan aburrida **como** la otra. *Dieser Film ist (genau)so langweilig wie der andere.*

tan + Adverb + como

Carlos sabe nadar **tan** bien **como** Alberto. *Carlos kann (genau)so gut wie Alberto schwimmen.*
Hoy has llegado **tan** tarde **como** ayer. *Heute bist du (genau)so spät wie gestern angekommen.*

tanto/-a/-os/-as + Substantiv + como

⚡ Tanto wird in Genus und Numerus an das Substantiv angeglichen:
He bebido **tanto** zumo **como** los demás. *Ich habe (genau)so viel Saft wie die anderen getrunken.*
Tengo **tantas** ganas **como** tú. *Ich habe (genau)so viel Lust wie du.*

5.2 Der Superlativ (A2)

ℹ Der Superlativ beschreibt den höchsten bzw. den geringsten Grad einer Eigenschaft, die eine Person oder Sache im Vergleich zu anderen innerhalb einer Gruppe hat.

Formen

el/la/los/las + Substantiv + **más/menos** + Adjektiv + **de** + Substantiv
el/la/los/las + Substantiv + **más/menos** + Adjektiv + **que** + Satz

Es **la** casa **más** bonita **de**l barrio. *Das ist das schönste Haus des Viertels.*
Estos son **los** libros **menos** divertidos **que** he leído. *Dieses sind die am wenigsten unterhaltsamen Bücher, die ich gelesen habe.*

el/la/los/las + Substantiv + **que** + **más/menos** + Adverb + Verb + **de** + Substantiv

Este es **el** ordenador **que más despacio** funciona **de** todos. *Dies ist der Computer, der am langsamsten von allen funktioniert.*
Es **la** atleta **que más deprisa** corre **de** su grupo. *Sie ist die Athletin, die am schnellsten in ihrer Gruppe läuft.*

⚡ Besonderheiten der Verwendung:
- Wie beim Komparativ der Überlegenheit ersetzen die Formen mejor und peor die Adjektive bueno/malo und die Adverbien bien/mal beim Superlativ:
  Rosa es **la mejor de** todas las alumnas. *Rosa ist die beste von allen Schülerinnen.*
  Esta es **la peor de** todas las películas que he visto. *Dieser Film ist der schlechteste von allen, die ich gesehen habe.*
- Ebenso wie beim Komparativ werden bei superlativischen Altersangaben die Formen mayor und menor anstelle von grande *groß*, alt und pequeño *klein, jung* benutzt:
  Él es **el mayor de** todos mis hermanos. *Er ist der älteste von allen meinen Geschwistern.*
  ¿Quién es **el menor de** los dos? *Wer ist der jüngere („der jüngste") von beiden?*

B1 ## Der Elativ
ℹ Der Elativ drückt einen sehr hohen bzw. den absolut höchsten Grad einer Eigenschaft aus. Man nennt ihn daher auch absoluten Superlativ. Er beinhaltet keinen Vergleich.

Während der höchste Grad einer Eigenschaft im Deutschen in der Regel durch das Voranstellen von *sehr, äußerst, besonders, höchst* u. a. ausgedrückt wird, gibt es im Spanischen eine eigene Form dafür:

Adjektiv + ísimo/-a/-os/-as

Endet das Adjektiv auf Vokal, entfällt dieser und die Endung -ísimo wird angehängt:

B1 hermoso *schön* → hermos- + -ísimo → hermos**ísimo** *wunderschön*
inteligente *intelligent* → inteligent- + -ísimo → inteligent**ísimo** *höchst intelligent*

Tienes un hijo **guapísimo**. *Du hast einen überaus hübschen Sohn.*
Esos árboles son **altísimos**. *Diese Bäume sind ungemein hoch.*

Endet das Adjektiv auf Konsonant, wird die Endung -ísimo direkt angehängt:

fácil *einfach* → facil**ísimo** *ganz leicht*
útil *nützlich* → util**ísimo** *sehr nützlich*

Este ejercicio es **dificilísimo**. *Diese Übung ist äußerst schwer.*
Después de la enfermedad estaba **debilísimo**. *Nach der Krankheit war er sehr schwach.*

⚡ Folgende Adjektivendungen haben eine besondere Elativform:

Endung	Adjektiv	Elativ
-ble	amable freundlich	ama**bilísimo** sehr freundlich
-co	rico reich	ri**quísimo** sehr reich
-go	largo lang	lar**guísimo** sehr lang
-z	feliz glücklich	feli**císimo** sehr glücklich

Es un restaurante **agradabilísimo**. *Es ist ein besonders angenehmes Restaurant.*
Tu madre es **simpatiquísima**. *Deine Mutter ist wirklich sympathisch.*

Die Endungen -guísimo und -quísimo bei Adjektiven auf -go und -co wie largo [-go] *lang* und rico [-ko] *reich* sind phonetisch begründet, sie erhalten die Aussprache: largo [-go] → larguísimo [-gi-]; rico [-ko] → riquísimo [-ki-]. Die Veränderung bei den Adjektiven auf -z erklärt sich aus den orthografischen Regeln des Spanischen (▷ **22.1**).

Unregelmäßige Elativformen:

> antiguo *alt, antik* → antiquísimo *uralt*
> fiel *treu* → fidelísimo *extrem treu*
> fuerte *stark* → fortísimo *äußerst stark*
> joven *jung* → jovencísimo *ausgesprochen jung*
> **B2** pobre *arm* → paupérrimo *bitter arm*
> **B2** sabio *weise, gelehrt* → sapientísimo *hochgelehrt*

⚡ Adverbien auf -mente bilden den Elativ durch Einschub der Silbe -ísima zwischen den Stamm und die Endung -mente:
rápidamente (rápid-o) *schnell* → rapid-ísima-mente *äußerst schnell*
elegantemente (elegant-e) *elegant* → elegant-ísima-mente *hochelegant*
Nos recibió **amabilísimamente**. *Er/Sie hat uns **freundlichst** empfangen.*
El trabajo avanza **lentísimamente**. *Die Arbeit geht **höchst langsam** voran.*

Nur wenige ursprünglichen Adverbien können auch eine Elativform bilden, z. B.:
lejos *weit* → lej**ísimos** *sehr weit (weg, entfernt)*
cerca *nah* → cerqu**ísima** *sehr nah*
pronto *früh* → pront**ísimo** *sehr früh*
tarde *spät* → tard**ísimo** *sehr spät*

⚡ Die Elativformen werden in Genus und Numerus an das Substantiv, auf das sie sich beziehen, angeglichen:
María es guapísim**a**. *Maria ist sehr hübsch.*
Carlos es guapísim**o**. *Carlos ist sehr hübsch.*
Los niños son guapísim**os**. *Die Kinder sind sehr hübsch.*
Las niñas son guapísim**as**. *Die Mädchen sind sehr hübsch.*

Lösungen

🔑 **1. Der Komparativ der Überlegenheit**

a. Rosa es mayor que María.
b. El kilo de fresas cuesta más que el kilo de uvas. El kilo de fresas es más caro que el kilo de uvas. El kilo de uvas es más barato que el kilo de fresas.
c. Mi amigo cocina mejor que yo.
d. Tu casa tiene más habitaciones que la mía. Tu casa es más grande que la mía.

e. Tu casa está más cerca que la suya de la oficina. Su casa está más lejos que la tuya de la oficina. De su casa a la oficina hay más kilómetros que de tu casa a la oficina.
f. Alberto ha viajado más veces a Venezuela que Manuel.

G Der Komparativ der Überlegenheit wird mit más que gebildet. Die Adjektive bueno *gut*, malo *schlecht* und die Adverbien bien *gut*, mal *schlecht* bilden den Komparativ mit mejor *besser* bzw. peor *schlechter*. Wenn grande *groß* und pequeño *klein* sich auf das Alter beziehen, bilden sie den Komparativ mit mayor *älter* bzw. menor *jünger*.

🔑 **2. Der Komparativ der Gleichheit**

a. Ellos gastan tanto dinero como Arturo.
b. Nosotros bebemos tanta cerveza como agua.
c. Vosotros compráis tantas manzanas como naranjas.

d. María duerme tanto como yo.
e. Nosotros tenemos tantos hermanos como hermanas.

G Der Komparativ der Gleichheit wird mit tanto/tan como *(genauso) wie* gebildet. Bei Substantiven stimmt tanto mit dem jeweiligen Substantiv in Genus und Numerus überein.

3. Der Superlativ

a. Alberto es el chico más alto que conozco.
b. Marta y Clara son las alumnas más inteligentes de la clase.
c. Eres la persona/el/la que más despacio conduce.

d. Ésta es la casa más grande que he visto.
e. Alberto es el mejor abogado.

G Bei Adjektiven wird der Superlativ mit el/la/los/las + Substantiv + más/menos + Adjektiv gebildet, bei Adverbien hingegen mit el/la/los/las + Substantiv + que + más/menos + Adverb. Dem Bezugssubstantiv wird immer der bestimmte Artikel vorangestellt. Auch beim Superlativ nehmen die Adjektive bueno/malo *gut/schlecht* und die Adverbien bien/mal *gut/schlecht* die Formen mejor/peor an.

4. Der Elativ

a. ● Este pantalón es muy grande, ¿no?
■ Sí, es grandísimo.
b. ● La profesora de matemáticas es muy amable, ¿verdad?
■ Sí, es amabilísima.

c. ● Esta agenda es muy útil, ¿no te parece?
■ Sí, es utilísima.
d. ● El examen ha sido muy fácil, ¿verdad?
■ Sí, ha sido facilísimo.

G Der regelmäßige Elativ wird gebildet, indem man die Endung -ísimo/-a/-os/-as an das Adjektiv ohne Endvokal anhängt. Bei Adjektiven, die auf Konsonant enden, wird die Endung -ísimo/-a/-os/-as direkt angehängt. Adjektive auf -ble, -z, -co und -go haben beim Elativ unregelmäßige Endungsformen.

Übungen

1 **Der Komparativ der Überlegenheit**   A2
Bilden Sie den passenden Komparativ der Überlegenheit.

a. Rosa tiene 10 años. María tiene 5 años.

   Rosa es mayor que María.
   ....

b. El kilo de uvas cuesta 3 euros. El kilo de fresas cuesta 4 euros.

   ....

c. Yo no cocino muy bien. Mi amigo cocina bien.

   ....

d. Mi casa tiene 3 habitaciones. Tu casa tiene 5 habitaciones.

   ....

e. De tu casa a la oficina hay 2 kilómetros. De su casa a la oficina
   hay 3 kilómetros.

   ....

f. Alberto ha viajado cinco veces a Venezuela. Manuel ha viajado
   dos veces a Venezuela.

   ....

2 **Der Komparativ der Gleichheit**   A2
Verbinden Sie die Satzteile zusammen mit einer Form von tanto
zu einem sinnvollen Satz.

a. Ellos gastan   tantas   dinero como Arturo.

b. Nosotros bebemos   tantos   como yo.

c. Vosotros compráis   tanta   hermanos como hermanas.

d. María duerme   tanto   cerveza como agua.

e. Nosotros tenemos   tanto   manzanas como naranjas.

A2

3 Der Superlativ
Bilden Sie Sätze mit dem Superlativ.

a. No conozco a ningún chico tan alto como Alberto.

   Alberto es el chico más alto que conozco.

b. En la clase no hay ninguna alumna tan inteligente como Marta y Clara.

c. Nadie conduce tan despacio como tú.

d. No he visto ninguna casa tan grande como ésta.

e. Ningún abogado es tan bueno como Alberto.

B1

4 Der Elativ
Ergänzen Sie die Dialoge, indem Sie mit einer passenden Elativform eine Antwort geben.

a. ● Este pantalón es muy grande, ¿no?

   ■ *Sí, es grandísimo.*

b. ● La profesora de matemáticas es muy amable, ¿verdad?

   ■

c. ● Esta agenda es muy útil, ¿no te parece?

   ■

d. ● El examen ha sido muy fácil, ¿verdad?

   ■

6 Das Personalpronomen

A1

¿El pescado viene solo?

No, se lo traigo yo.

Kommt der Fisch allein? – Nein, ich bringe ihn Ihnen.

ℹ Im Spanischen unterscheidet man zwischen betonten und unbetonten Personalpronomen sowie zwischen Subjekt-, Objekt- und Reflexivpronomen.

6.1 Das betonte Pronomen

A1

Das betonte Personalpronomen kann als Subjekt oder als Objekt mit Präposition benutzt werden.

Formen

betontes Subjektpronomen	betontes Objektpronomen nach Präposition
yo *ich*	(a, de …) mí *mich/mir*
tú *du*	(a, de …) ti *dich/dir*
él *er*	(a, de …) él *ihn/ihm*
ella *sie*	(a, de …) ella *sie/ihr*
usted *Sie*	(a, de …) usted *Sie/Ihnen*
nosotros/-as *wir*	(a, de …) nosotros/-as *uns*
vosotros/-as *ihr*	(a, de …) vosotros/-as *euch*
ellos *sie*	(a, de …) ellos *sie/ihnen*
ellas *sie*	(a, de …) ellas *sie/ihnen*
ustedes *Sie*	(a, de …) ustedes *Sie/Ihnen*

Gebrauch

⚡ Die betonten Personalpronomen (Subjekt- und Objektform) haben im Spanischen im Plural eine maskuline Form – nosotros, vosotros, ellos – und auch eine feminine Form – nosotras, vosotras, ellas:
¿Quién va a venir mañana al concierto? – **Nosotras:** María, Rosa y yo, Aurora. *Wer wird morgen mit zum Konzert kommen? – Wir: María, Rosa und ich, Aurora.*
Miguel, Carlos, escuchadme atentamente por favor, estoy hablando con **vosotros**. *Miguel, Carlos, hört mir bitte genau zu, ich spreche mit euch.*

⚡ Bezieht sich das Personalpronomen gleichzeitig auf Männer und Frauen, wird die maskuline Form verwendet:
Vosotros, Carlos y Pilar, ¿habéis terminado ya? *Ihr, Carlos und Pilar, seid schon fertig?*
Ellos, Teresa y Juan, no quieren venir. *Sie, Teresa und Juan, möchten nicht mitkommen.*

A2 ➡ Während in Spanien zwischen vosotros/-as und der Höflichkeits-form ustedes unterschieden wird, benutzt man in Lateinamerika und auf den Kanarischen Inseln (zum Teil auch in Andalusien) nur die Form ustedes:

Spanien	Lateinamerika/Kanarische Inseln
Vosotros sois muy simpáticos.	**Ustedes** son muy simpáticos.
Ihr seid sehr sympathisch.	*Ihr seid sehr sympathisch.*
Ustedes son muy simpáticos.	**Ustedes** son muy simpáticos.
Sie sind sehr sympathisch.	*Sie sind sehr sympathisch.*

B1 ➡ In Argentinien, Uruguay und Paraguay (zum Teil auch in anderen Ländern Mittel- und Südamerikas) wird in der gesprochenen Sprache die Form vos anstelle von tú benutzt. Mit der Verwendung dieser Form verändert sich auch die Präsenskonjugation dieser Person etwas:

Argentinien/Uruguay/Paraguay	Spanien/Rest von Lateinamerika
vos tenés *du hast*	**tú** tienes *du hast*
vos hacés *du machst*	**tú** haces *du machst*

In anderen lateinamerikanischen Ländern wird usted anstelle von tú verwendet.

⚡ In der Regel wird das Subjektpronomen im Spanischen nicht genannt, die Informationen zum Subjekt werden aus den Personal-endungen der finiten Verbformen abgeleitet:
Vivo en Quito. *Ich wohne in Quito.*
¿Tienes hambre? *Hast du Hunger?*

Subjektpronomen werden immer dann benutzt, wenn das Subjekt hervorgehoben oder von anderen unterschieden werden soll:
Yo no te he llamado. *Ich habe dich nicht angerufen (sondern jemand anderes).*
Yo soy de Madrid y ella es de Barcelona. *Ich komme aus Madrid und sie aus Barcelona.*
Die Formen **usted/ustedes** werden nicht nur zur Hervorhebung oder zur Unterscheidung benutzt, sondern auch als Höflichkeitsform:
¿Qué tal está usted, señora Arias? *Wie geht es Ihnen, Frau Arias?*
Entre usted, por favor. *Kommen Sie herein, bitte.*

☼ Auf Präpositionen muss immer ein betontes Objektpronomen **A2** folgen. Es hat in der 1. und 2. Person Singular die Formen **mí** und **ti**, ist aber in allen anderen Formen identisch mit der Subjektform:
¿Cuándo vas a pensar un poquito en mí? *Wann wirst du ein bisschen an mich denken?*
Esto es para ti. *Das ist für dich.*
Todo lo he hecho por vosotros. *Ich habe alles wegen euch getan.*

⚡ Das Personalpronomen **yo** verschmilzt mit der Präposition **con** zu **A2** **conmigo.** Auch **tú** verbindet sich zu **contigo**:
¿Vienes conmigo? *Kommst du mit mir?*
Tengo que hablar contigo. *Ich muss mit dir sprechen.*

⚡ Das betonte Personalpronomen kann auch allein ohne Verb stehen:
¿Quién ha dicho eso? – Yo.   *Wer hat das gesagt? – Ich.*
¿Para quién es esto? – Para ti.   *Für wen ist das? – Für dich.*

Stellung
Das betonte Personalpronomen hat keine feste Stelle im Satz:
Me lo ha dicho él./Él me lo ha dicho. *Er hat es mir gesagt.*
De él ya hemos hablado./Ya hemos hablado de él. *Wir haben schon von ihm gesprochen.*

A1   6.2   **Das unbetonte Pronomen**

Formen

unbetontes direktes Objektpronomen	unbetontes indirektes Objektpronomen	Reflexivpronomen
me *mich*	me *mir*	me *mich*
te *dich*	te *dir*	te *dich*
lo *ihn*	le *ihm*	se *sich*
la *sie*	le *ihr*	se *sich*
nos *uns*	nos *uns*	nos *uns*
os *euch*	os *euch*	os *euch*
los *sie*	les *ihnen*	se *sich*
las *sie*	les *ihnen*	se *sich*

Gebrauch

Ŀ Die unbetonten Personalpronomen sind bis auf die Unterschiede in der 3. Person Singular und Plural identisch. Achten Sie deshalb beim Lernen besonders auf diese beiden.

⚡ Die unbetonten Personalpronomen können nicht für sich allein im Satz stehen, sondern müssen immer zusammen mit einem Verb auftreten:
Ya **te** lo había dicho. *Ich hatte es **dir** schon gesagt.*
La he visto esta mañana. *Ich habe **sie** heute Vormittag gesehen.*

⚡ Wenn es sich auf Menschen bezieht, kann das direkte Objektpronomen im Maskulinum Singular der 3. Person neben der Form lo auch die Form le – des unbetonten indirekten Objektpronomens – annehmen:
¿Has visto a Pedro? – No, todavía no **lo/le** he visto.
*Hast du Pedro gesehen? – Nein, ich habe **ihn** noch nicht gesehen.*

A2   ⚡ Wird ein betontes Personalpronomen als direktes oder indirektes Objekt zur Betonung verwendet, muss gleichzeitig auch das entsprechende unbetonte Objektpronomen im Satz auftreten:
A ti quería ver**te**. *Ich wollte **dich** sehen.*
Ya **les** he dado a ellos el regalo. *Ich habe **Ihnen** schon das Geschenk gegeben.*

Gleiches gilt, wenn das direkte oder indirekte Objekt zur Hervorhebung *vor* das Verb gestellt wird. Auch in diesem Fall muss das
Objekt immer durch ein unbetontes Objektpronomen wieder auf-
genommen werden:

El ordenador portátil te **lo** quería devolver mañana. *Den Laptop
wollte ich dir morgen zurückgeben.*
A mi novia le he regalado un bolso. *Meiner Freundin habe ich eine
Handtasche geschenkt.*

Häufig wird das unbetonte Objektpronomen auch dann wiederholend
eingefügt, wenn das indirekte Objekt auf das Verb folgt. Doch ist
diese Verwendung nicht obligatorisch:

Le he dado las llaves **a Carmela**. *Ich habe Carmela die Schlüssel
gegeben.*
Le he pedido **a tu hermano** que venga mañana. *Ich habe deinen
Bruder darum gebeten, morgen zu kommen.*

⚡ Das Objektpronomen lo kann auch eine neutrale Bedeutung haben   **A2**
und ganze Teile des Satzes wiedergeben:
¿Has entendido lo que ha dicho el profesor? – No, no **lo** he
entendido. *Hast du (das) verstanden, was der Lehrer gesagt hat? –
Nein, ich habe es nicht verstanden.*
¿Qué han dicho? – No **lo** sé. *Was haben sie gesagt? – Ich weiß es
nicht.*

⚡ Wird ein indirektes Objektpronomen der 3. Person Singular oder   **A2**
Plural zusammen mit einem direkten Objektpronomen der 3. Person
Singular oder Plural benutzt, wird se anstelle des indirekten Objekt-
pronomens le, les verwendet:

le/les + lo	→	se lo
le/les + la	→	se la
le/les + los	→	se los
le/les + las	→	se las

Se lo he comprado yo de regalo. *Ich habe es ihr/ihm/ihnen/Ihnen
als Geschenk gekauft.*
Se las he traído yo esta mañana. *Ich habe sie ihr/ihm/ihnen/Ihnen
heute Vormittag mitgebracht.*

Stellung

A2 ☼ Die unbetonten Personalpronomen stehen immer beim Verb. Bei finiten Verbformen werden sie dem Verb vorangestellt: Bei verbalen Umschreibungen und Modalverben können sie vor der finiten Verbform vorkommen oder an den Infinitiv oder das Gerund angehängt werden:

Me ha comprado un coche. *Er/Sie hat **mir** ein Auto gekauft.*
No puedo creer**lo**./No **lo** puedo creer. *Ich kann **es** nicht glauben.*
Estaba leyéndo**lo**./**Lo** estaba leyendo. *Ich war gerade dabei **es** zu lesen.*

A2 ⚡ Bei bejahten Imperativen werden die unbetonten Personalpronomen an das Verb angehängt:´
¡Díga**lo**! *Sagen Sie **es**!*
¡Cuénta**melo**! *Erzähl **es mir**!*

B1 ⚡ Beim verneinten Imperativ stehen sie hingegen vor dem Verb:
¡No **lo** diga! *Sagen Sie **es** nicht!*
¡No **me lo** cuentes! *Erzähl **es mir** nicht!*

A2 ### Reihenfolge der Personalpronomen im Satz

⚡ Das indirekte Objektpronomen und das Reflexivpronomen stehen im Unterschied zum Deutschen immer vor dem direkten Objektpronomen:

Te lo he comprado hoy. *Ich habe **es dir** heute gekauft.*
Nos lo dijo ayer. *Er/Sie sagte **es uns** gestern.*
¿**Se** ha lavado las manos el niño? – Sí, ya **se las** ha lavado.
*Hat sich das Kind die Hände gewaschen? – Ja, es hat **sie sich** gewaschen.*

Übungen

❶ Das betonte Subjektpronomen A1
Ergänzen Sie die Sätze mit einem Subjektpronomen entsprechend dem in Klammern angegebenen Subjekt.

a. .... nos quedamos en casa este verano. (Marta y Rosa)

b. .... no han querido ir al cine. (Alfredo e Isabel)

c. ¿........... me habéis llamado esta tarde? (Inés y Blanca)

d. .... no son compañeros míos. (Juan y Luis)

❷ Das betonte Personalpronomen mit Präposition A2
Setzen Sie das richtige Personalpronomen ein:
contigo, ti, mí, conmigo, ella.

a. Para .... todo es muy fácil, ¿cómo lo haces?

b. No se puede hablar .... No te tomas nada en serio.

c. ¿Por qué no quieres quedarte ....?

d. ¿Esto es para ....? Gracias, no me lo esperaba.

e. ¿Por qué no quieres salir con ....? ¿No te parece simpática?

❸ Die Stellung der unbetonten Personalpronomen B1
Ordnen Sie die Sätze.

a. un café/invitar a/te/tomar/voy a

....

b. vayas/tan/te/pronto/no

....

c. me/llamar/mañana/puede

....

d. hace mucho que/visitar/vienes a/me/no

....

④ Die Verdoppelung der Objektpronomen
Sind folgende Sätze richtig (✓) oder falsch (✗)?

a. ✓ A él le he comprado un reloj.

b. ✗ A ella he comprado una cartera.

c. ▩ Quiero ver a vosotros mañana a las 9.

d. ▩ Tengo que decirte una cosa a ti.

e. ▩ A usted voy a contar la verdad.

f. ▩ A nosotros ya nos han preguntado.

g. ▩ La revista no la he leído aún.

h. ▩ No he regalado a ustedes nada.

⑤ Die Reihenfolge der unbetonten Personalpronomen
Beantworten Sie die Fragen. Verwenden Sie dabei Objektpronomen.

a. ● ¿Me has traído el libro que te pedí?

■ Sí, ...

b. ● ¿Le has dado la bolsa a tu hermano?

■ No, ...

c. ● ¿Os habéis lavado la cara?

■ Sí, ...

d. ● ¿Le has recordado a tu padre que tiene que llamar mañana?

■ Sí, ...

e. ● ¿Te ha dado la enhorabuena Olga?

■ Sí, ...

f. ● ¿A usted ya le han enviado la carta?

■ Sí, ...

🔑 **4. Die Verdoppelung der Objektpronomen**

a. richtig
b. falsch → A ella le he comprado una cartera.
c. falsch → Quiero veros a vosotros mañana a las 9, oder: Os quiero ver a vosotros mañana a las 9.
d. richtig

e. falsch → A usted le voy a contar la verdad. Oder: A usted voy a contarle la verdad.
f. richtig
g. richtig
h. falsch → No les he regalado a ustedes nada.

> **G** Stehen betonte Personalpronomen mit Präposition als direktes oder indirektes Objekt in einem Satz und nicht allein, müssen sie immer von einem unbetonten Personalpronomen begleitet werden.

🔑 **5. Die Reihenfolge der unbetonten Personalpronomen**

a. ● ¿Me has traído el libro que te pedí?
 ■ Sí, te lo he traído.
b. ● ¿Le has dado la bolsa a tu hermano?
 ■ No, no se la he dado.
c. ● ¿Os habéis lavado la cara?
 ■ Sí, nos la hemos lavado.
d. ● ¿Le has recordado a tu padre que tiene que llamar mañana?
 ■ Sí, se lo he recordado.

e. ● ¿Te ha dado la enhorabuena Olga?
 ■ Sí, me la ha dado.
f. ● ¿A usted ya le han enviado la carta?
 ■ Sí, (a mí) ya me la han enviado.

> **G** Das indirekte Objektpronomen sowie das Reflexivpronomen stehen immer vor dem direkten Objektpronomen. Werden das direkte und das indirekte Objektpronomen der 3. Person (Singular oder Plural) zusammen benutzt, wird se anstelle von le bzw. les verwendet.

Lösungen

1. Das betonte Subjektpronomen

a. Nosotras nos quedamos en casa este verano.

b. Ellos no han querido ir al cine.

c. ¿Vosotras me habéis llamado esta tarde?

d. Ellos no son compañeros míos.

G Die spanischen Subjektpronomen für *wir*, *ihr* und *sie* haben im Spanischen eine maskuline und eine feminine Form. Bei gleichzeitigem Vorkommen von maskulinen und femininen Subjekten wird die maskuline Form benutzt.

2. Das betonte Personalpronomen mit Präposition

a. Para ti todo es muy fácil, ¿cómo lo haces?

b. No se puede hablar contigo. No te tomas nada en serio.

c. ¿Por qué no quieres quedarte conmigo?

d. ¿Esto es para mí? Gracias, no me lo esperaba.

e. ¿Por qué no quieres salir con ella? ¿No te parece simpática?

G Werden die betonten Personalpronomen der 1. und 2. Person Singular mit einer Präposition benutzt, nehmen sie die Form mí bzw. ti an. In Verbindung mit der Präposition con werden mí und ti zu conmigo bzw. contigo.

3. Die Stellung der unbetonten Personalpronomen

a. Te voy a invitar a tomar un café. Oder: Voy a invitarte a tomar un café.

b. No te vayas tan pronto.

c. Me puede llamar mañana. Oder: Puede llamarme mañana.

d. Hace mucho que no vienes a visitarme. Oder: Hace mucho que no me vienes a visitar.

G Unbetonte Personalpronomen stehen immer vor dem Verb, außer beim bejahten Imperativ, bei dem sie an das Verb angehängt werden. Bei Verwendung von verbalen Umschreibungen und Modalverben können unbetonte Personalpronomen entweder vor der finiten Verbform stehen oder an die infinite Verbform (Infinitiv, Gerund) angehängt werden.

Weitere Pronomen

Ich habe das Gedächtnis verloren. – Seit wann? – Seit wann was?

7.1 Das Demonstrativpronomen

ⓘ Das Demonstrativpronomen verweist auf Personen oder Sachen.

Formen

	Singular		**Plural**
Maskulinum	este coche	*dieser Wagen (hier)*	estos coches
	ese plato	*dieser Teller (da)*	esos platos
	aquel tren	*dieser, jener Zug (dort)*	aquellos trenes
Femininum	esta flor	*diese Blume (hier)*	estas flores
	esa calle	*diese Straße (da)*	esas calles
	aquella puerta	*diese, jene Tür (dort)*	aquellas puertas
Neutrale Formen	esto	*dieses*	
	eso	*dieses*	
	aquelllo	*dieses, jenes*	

Gebrauch

☼ Die Demonstrativpronomen richten sich in Genus und Numerus nach dem Substantiv, das sie begleiten:

Estos libros son muy caros. *Diese Bücher sind sehr teuer.*
Esta casa es muy pequeña. *Dieses Haus ist sehr klein.*
Esas chicas son mis vecinas. *Diese Mädchen sind meine Nachbarinnen.*

Ese A2 armario es muy grande. *Dieser Schrank ist sehr groß.*
Aquel diccionario es mío. *Dieses Wörterbuch* **dort** *ist meins.*
Aquellas A2 faldas son muy caras. *Diese Röcke* **dort** *sind sehr teuer.*

Demonstrativpronomen können adjektivisch oder substantivisch benutzt werden:
Este coche es muy rápido. *Dieser Wagen ist sehr schnell.*
¿Qué coche es el más rápido? – **Ése.** *Welcher Wagen ist am schnellsten? – Dieser.*

⚡ Die Wahl des Demonstrativpronomens hängt von der Entfernung zum Hörer bzw. Sprecher ab. So wird **este** benutzt, wenn Sachen/Personen, auf die sich das Demonstrativpronomen bezieht, in greifbarer Nähe des Sprechers liegen. **Ese** wird benutzt, wenn sich die Sachen/Personen etwas weiter weg vom Sprecher oder in Reichweite des Hörers befinden. **Aquel** steht, wenn Sachen/Personen weit weg vom Sprecher und vom Hörer liegen:
Esta casa es muy bonita. *Dieses Haus* **(hier)** *ist sehr schön.*
Esa silla que está a tu lado es muy vieja. *Dieser Stuhl da neben dir ist sehr alt.*
¿Ves **aquella** casa allí? Es de mis abuelos. *Siehst du* **(jenes)**/*dieses Haus* **dort**? *Es gehört meinen Großeltern.*

A2 ⚡ Demonstrativpronomen stehen auch in Bezug auf die Zeit:
• **Este** bezieht sich auf einen Zeitpunkt, der in der Gegenwart oder in der unmittelbaren Vergangenheit liegt:
   Esta mañana no he ido a trabajar. *Heute* **(Diesen)** *Vormittag bin ich nicht zur Arbeit gegangen.*
   Este año mi madre cumple 50 años. *Dieses Jahr wird meine Mutter 50 Jahre alt.*
• **Ese** bezeichnet einen Zeitpunkt in der Vergangenheit oder in der Zukunft, der zeitlich nah liegt:
   Ese día no me encontraba muy bien. *An* **diesem** *Tag fühlte ich mich nicht sehr gut.*
   No trabajo del 10 al 17 de agosto. **Esa** semana me iré de vacaciones. *Ich arbeite nicht vom 10. bis zum 17. August. In* **dieser** *Woche werde ich in Urlaub fahren.*

- **Aquel** bezeichnet einen Zeitpunkt in der Vergangenheit, der weit entfernt ist:

  De **aquel** B1 asunto casi ni me acuerdo: ¡ha pasado tanto tiempo! *An diese Angelegenheit erinnere ich mich kaum noch: es ist so lange her!*

⚡ Die Demonstrativpronomen können einen Akzent (▷ **22.2**) tragen, B1 wenn sie substantivisch gebraucht werden, um die substantivische von der adjektivischen Funktion zu unterscheiden.:

¿Qué vestido te gusta más, **éste o ése**?/¿Qué vestido te gusta más, **este o ese**? *Welches Kleid gefällt dir besser, dieses hier oder dieses dort?*

Aquél/Aquel no me gusta. *Dieser dort gefällt mir nicht.*

⚡ Die neutralen Formen esto, eso, aquello beziehen sich auf unbekannte Sachen, Satzinhalte oder Sätze. Sie stehen immer allein und tragen keinen Akzent:

Esto no me lo esperaba de ti. ¡Qué sorpresa! *Das hatte ich von dir nicht erwartet. Was für eine Überraschung!*

Prestad mucha atención: **esto** que os voy a decir ahora es muy importante. *Hört gut zu: das, was ich euch jetzt sagen werde, ist sehr wichtig.*

¿Qué es **eso** que tienes en la mano? *Was ist das, was du in der Hand hast?*

La profesora no ha llegado todavía. – ¡**Eso** es imposible! *Die Lehrerin ist noch nicht da. – Das ist unmöglich!*

¿Te acuerdas de **aquello** que te dije entonces? *Erinnerst du dich an das, was ich dir damals gesagt habe?*

Aquello ocurrió hace muchos años y deberías olvidarlo. *Das ist vor vielen Jahren geschehen und du solltest es vergessen.*

7.2   Das Indefinitpronomen   A2

ℹ Die Indefinitpronomen bezeichnen unbestimmte Personen oder Sachen innerhalb einer Gruppe.

Formen

Unverbundene Indefinitpronomen können alleine stehen, verbundene nur mit Bezugswörtern:

Verbundene Indefinitpronomen	Unverbundene Indefinitpronomen
alguno/-a/-os/-as *irgendein/e, einige*	alguno/-a/-os/-as *irgendein/e, einige*
cada *jede/r/s, alle*	alguien *jemand*
cualquier *jede/r/s, irgendein/e*	algo *etwas*
ninguno/-a *kein/e/er*	ninguno/-a *kein/e/er, niemand*
otro/-a/-os/-as *(noch) ein/e andere/r/s*	otro/-a/-os/-as *(noch) ein/e andere/r/s*
todo/-a/-os/-as *jede/r/s, alle*	todo/-a/-os/-as *jede/r/s, alle*
	cualquiera *jede/r/s*
	nada *nichts*
	nadie *niemand*

Gebrauch

Alguno, ninguno, otro und **todo** können sowohl vor einem Substantiv als auch allein stehen. Sie richten sich in Genus und Numerus nach dem Substantiv, auf das sie sich beziehen:

¿Conoces **alguna** pensión más barata? *Kennst du **irgendeine** Pension, die billiger ist?*

¿Has traído más películas? – Sí, **algunas**. *Hast du mehr Filme mitgebracht? – Ja, **einige**.*

Ha venido **alguno** de tus amigos? – No, **ninguno**. *Ist **irgendeiner** von deinen Freunden gekommen? – Nein, **keiner**.*

No he encontrado **ninguna** novela interesante. *Ich habe **keinen** interessanten Roman gefunden.*

¿Quieres **otro** café? – Sí, **otro**, por favor. *Möchtest du **noch einen** Kaffe? – Ja, **noch einen**, bitte.*

¿Os comisteis **toda** la tarta? – Sí, **toda**. *Habt ihr **die ganze** Torte gegessen? – Ja, **die ganze**.*

⚡ **Alguno** wird vor einem maskulinen Substantiv im Singular zu **algún**:

¿Tienes **algún** CD nuevo? *Hast du **irgendeine** neue CD?*

Algún día nos volveremos a ver. ***Irgendwann mal** werden wir uns wiedersehen.*

Cada und **cualquier** werden nur im Singular benutzt und passen sich nicht an das Genus des Bezugsworts an:

La veo **cada** día. *Ich sehe sie **jeden** Tag.*

Me llama **cada** semana. *Er/Sie ruft mich **jede** Woche an.*
Cualquier alumno puede contestar. *Jeder Schüler darf antworten.*
Deme **cualquier** fruta. *Geben Sie mir **irgendein Stück** Obst.*

Cada + Zahl	→	*alle* + Kardinalzahl
Uno/-a de cada + Zahl	→	*jede/r* + Ordinalzahl

Voy a nadar **cada dos** días. *Ich gehe **alle zwei** Tage schwimmen.*
Nos visitan **cada tres** semanas. *Sie besuchen uns **alle drei**
Wochen.*
Uno de cada cinco visitantes es chino. *Jeder fünfte Besucher
kommt aus China.*
Una de cada dos mujeres lo usa. *Jede zweite Frau benutzt es.*

Ninguno wird nur im Singular benutzt, sowohl adjektivisch als auch
substantivisch:
¿Tienes algún problema? – No, **ninguno.**
*Hast du irgendein Problem? – Nein, **keins.***
No me gusta **ninguna** camisa. *Kein Hemd gefällt mir.*

⚡ Steht ninguno vor einem maskulinen Substantiv, wird es zu
ningún:
No tengo **ningún** bolígrafo azul. *Ich habe **keinen** blauen
Kugelschreiber.*
No he visto **ningún** jersey rojo en la habitación. *Ich habe **keinen**
roten Pullover im Zimmer gesehen.*

⚡ Werden ninguno, nada und nadie dem Verb nachgestellt, muss
mit no vor dem Verb doppelt verneint werden (▷ **19.2**):
Yo **no** conocía a **nadie** en la fiesta. *Ich kannte **niemanden** auf der
Party.*
Aber: **Nadie** me lo había dicho. *Niemand hatte es mir gesagt.*
No tengo **ninguna** gana de ir. *Ich habe **keine** Lust, dahin zu gehen.*
Aber: **Ninguno** de mis amigos quiere quedarse aquí. *Keiner von
meinen Freunden will hier bleiben.*
No he dicho **nada**. *Ich habe **nichts** gesagt.*
Aber: **Nada** ha pasado. *Nichts ist geschehen.*
L! Es empfiehlt sich, immer die doppelte Verneinung zu benutzen,
anstatt das Indefinitpronomen dem Verb voranzustellen.

Die unverbundenen Possessivpronomen alguien, algo, cualquiera, nada und nadie werden nur im Singular verwendet und passen sich nicht im Genus an:

¿**Alguien** ha visto mis llaves? *Hat jemand meine Schlüssel gesehen?*
¿Has visto **algo**? *Hast du etwas gesehen?*
Cualquiera puede hacerlo. *Jeder kann es tun.*
No he comido **nada**. *Ich habe nichts gegessen.*
No me ha visto **nadie**. *Niemand hat mich gesehen.*

⚡ Otro wird ohne unbestimmten Artikel (▷ **1.2**) verwendet:
¿Quieres leer **otro** libro? *Möchtest du ein anderes Buch lesen?*
Me he comprado **otras** gafas. *Ich habe mir eine andere Brille gekauft.*

Otro kann aber von einem Demonstrativ-, Possessiv- oder Indefinit-pronomen sowie von dem bestimmten Artikel begleitet werden:
Este jersey me gusta más que **ese otro**. *Dieser Pullover gefällt mir besser als der andere (da).*
Mi hijo mayor va a la Universidad, per **mis otros** hijos todavía no. *Mein ältester Sohn studiert an der Uni, aber meine anderen Söhne noch nicht.*
¿Tenéis **alguna otra** pregunta? *Habt ihr noch eine (andere) Frage?*
Tengo dos amigos latinoamericanos, uno es de Argentina y **el otro** de Costa Rica. *Ich habe zwei lateinamerikanische Freunde: einer kommt aus Argentinien und der andere aus Costa Rica.*

Kardinalzahlen stehen immer *nach* otro:
Tengo **otros dos**. *Ich habe noch zwei andere.*
Hemos vendido **otras cinco**. *Wir haben noch fünf andere verkauft.*

Todo/-a + el/la + Substantiv	→	der/die/das ganze
Todos/-as + los/las + Substantiv	→	alle, jede/r/s

He trabajado **todo el día**. *Ich habe den ganzen Tag gearbeitet.*
Todos los días voy a trabajar. *Ich gehe jeden Tag zur Arbeit.*
He estado de vacaciones **toda la semana**. *Ich bin die ganze Woche im Urlaub gewesen.*
Todas las semanas voy al cine. *Ich gehe jede Woche ins Kino.*

Übungen

❶ Das Demonstrativpronomen   A1

Wählen Sie aus: Welche Form des Demonstrativpronomens passt in der jeweiligen Gesprächssituation?

a. ● ¿Quieres un A2 pastel?

   ■ Sí, dame eso / ése.

b. ● ¿Cuál es tu abrigo?

   ■ Aquél / Aquello.

c. ● ¿Quién es eso / ése?

   ■ El profesor de Ángela.

d. ● ¿Qué es eso / ése?

   ■ Es un B2 cenicero.

e. ● ¿Eso / Ése de gafas es tu hermano?

   ■ No, es mi amigo.

❷ Das Indefinitpronomen   A2

Sind die Sätze richtig (✓) oder falsch (✗)?

a. ✓ Quiero otro helado.

b. ✗ He vendido alguno cuadro.

c. ▨ Te llamé el otro día.

d. ▨ ¿Quieres cosa alguna?

e. ▨ ¿Ha llamado alguien?

f. ▨ Han llegado otros dos.

g. ▨ Me llama cadas dos meses.

h. ▨ Cualquier día te llamo.

i. ▨ Cualquiera amiga te ayudará.

A2

❸ Das Indefinitpronomen todo
Übersetzen Sie folgende Sätze ins Spanische.

a. Ich habe dich den ganzen Tag nicht gesehen.

....

b. Jeden Montag gehe ich schwimmen.

....

c. Ich bin den ganzen Monat im Urlaub gewesen.

....

d. Alle meine Freunde arbeiten in der Autoindustrie.

....

e. Ich habe das ganze Jahr Spanisch gelernt.

....

f. Ich stehe jeden Tag um 7 Uhr auf.

....

A2

❹ Die Indefinitpronomen ninguno, nadie und nada
Schreiben Sie den Text neu und korrigieren Sie dabei die Fehler.

Este fin de semana he llamado a ninguno de mis amigos y nadie
no me ha llamdo a mí. Así que me he quedado en casa, pero he
hecho nada: no he leído ninguno libro, he visto ninguna película,
sólo … bueno … he dormido mucho, eso sí.

....

....

....

....

....

....

3. Das Indefinitpronomen todo

a. No te he visto en todo el día.
b. Todos los lunes voy a nadar.
c. He estado todo el mes de vacaciones.
d. Todos mis amigos trabajan en la industria del automóvil.
e. He estudiado español todo el año.
f. Me levanto todos los días a las 7.

> **G** Im Singular bedeutet todo/-a *der/die/das ganze*, im Plural hingegen *jede/r/s, alle*.

4. Die Indefinitpronomen ninguno, nadie und nada

Este fin de semana no he llamado a ninguno de mis amigos y nadie me ha llamado a mí. Así que me he quedado en casa, pero no he hecho nada: no he leído ningún libro, no he visto ninguna película, sólo … bueno … he dormido mucho, eso sí.

> **G** Stehen ninguno *keiner*, nadie *niemand* oder nada *nichts* nach dem Verb, muss no vor dem Verb stehen, da in diesem Fall doppelt verneint werden muss. Ninguno *keiner* wird vor einem maskulinen Substantiv zu ningún.

Lösungen

1. Das Demonstrativpronomen

a. ● ¿Quieres un pastel?
    ■ Sí, dame ése.
b. ● ¿Cuál es tu abrigo?
    ■ Aquél
c. ● ¿Quién es ése?
    ■ El profesor de Ángela.

d. ● ¿Qué es eso?
    ■ Es un cenicero.
e. ● ¿Ése de gafas es tu hermano?
    ■ No, es mi amigo.

G Das Demonstrativpronomen richtet sich in Genus und Numerus nach dem Substantiv, auf das es sich bezieht. Esto *dieses*, eso *dieses* und aquello *dieses, jenes* haben eine neutrale Bedeutung. Sie werden immer substantivisch benutzt und tragen keinen Akzent.

2. Das Indefinitpronomen

a. richtig
b. falsch → He vendido algún cuadro.
c. richtig
d. falsch → ¿Quieres alguna cosa?
e. richtig
f. richtig

g. falsch → Me llama cada dos meses.
h. richtig
i. falsch → Cualquier amiga te ayudará.

G Vor dem Indefinitpronomen otro *ein anderer* wird kein unbestimmter Artikel verwendet. Steht alguno *irgendein, einige* vor einem maskulinen Substantiv im Singular, wird es zu algún. Cualquier *jeder* und cada *jeder, alle* bleiben in Genus und Numerus unverändert.

7.3 Das Possessivpronomen   A1

ⓘ Possessivpronomen drücken ein Besitzverhältnis aus. Man unterscheidet im Spanischen zwischen unbetonten Formen, die vor einem Bezugswort stehen müssen, und betonten, die für sich allein stehen.

Formen

Vor Substantiven stehende unbetonte Possessivpronomen:

Besitzer	m. Bezugswort		f. Bezugswort		
	Singular	Plural	Singular	Plural	
yo	mi	mis	mi	mis	*mein/e*
tú	tu	tus	tu	tus	*dein/e*
él	su	sus	su	sus	*sein/e*
ella, usted	su	sus	su	sus	*ihr/e, Ihr/e*
nosostros/-as	nuestro	nuestros	nuestra	nuestras	*unser/e*
vosotros/-as	vuestro	vuestros	vuestra	vuestras	*eu(e)r/e*
ellos, ellas, ustedes	su	sus	su	sus	*ihr/e, Ihr/e*

☼ Unbetonte Possessivpronomen richten sich im Numerus, aber nicht im Genus nach dem Bezugswort.

◗ Eine Ausnahme bilden die Possessivpronomen der 1. und 2. Person Plural, *„wir"* und *„ihr"*, die im Numerus *und* im Genus mit dem Besitzwort übereinstimmen:

Tus libros están encima de la mesa. *Deine Bücher liegen auf dem Tisch.*

¿**Tu** profesora de salsa es cubana? *Deine Salsa-Lehrerin kommt aus Kuba?*

Nuestros hermanos son muy buenos amigos. *Unsere Brüder sind sehr gut befreundet.*

En **nuestra** ciudad se producen muchos tipos de queso. *In unserer Stadt werden viele Sorten Käse hergestellt.*

Vuestros coches son muy grandes. *Eure Wagen sind sehr groß.*

Vuestra casa es muy bonita. *Eure Wohnung ist sehr schön.*

Alleinstehende oder nach Substantiven stehende betonte Possessiv-pronomen:

Besitzer	m. Bezugswort Singular	Plural	f. Bezugswort Singular	Plural	
yo	mío	míos	mía	mías	*mein/e*
tú	tuyo	tuyos	tuya	tuyas	*dein/e*
él	suyo	suyos	suya	suyas	*sein/e*
ella, usted	suyo	suyos	suya	suyas	*ihr/e, Ihre*
nosostros/-as	nuestro	nuestros	nuestra	nuestras	*unser/e*
vosotros/-as	vuestro	vuestros	vuestra	vuestras	*eu(e)r/e*
ellos, ellas, ustedes	suyo	suyos	suya	suyas	*ihr/e, Ihr/e*

☀ Betonte Possessivpronomen richten sich in Genus und Numerus nach dem Bezugswort:
Son unos familiares mios. *Sie sind Verwandte von mir.*
Una prima suya se llama Carlota. – *Eine Cousine von ihm/ihr/ihnen/Ihnen heißt Carlota.*

Gebrauch
☀ Die unbetonten Possessivpronomen stehen vor dem Bezugswort und werden von keinem Artikel oder Demonstrativpronomen beglei-tet. Sie bezeichnen eine bestimmte Person oder ein bestimmtes Objekt:
vuestros coches *eure* Wagen
vuestras amigas *eure* Freundinnen

Zwischen dem unbetonten Possessivpronomen und dem Substantiv können Adjektive stehen.
mi mejor amiga *meine beste* Freundin
nuestro nuevo coche *unser neues* Auto

 ☀ Die betonten Possessivpronomen werden dem Substantiv nach-gestellt. Vor dem Substantiv steht der unbestimmte Artikel oder ein Demonstrativpronomen. Im ersten Satz bezeichnen sie eine unbe-stimmte oder nicht bekannte Person oder ein entsprechendes Objekt:

Ellos son **unos** compañeros de trabajo **míos**. *Sie sind Arbeitskollegen von mir.*
Ese artículo **tuyo** no me gusta. *Dieser Artikel von dir gefällt mir nicht.*

Die betonten Possessivpronomen können auch substantivisch benutzt werden. In diesem Fall werden sie zusammen mit dem bestimmten Artikel verwendet:
¿Vamos en tu coche o en **el mío**? *Fahren wir mit deinem Auto oder mit meinem?*
Llama a tus padres, **los mío**s no están en casa. *Ruf deine Eltern an, meine sind nicht zu Hause.*

Drücken die betonten Possessivpronomen die reine Zugehörigkeit aus, so stehen sie allein:
¿De quién es esta botella de agua? – Es **mía**. *Wem gehört diese Wasserflasche? – Mir.*
Este reloj no es **mío**. *Diese Uhr ist nicht meine.*

⚡ Ist die Rede von eigenen Körperteilen, werden keine Possessivpronomen benutzt:
Me duele la cabeza. *Mein Kopf tut weh.*
Me lavo los dientes. *Ich putze meine Zähne.*

7.4 Das Interrogativpronomen

A1

❶ Mit Interrogativpronomen leitet man Fragesätze ein. Im Spanischen können sie im Unterschied zum Deutschen auch in Ausrufen verwendet werden. Sie tragen immer einen Akzent (▷ 22.2).

Formen

Maskulinum			Femininum	
Singular	Plural		Singular	Plural
qué	qué	*was/welche/r/s*	qué	qué
quién	quiénes	*wer*	quién	quiénes
cuál	cuáles	*welche/r/s,*	cuál	cuáles
		was für ein/e/r,		
		was für welche		
cuánto	cuántos	*wie viel/e*	cuánta	cuántas

Gebrauch

- Qué bezieht sich sowohl auf Personen als auch auf Sachen und ist unveränderlich in Genus und Numerus. Es kann substantivisch und adjektivisch verwendet werden:

  ¿Qué haces? *Was machst du?*

  ¿Qué vino te gusta más? *Welcher Wein schmeckt dir am besten?*

  ⚡ Qué kann auch in Verbindung mit Präpositionen benutzt werden:

  ¿De qué día estás hablando? *Von welchem Tag sprichst du?*

  ¿Para qué lo has comprado? *Wofür hast du es gekauft?*

- Quién fragt immer nach Personen und ist veränderlich im Numerus, aber nicht im Genus. Es kann nur substantivisch benutzt werden:

  ¿Quién te lo ha dicho? *Wer hat es dir gesagt?*

  ¿Quiénes son esos chicos? *Wer sind diese Jungen?*

  ¿Quiénes son esas chicas? *Wer sind diese Mädchen?*

- Cuál fragt nach Personen und Sachen und kann nur substantivisch benutzt werden. Im Gegensatz zu qué drückt cuál eine Auswahl zwischen zwei oder mehreren Personen oder Sachen aus. Es ist unveränderlich im Genus, muss aber im Numerus an Bezugswort angeglichen werden:

  ¿Cuál de los dos compraste? *Welchen von beiden hast du gekauft?*

  ¿Cuál de éstas te gusta más? *Welche von diesen gefällt dir am besten?*

  ¿Estos libros son tuyos? – ¿Cuáles? *Diese Bücher sind deine? – Welche?*

  Puedes elegir dos Ⓐ² camisas, **¿cuáles quieres?** *Du kannst zwei Hemden auswählen, welche willst du?*

- Cuánto fragt nach der Menge und wird in Numerus und Genus an das Substantiv, das es begleitet bzw. auf das es sich bezieht, angeglichen:

  ¿Cuántos años tienes? *Wie alt bist du?*

  ¿Cuántas semanas faltan aún para Navidad? *Wie viele Wochen sind es (fehlen) noch bis Weihnachten?*

  Im Singular bezieht sich cuánto auf unzählbare Substantive:

  ¿Cuánto pan necesita? *Wie viel Brot brauchen Sie?*

  ¿Cuánta leche has bebido? *Wie viel Milch hast du getrunken?*

⚡ In Ausrufesätzen benutzte Pronomen haben die gleiche Form wie Interrogativpronomen. ◖ Ausnahme: Cuál kann keine Ausrufesätze einleiten:

¡**Qué** bonito! *Wie schön!*

¡**Quién** lo hubiera dicho! *Wer hätte das/so etwas gesagt!*

¡**Cuánto** te he echado de menos! *Wie sehr ich dich vermisst habe!*

7.5 Das Relativpronomen B1

ℹ️ Relativpronomen leiten Relativsätze ein. Sie beziehen sich zumeist auf unmittelbar vorausgehende Substantive.

Formen

Singular		Plural	
Maskulinum	**Femininum**	**Maskulinum**	**Femininum**
que *der, die, das*	que *der, die, das*	que *die*	que *die*
quien *der, die*	quien *der, die*	quienes *die*	quienes *die*
el que *der*	la que *die*	los que *die*	las que *die*
el cual *der*	la cual *die*	los cuales *die*	las cuales *die*
cuyo *dessen*	cuya *deren*	cuyos *deren*	cuyas *deren*

Gebrauch

⚡ Que bezieht sich sowohl auf Personen als auch auf Sachen, die unmittellbar vorausgehen: Es ist unveränderlich nach Genus und Numerus. A1

El diccionario **que** tengo es muy pequeño. *Das Wörterbuch, das ich habe, ist sehr klein.*

Las chicas **que** me has presentado son muy simpáticas. *Die Mädchen, die du mir vorgestellt hast, sind sehr nett.*

⚡ Tritt das Relativpronomen ohne Bezugswort oder mit Präposition auf, wird el/la/los/las que anstelle von que verwendet. Bei einsilbigen Präpositionen kann der Artikel entfallen: A2

Esta es la moto **de (la) que** te he hablado. *Das ist das Motorrad, von dem ich dir erzählt habe.*

Los que quieran marcharse pueden hacerlo. *Wer gehen will, kann gehen.*

⚡ **El/la cual, los/las cuales** gehören eher zur Schriftsprache. In der gesprochenen Sprache werden sie kaum und überwiegend mit Präpositionen verwendet:

Mi secretaría, la cual está enferma, no ha venido a trabajar.
Meine Sekretärin, die krank ist, ist nicht zur Arbeit gekommen.

Tenía cinco hijos, de los cuales tres vivían en el extranjero.
Er/Sie hatte fünf Söhne, von denen drei im Ausland lebten.

B2 ⚡ Neben **el/la/los/las que** und **el/la cual, los/las cuales** gibt es die neutralen Formen **lo que** und **lo cual**, die sich auf ganze Sätze beziehen.

Todavía no ha llegado, lo que/lo cual me preocupa. *Er/Sie ist noch nicht angekommen, darüber mache ich mir Sorgen.*

Lo que más me gusta es que sonrías. *Was mir am meisten gefällt ist, dass du lächelst.*

⚡ **Quien** und **quienes** beziehen sich ausschließlich auf Personen. Sie werden mit und ohne Bezugswort verwendet:

Quien haya llegado tarde tiene que esperar. *Wer spät gekommen ist, muss warten.*

Las chicas, quienes aún no habían cumplido 16 años, no pudieron participar. *Die Mädchen, die noch nicht 16 Jahre alt waren, konnten nicht teilnehmen.*

B2 ⚡ **Cuyo/-a/-os/-as** ist gleichzeitig Relativ- und Possessivpronomen. Es richtet sich in Genus und Numerus nach dem Bezugswort, das ihm nachgestellt ist. Es kann auch von einer Präposition begleitet sein:

La señora cuyo hijo es ingeniero se llama Marta. *Die Frau, deren Sohn Ingenieur ist, heißt Marta.*

El señor a cuya hija conoces es mi amigo. *Der Herr, dessen Tochter du kennst, ist mein Freund.*

Las señoras cuyos hijos acaban de llegar son muy simpáticas. *Die Frauen, deren Söhne gerade angekommen sind, sind sehr nett.*

Los señores con cuyas hijas hemos hablado son muy jóvenes. *Die Herren, mit deren Töchtern wir gesprochen haben, sind sehr jung.*

Übungen

1 Betonte und unbetonte Possessivpronomen   **A1**
Ergänzen Sie die fehlenden Possessivpronomen.

(yo)	.... libro	un libro mío
(tú)	tus libros	unos libros ....
(él)	sus gafas	unas gafas ....
(ella)	.... perros	unos perros suyos
(usted)	.... amigo	un amigo suyo
(nosotros)	.... profesora	una profesora nuestra
(vosotros)	vuestros profesores	unos profesores ....
(ellos)	.... diccionarios	unos diccionarios suyos
(ellas)	sus **A2** revistas	unas revistas ....
(ustedes)	sus periódicos	unos periódicos ....

2 Der Gebrauch der Possessivpronomen   **A1**
Vervollständigen Sie die Dialoge mit Possessivpronomen.

a. ● ¿De quién es este móvil?

   ■ Es .... (yo)

b. ● ¿Comemos en .... casa o en .... ? (tú, yo)

   ■ En ...., que es más grande. (tú)

c. ● ¿Es el novio de Esther?

   ■ Sí, es .... novio.

d. ● .... madre tiene 50 años. (yo)

   ■ .... también. (yo)

e. ● ¿Es .... esta falda? (tú)

   ■ Sí, es .... (yo)

A1 ❸ **Das Interrogativpronomen**
Setzen Sie das richtige Interrogativpronomen ein:
qué (2x), quién, cuál, cuáles

a. ¿Con ……….. estabas hablando?

b. ¿Dos te vas a llevar? ¿………..?

c. ¿……….. vas a hacer mañana?

d. ¿……….. es la escuela en la que estudias?

e. ¿……….. es eso?

A1 ❹ **Das Interrogativpronomen cuánto**
Stellen Sie passende Fragen.

a. ● *¿Cuántos huevos quiere?* (huevos)

■ Quiero una **B1** docena (*Dutzend*).

b. ● _____ (vino)

■ Hemos bebido dos botellas.

c. ● _____ (fruta)

■ Compra dos kilos.

d. ● _____ (**A2** chaquetas)

■ He **A2** traído dos.

B1 ❺ **Das Relativpronomen**
Wählen Sie das richtige Relativpronomen aus.

a. La novela la que / que me prestaste es muy interesante.

b. La casa quien / que se ha comprado es muy grande.

c. La niña cuya / cuyo padre es ingeniero es tu alumna.

d. Lo que / el que quiero es que vengas.

🔑 3. Das Interrogativpronomen

a. ¿Con quién estabas hablando?
b. ¿Dos te vas a llevar? ¿Cuáles?
c. ¿Qué vas a hacer mañana?
d. ¿Cuál es la escuela en la que estudias?
e. ¿Qué es eso?

> **G** Das Interrogativpronomen quién bezieht sich nur auf Personen und ist, wie cuál, im Numerus veränderlich. Qué hingegen bleibt immer unverändert. Sowohl cuál als auch qué können sich auf Personen und Sachen beziehen.

🔑 4. Das Interrogativpronomen cuánto

a. ● ¿Cuántos huevos quiere?
　■ Quiero una docena.
b. ● ¿Cuánto vino habéis bebido?
　■ Hemos bebido dos botellas.
c. ● ¿Cuánta fruta compro?
　■ Compra dos kilos.
d. ● ¿Cuántas chaquetas has traído?
　■ He traído dos.

> **G** Das Interrogativpronomen cuánto stimmt in Genus und Numerus mit dem Substantiv überein, auf das es sich bezieht. Im Singular wird es mit unzählbaren Substantiven benutzt.

🔑 5. Das Relativpronomen

a. La novela que me prestaste es muy interesante.
b. La casa que se ha comprado es muy grande.
c. La niña cuyo padre es ingeniero es tu alumna.
d. Lo que quiero es que vengas.

> **G** Das Relativpronomen que wird in Verbindung mit Präpositionen mit dem bestimmten Artikel benutzt. Quien bezieht sich nur auf Personen. Cuyo richtet sich in Genus und Numerus nach dem Substantiv, das ihm folgt.

Lösungen

🔑 **1. Betonte und unbetonte Possessivpronomen**

(yo)	mi libro	un libro mío
(tú)	tus libros	unos libros tuyos
(él)	sus gafas	unas gafas suyas
(ella)	sus perros	unos perros suyos
(usted)	su amigo	un amigo suyo
(nosotros)	nuestra profesora	una profesora nuestra
(vosotros)	vuestros profesores	unos profesores vuestros
(ellos)	sus diccionarios	unos diccionarios suyos
(ellas)	sus revistas	unas revistas suyas
(ustedes)	sus periódicos	unos periódicos suyos

G Die unbetonten Possessivpronomen richten sich nur im Numerus nach dem Bezugswort, bei dem sie stehen. Sind die Besitzer jedoch „wir" oder „ihr", richten sie sich auch im Genus nach dem Bezugswort. Die betonten Possessivpronomen werden immer in Genus und Numerus an das Bezugswort angeglichen.

🔑 **2. Der Gebrauch der Possessivpronomen**

a. ● ¿De quién es este móvil?
■ Es mío.

b. ● ¿Comemos en tu casa o en la mía?
■ En la tuya, que es más grande.

c. ● ¿Es el novio de Esther?
■ Sí, es su novio.

d. ● Mi madre tiene 50 años.
■ La mía también.

e. ● ¿Es tuya esta falda?
■ Sí, es mía.

G Werden die betonten Possessivpronomen substantivisch gebraucht, muss auch der bestimmte Artikel stehen. Gibt das betonte Possessivpronomen den reinen Besitz an, wird es ohne Artikel benutzt.

8 Das Verb

Du musst die Blumen im Garten gießen. – Aber es regnet! – Ja, du solltest den Regenmantel anziehen.

❶ Die spanischen Verben können transitiv, intransitiv, reflexiv oder unpersönlich sein. Bei der Bildung der zusammengesetzten Zeiten wird ausschließlich haber *haben* als Hilfsverb verwendet, außer beim Passiv, das mit ser *sein* gebildet wird. Neben den finiten (konjugierten) Formen gibt es drei infinite Verbformen: Infinitiv, Gerund und Partizip.

8.1 Die Verben ser und estar

❶ Obwohl beide Verben mit *sein* übersetzt werden können, ist ihre Verwendung im Spanischen grundsätzlich unterschiedlich.

Der Gebrauch von ser
Ser *sein* wird verwendet:
* zum Definieren und Identifizieren:
  Este **es** mi marido. *Das ist mein Mann.*
  Esto **es** una casa. *Das ist ein Haus.*
* zur Angabe der Herkunft:
  Alberto **es** de Argentina. *Alberto kommt aus Argentinien.*
  Este coche **es** de Alemania. *Dieser Wagen ist aus Deutschland.*
* zur Angabe des Berufs, der Religion und der Verwandtschaft:
  Soy médico. *Ich bin Arzt.*
  Ella **es** musulmana. *Sie ist Muslimin.*
  Carmela **es** mi hermana. *Carmela ist meine Schwester.*

- bei Fragen nach der Uhrzeit:
  ¿Qué hora es? – Son las 5. *Wie spät ist es? – Es ist 5 Uhr.*
- um Ereignisse zeitlich und räumlich einzuordnen:
  El B1 bautizo es el 30 de marzo. *Die Taufe findet am 30. März statt.*
  La B1 reunión es en la sala de juntas. *Das Treffen findet im Konferenzraum statt.*
- um nach der Gesamtsumme zu fragen:
  ¿Cuánto es? – Son 30 euros.
  Wie viel macht das? Das macht 30 Euro.
  ⚡ Will man jedoch nach dem Preis einer einzelnen Ware fragen, heißt das:
  ¿Cuánto cuesta esta chaqueta? *Wie viel kostet diese Jacke?*
- zur Angabe des Materials:
  Este anillo es de oro. *Dieser Ring ist aus Gold.*
- zur Angabe von Eigenschaften:
  Marta es guapa e inteligente. *Marta ist hübsch und intelligent.*
  La mesa es redonda. *Der Tisch ist rund.*

Der Gebrauch von estar
Estar sein wird verwendet:
- um nach dem Datum zu fragen:
  ¿A qué día estamos? – Estamos a 22 de junio. *Welchen Tag haben wir heute? – Heute haben wir den 22. Juni.*
- zur Angabe des Ortes, an dem sich jemand oder eine Sache befindet:
  Mis hijos están en la escuela. *Meine Kinder sind in der Schule.*
  El hotel está en el centro. *Das Hotel liegt im Zentrum.*

A2
- um einen Sachverhalt einzuschätzen:
  Está bien divertirse un poco. *Es ist gut, sich ein bisschen zu amüsieren.*
- zur Angabe von Zuständen bei Personen und Dingen:
  Estoy cansado. *Ich bin müde.*
  La puerta está abierta. *Die Tür ist offen.*
- um eine vorübergehende Tätigkeit/Beruf anzugeben:
  Estoy de camarero. *Ich arbeite vorübergehend als Kellner.*
- estar + Gerund ▷ **13.2** :
  Estamos comiendo. *Wir essen gerade.*

⚡ Einige Adjektive wechseln die Bedeutung, je nach ihrer Verbindung mit **ser** oder **estar**: **A2**

> **Olga es rica.** *Olga ist reich.*
> **La paella está rica.** *Die Paella schmeckt sehr gut.*
> **Alberto es listo.** *Alberto ist klug.*
> **La comida está lista.** *Das Essen ist fertig.*
> **Carlos es bueno.** *Carlos ist ein guter Mensch.*
> **Carlos está bueno.** *Carlos ist gesund.*
> (Umgangssprachlich auch: *Carlos sieht sehr gut aus.*)
> **Carmen es mala.** *Carmen ist eine schlechte Person.*
> **Carmen está mala.** *Carmen ist krank.*

8.2 Das Verb **haber** **A1**

Im Gegensatz zum Deutschen kann **haber** *haben* nicht als Hauptverb verwendet werden, sondern nur als Hilfsverb zur Bildung der zusammengesetzten Zeitformen:
He venido en coche. *Ich bin gefahren.*
Ya **he comido**. *Ich habe schon gegessen.*

Hay und **estar**
☀ Mit der von **haber** gebildeten unpersönlichen Form **hay** *es gibt/ da sind* gibt man an, wo sich jemand oder etwas befindet. Sie kann jedoch nur auf unbestimmte oder unbekannte Personen oder Sachen bezogen werden. Man verwendet **hay** im Zusammenhang mit:
• dem unbestimmten Artikel:
  Aquí al lado **hay una** farmacia. *Hier nebenan gibt es eine Apotheke.*
• Substantiven ohne Artikel:
  ¿Hay queso en la nevera? *Ist/gibt es Käse im Kühlschrank?*
• Zahlen:
  En la cocina **hay 6** sillas. *In der Küche sind 6 Stühle.*
• Indefinitpronomen:
  Hay mucha gente en la calle. *Es sind viele Leute auf der Straße.*
  ¿Hay alguien ahí? *Ist jemand da?*
  Encima de la mesa **hay varios** vasos. *Auf dem Tisch stehen einige Gläser.*

☼ **Estar** *sein* wird hingegen gebraucht, wenn man sagen will, wo sich bestimmte bzw. bekannte Personen oder Sachen befinden. Man verwendet es:

- mit dem bestimmten Artikel:
  La silla está al lado de la mesa. *Der Stuhl steht neben dem Tisch.*
- mit Personalpronomen:
  Esta semana (**nosotros**) **estamos** en Madrid. *Diese Woche sind wir in Madrid.*
- mit Possesivpronomen:
  Mi marido **está** en casa. *Mein Mann ist zu Hause.*
- mit Demonstrativpronomen:
  ¿**Ese** hotel **está** cerca? *Liegt dieses Hotel in der Nähe?*
  ◗ Ausnahme: Esto, eso und aquello werden immer mit hay benutzt:
  ¿Qué es **eso** que **hay** ahí? *Was liegt/steht da?* (wörtlich: *Was ist das, was da liegt/steht?*)
- mit Eigennamen:
  Carlos está en la oficina. *Carlos ist im Büro.*

⚡ Entscheidend für den Einsatz von hay bzw. estar ist die Unterscheidung zwischen bestimmt bzw. bekannt und unbestimmt bzw. unbekannt: Wird zum zweiten Mal von einer Person oder Sache gesprochen, gelten diese als bekannt bzw. bestimmt. Folglich muss estar, nicht hay mit ihnen stehen:
En mi oficina **hay una** mesa muy grande: **está** al lado de la ventana. *In meinem Büro gibt es einen großen Tisch: Er befindet sich neben dem Fenster.*
En la calle **hay un** señor muy extraño: **está** en la puerta del banco. *Auf der Straße ist ein seltsamer Mann (zu sehen): er steht vorm Eingang der Bank.*

A1 ### 8.3   Das Modalverb

ⓘ Modalverben werden zusammen mit dem Infinitiv von Vollverben benutzt. Sie modifizieren deren Bedeutung.
Wichtige Modalverben im Spanischen sind:

poder	No **puedo** ayudarte. *Ich **kann** dir nicht helfen.*
können (Möglichkeit)	No **puedes** (A2) nadar en el río, está
dürfen (Erlaubnis)	prohibido.
	*Du **darfst** nicht im Fluss schwimmen, es ist*
	verboten.
querer	**Quiero** verte. *Ich **will** dich sehen.*
wollen	
saber	No **sé** nadar. *Ich **kann** nicht schwimmen.*
können (etw. Erlerntes)	
tener que	**Tengo que** marcharme. *Ich **muss** gehen.*
müssen (Notwendigkeit)	
deber:	**Deberías** decírselo. *Du **solltest** es ihm/ihr*
sollen (Empfehlung)	*sagen.*

⚡ Saber kann auch ohne Vollverb benutzt werden:
No **sé** francés. *Ich **kann** kein Französisch.*

8.4 Das reflexive Verb   A1

ℹ Reflexive Verben werden zusammen mit Reflexivpronomen verwendet, die auf das Subjekt des Satzes verweisen.

Formen

lavarse *sich waschen*	
yo me lavo *ich wasche mich*	nosotros/-as nos lavamos
tú te lavas *du wäschst dich usw.*	vosotros/-as os laváis
él/ella se lava	ellos/ellas se lavan
usted se lava	ustedes se lavan

🔆 Reflexivpronomen stehen in der Regel vor dem zugehörigen Verb. Werden reflexive Verben zusammen mit einem Modalverb oder einer verbalen Umschreibung verwendet, können sie entweder vor der konjugierten Verbform stehen oder an die infinite Verbform angehängt werden:
Mañana quiero **levantarme** pronto./Mañana **me quiero** levantar pronto. *Morgen will ich früh **aufstehen**.*

A2   **8.5   Die unpersönlichen Formen**

☀ Die echten unpersönlichen Verben haben kein Subjekt. Im Spanischen handelt es sich dabei überwiegend um Verben, die das Wetter beschreiben:
Mañana va a llover. *Morgen wird es regnen.*
Está tronando. *Es donnert.*

☀ Neben den echten unpersönlichen Verben gibt es eine Reihe von Konstruktionen, die ebenfalls unpersönlich verwendet werden:

Hay que + Infinitiv: *man muss etwas tun*
Hay que hacer algo para evitarlo. *Man muss etwas tun, um das zu vermeiden.*

⚡ Personalpronomen können nur an die infinite Verbform angehängt werden:
Hay que darle agua. *Man muss ihm Wasser geben.*

(No) Es + Adjektiv + Infinitiv: *Es ist … (schwer, leicht, gut …)*
Es muy difícil hacerlo bien. *Es ist sehr schwierig, es richtig zu tun.*

Uno/-a + Verb in der 3. Person Singular: *man …*
Uno no sabe cómo comportarse en estos casos. *Man weiß nicht, wie man sich in solchen Fällen verhalten soll.*

Diese Konstruktion wird häufig benutzt, wenn der Sprecher sich mit einbezieht.

Se + Verb in der 3. Person Singular: *man …*
Con él nunca se sabe. *Mit ihm weiß man nie (woran man ist).*

⚡ Auch die Verwendung der dritten Person Plural kann unpersönlich sein:
¿En esa tienda venden camisas de verano? *Werden in diesem Geschäft Sommerhemden verkauft?*

Übungen

1 **Ser** oder **estar**?
A1
Wählen Sie das passende Verb aus.

a. Mi hermano **no es** / **está** en casa.

b. ¿Qué hora **es** / **está**?

c. Esta camisa **es** / **está** de **B1** algodón.

d. **Es** / **Está** de **B2** portero en un hotel.

e. ¿A qué día **somos** / **estamos**?

f. **Es** / **está** ingeniero.

2 Adjektive mit **ser** und **estar**
A1
Beschreiben Sie Carmela. Bilden sie Sätze mit folgenden Angaben:

alta / siempre contenta / delgada / a menudo nerviosa / casi nunca sola / joven / simpática / bastante guapa / nunca enfadada / muchos días cansada

....

....

....

....

3 **Hay** oder **estar**?
A1
Verbinden Sie die Satzteile.

a. Encima de la mesa   está   ningún problema.

b. Mario   hay —————— 5 libros.

c. Mis llaves   hay   en la clase.

d. El profesor de matemáticas   están   en casa.

e. Estoy seguro de que no   está   en el bolso.

A1

4 Die Modalverben
Ergänzen Sie Modalverben in den Dialogen.

a. ● ¿Tú .... jugar al tenis?

■ No, no ....

b. ● ¿Tú crees que se .... fumar aquí?

■ No, no se .... Está prohibido.

c. ● ¿Crees que es una buena idea llamar a Gema?

■ Sí, creo que .... llamarla.

d. ● ¿De verdad .... que **A2** marcharte?

■ Sí, tengo mucha prisa.

e. ● ¿De verdad no vas a venir?

■ No, no .... Tengo mucho trabajo.

f. ● ¿........................... venir al cine conmigo mañana?

■ Vale, ¿a qué hora quedamos?

A2

5 Die unpersönlichen Verbformen
Sind die Sätze richtig (✓) oder falsch (✗)?

a. ✓ Uno quiere hacerlo bien.

b. ✗ Unas no puede creerlo.

c. ☐ Hay duro que trabajar.

d. ☐ Le hay que decirlo.

e. ☐ ¿Está nevando?

f. ☐ En esa tienda venden **B1** paraguas.

g. ☐ Todo el mundo lo sabe, no se habla de otra cosa.

h. ☐ Está muy fácil llegar al aeropuerto.

i. ☐ Hay que lo traer aquí.

4. Die Modalverben

a. ● ¿Tú sabes jugar al tenis?
   ■ No, no sé.
b. ● ¿Tú crees que se puede fumar aquí?
   ■ No, no se puede. Está prohibido.
c. ● ¿Crees que es una buena idea llamar a Gema?
   ■ Sí, creo que debes llamarla.
d. ● ¿De verdad tienes que marcharte?
   ■ Sí, tengo mucha prisa.

e. ● ¿De verdad no vas a venir?
   ■ No, no puedo. Tengo mucho trabajo.
f. ● ¿Quieres venir al cine conmigo mañana?
   ■ Vale, ¿a qué hora quedamos?

G Die Möglichkeit und die Erlaubnis werden im Spanischen mit poder *können* ausgedrückt. Ratschläge werden mit deber *sollen* gegeben. Um über die erlernten Fähigkeiten zu sprechen, benutzt man das Verb saber *können*.

5. Die unpersönlichen Verbformen

a. richtig
b. falsch → Una no puede creerlo.
c. falsch → Hay que trabajar duro.
d. falsch → Hay que decírselo.
e. richtig

f. richtig
g. richtig.
h. falsch → Es muy fácil llegar al aeropuerto.
i. falsch → Hay que traerlo aquí.

G Die unpersönliche Form hay que ist untrennbar: es darf kein Wort zwischen hay und que stehen. Unbetonte Personalpronomen werden immer an die infinite Verbform angehängt. Verben, die das Wetter beschreiben, sind in der Regel unpersönlich.

Lösungen

🖋 **1. Ser oder estar?**

a. Mi hermano no está en casa.
b. ¿Qué hora es?
c. Esta camisa es de algodón.

d. Está de portero en un hotel.
e. ¿A qué día estamos?
f. Es ingeniero.

G Um den Standort einer Person oder einer Sache anzugeben, wird estar, nie ser verwendet. Nach der Uhrzeit wird mit ser gefragt, nach dem Datum hingegen mit estar. Der Beruf wird mit ser angegeben, es sei denn, es handelt sich um eine vorübergehende Tätigkeit, in diesem Fall benutzt man estar + de.

🖋 **2. Adjektive mit ser und estar**

Carmela es alta. Ella siempre está contenta. Es delgada. A menudo está nerviosa. Casi nunca está sola. Es joven. Es simpática. Es bastante guapa. Nunca está enfadada. Muchos días está cansada.

G Ser wird benutzt, um über Eigenschaften zu sprechen. Spricht man hingegen über Zustände, wird estar gebraucht. Dabei spielt es keine Rolle, ob die Zustände vorübergehend sind oder nicht.

🖋 **3. Hay oder estar?**

a. Encima de la mesa hay 5 libros.
b. Mario está en casa.
c. Mis llaves están en el bolso.

d. El profesor de matemáticas está en la clase.
e. Estoy seguro de que no hay ningún problema.

G Mit hay wird angegeben, wo sich unbestimmte bzw. unbekannte Personen oder Sachen befinden. Wird hingegen von bestimmten bzw. bekannten Personen oder Sachen gesprochen, benutzt man estar.

9 Der Indikativ

Das Präsens des Verbs correr ist ... – Ich renne, du rennst ... – Langsamer, Carmencita. – Ich gehe, du gehst ...

❶ Der Indikativ ist der Modus der Realität. Er wird verwendet, wenn etwas als tatsächlich und wirklich dargestellt werden soll oder als solches empfunden wird.

9.1   Das Präsens

A1

Das Präsens ist die Zeitform der Gegenwart.

Formen

Das Präsens wird durch Anhängen der Personalendungen der jeweiligen Konjugationsgruppe (▷ **13.1**) an den Verbstamm gebildet. Der Akzent ist auf dem Verbstamm, außer in der 1. und 2. Person Plural, wo er auf der Endung liegt:

	cant-ar *singen*	**com-er** *essen*	**viv-ir** *leben*
yo	cant-**o**	com-**o**	viv-**o**
tú	cant-**as**	com-**es**	viv-**es**
él/ella/usted	cant-**a**	com-**e**	viv-**e**
nosotros/-as	cant-**amos**	com-**emos**	viv-**imos**
vosotros/–as	cant-**áis**	com-**éis**	viv-**ís**
ellos/ellas/ustedes	cant-**an**	com-**en**	viv-**en**

Die Höflichkeitsform entspricht im Singular der 3. Person Singular und im Plural der 3. Person Plural:
¿Vive usted/Viven ustedes aquí? *Wohnen Sie hier?*

➕ Unregelmäßigkeiten betreffen im Präsens den Verbstamm, nicht die Endungen. Die 1. und 2. Person Plural haben immer den gleichen Verbstamm.

e → ie	o → ue	e → i	1. Pers. Sing. unregelmäßig	1. Pers. Sing. unregelmäßig + Vokalwechsel
pensar *denken*	volver *zurückkommen*	A2 pedir *bitten*	hacer *machen*	tener *haben*
pienso	vuelvo	pido	**hago**	**tengo**
piensas	vuelves	pides	haces	tienes
piensa	vuelve	pide	hace	tiene
pensamos	volvemos	pedimos	hacemos	tenemos
pensáis	volvéis	pedís	hacéis	tenéis
piensan	vuelven	piden	hacen	tienen

- Verben mit Vokalwechsel **e → ie**: querer *wollen*, sentarse *sich setzen*, cerrar *schließen*, empezar *anfangen*, B1 comenzar *anfangen*, perder *verlieren*, entender *verstehen*, A2 sentir *fühlen*, B1 preferir *vorziehen*, A2 divertir *amüsieren*
- Verben mit Vokalwechsel **o → ue**: poder *können*, doler *wehtun*, A2 morir *sterben*, dormir *schlafen*, A2 volar *fliegen*, acordarse *sich erinnern*, contar *zählen, erzählen*, B1 mover *bewegen*, encontrar *finden*. Dieser Gruppe gehört dem Vokalwechsel nach auch jugar *spielen* an.
- Verben mit Vokalwechsel **e → i**: A2 seguir *entlang gehen, folgen*, B1 perseguir *verfolgen*, repetir *wiederholen*, A2 reír *lachen*, B2 corregir *verbessern*, B1 elegir *wählen*, servir *bedienen, dienen*, B1 medir *messen*, competir *wetteifern*
- Verben mit unregelmäßiger 1. Person Singular: B2 caber *hineingehen, passen* → quepo, A2 caer *hinfallen* → caigo, dar *geben* → doy, poner *stellen* → pongo, saber *wissen* → sé, salir *ausgehen* → salgo, A2 traer *bringen* → traigo, valer *kosten, wert sein* → valgo, ver *sehen* → veo
- Verben mit unregelmäßiger 1. Person Singular + Vokalwechsel: venir *kommen* → vengo, vienes, decir *sagen* → digo, dices

⚡ Vollkommen unregelmäßig sind:

ir *gehen*	ser *sein*	haber *haben/sein*	estar *sein*	oír *hören*
voy	soy	he	estoy	oigo
vas	eres	has	estás	oyes
va	es	ha	está	oye
vamos	somos	hemos	estamos	oímos
vais	sois	habéis	estáis	oís
van	son	han	están	oyen

⚡ Die 1. Person Singular verändert sich aussprachebedingt (▷ **22.1**) **A2**
bei:
• Verben auf -cer, -cir ➞ -zco:
  conocer: No te conozco. *Ich kenne dich nicht.*
  conducir: No conduzco muy bien. *Ich kann nicht sehr gut Auto fahren.*
  🌑 Ausnahme: Verben mit Konsonanten vor -cer ersetzen nur das c durch ein z:
  convencer: No lo convenzo. *Ich überzeuge ihn nicht.*
  B2 torcer: ¿Tuerzo a la derecha? *Biege ich rechts ab?*
• Verben auf -ger, -gir ➞ -jo:
  B1 escoger: Escojo éste. *Ich wähle diesen aus.*
  B1 dirigir: Dirijo una empresa pequeña. *Ich leite eine kleine Firma.*
• Verben auf -guir ➞ -go:
  distinguir: No lo distingo bien. *Ich kann es nicht richtig erkennen.*
  B1 conseguir: No consigo entenderlo. *Ich kann es nicht verstehen.*

⚡ Weitere unregelmäßige Verbgruppen: **A2**

Verben auf -uir	Einige Verben auf -iar	Einige Verben auf -uar
B2 huir *fliehen*	enviar *schicken*	continuar *fortsetzen*
huyo	envío	continúo
huyes	envías	continúas
huye	envía	continúa
huimos	enviamos	continuamos
huis	enviáis	continuáis
huyen	envían	continúan

Gebrauch

Im Präsens spricht man über bzw. fragt nach Geschehen und Zuständen, die zum Sprechzeitpunkt aktuell sind und drückt allgemein Bekanntes aus:

Vivo en una casa muy grande. *Ich* **wohne** *in einem sehr großen Haus.*

¿Todavía **estás** en la oficina? *Bist du noch im Büro?*

El perro **es** el mejor amigo del hombre. *Der Hund* **ist** *der beste Freund des Menschen.*

Esta semana **estamos** muy ocupados. *Diese Woche* **sind** *wir sehr beschäftigt.*

A2 Man kann damit auch über die Zukunft sprechen, wenn aus dem Kontext ersichtlich ist, dass es sich um Zukünftiges handelt und die Information als sicher gilt:

Mañana **vuelve** mi padre. *Morgen* **kommt** *mein Vater* **zurück.**

La próxima semana no **trabajo.** *Nächste Woche* **arbeite** *ich nicht.*

El mes que viene **es** mi cumpleaños. *Nächsten Monat* **habe** *ich Geburtstag.*

B2 Mit dem Präsens können Aufforderungen oder Befehle ausgedrückt werden:

Usted **sigue** todo recto y después **gira** a la derecha. *Gehen Sie immer geradeaus und* **biegen** *Sie dann rechts ab.*

Ahora mismo **apagas** la luz y te `duermes.` *Du* **schaltest** *jetzt das Licht* **aus** *und* **schläfst.**

B1 ## 9.2   Das Futur

Das Futur bezieht sich auf zukünftige Sachverhalte.

A1 ### 9.2.1   Das Futur I

Formen

☀ Das Futur I wird durch Anhängen bestimmter Endungen an den Infinitiv gebildet. Sie sind für alle Konjugationsgruppen und auch bei unregelmäßigen Verben gleich. Die Betonung liegt immer auf der Endung:

	cant-ar *singen*	com-er *essen*	ped-ir *bitten*
yo	cantar**é**	comer**é**	pedir**é**
tú	cantar**ás**	comer**ás**	pedir**ás**
él/ella/usted	cantar**á**	comer**á**	pedir**á**
nosotros/-as	cantar**emos**	comer**emos**	pedir**emos**
vosotros/-as	cantar**éis**	comer**éis**	pedir**éis**
ellos/ellas/ustedes	cantar**án**	comer**án**	pedir**án**

⚡ Verben, die das Futur I mit einem vom Infinitiv abweichenden Verbstamm bilden, sind:

A2

caber *hineinpassen*	→ **cabr-**	venir *kommen*	→ **vendr-**
decir *sagen*	→ **dir-**	haber *haben*	→ **habr-**
hacer *machen*	→ **har-**	querer *wollen*	→ **querr-**
poder *können*	→ **podr-**	poner *stellen*	→ **pondr-**
saber *wissen*	→ **sabr-**	salir *ausgehen*	→ **saldr-**
tener *haben*	→ **tendr-**	valer *kosten*	→ **valdr-**

Te lo **diré** mañana. *Ich **werde** es dir morgen **sagen**.*
El próximo año **iremos** de vacaciones a México. *Nächstes Jahr **werden** wir nach Mexiko in Urlaub **gehen**.*
No **sabremos** nunca qué ha pasado. *Wir **werden** nie **wissen**, was geschehen ist.*
Nos **pondremos** delante para poder ver mejor. *Wir **werden** uns vorne **stellen**, um besser sehen zu können.*

Gebrauch
Das Futur I wird gebraucht:
• um über Sachverhalte zu sprechen, die zum Sprechzeitpunkt noch nicht begonnen haben:
  Volveré mañana por la tarde. *Ich **werde** morgen Nachmittag **zurückkommen**.*
• um Vermutungen in der Gegenwart auszudrücken:
  Carola no ha contestado al teléfono, **estará** de vacaciones. *Carola hat nicht zurückgerufen, sie **wird** im Urlaub **sein**.*
• um (eindringliche) Befehle auszusprechen:
  ¡**Irás** mañana y se acabó! *Du gehst morgen dahin und Schluss!*

⚡ Um über feste Absichten zu sprechen oder wenn sicher ist, dass die Handlung eintreten wird, verwendet man ir a + Infinitiv anstelle des Futurs I:

Esta noche **voy a ir** al cine. *Heute Abend **werde** ich (ganz sicher) ins Kino **gehen**.*

Mañana **va a llover**. *Morgen **wird** es (bestimmt) **regnen**.*

B2 9.2.2 **Das Futur II**

Formen

Das Futur II wird mit dem Futur I von haber und dem Partizip Perfekt (▷ **13.3**) des jeweiligen Verbs gebildet.

		cant-ar *singen*	**com-er** *essen*	**ped-ir** *bitten*
yo	habré	cantado	comido	pedido
tú	habrás	cantado	comido	pedido
él/ella/usted	habrá	cantado	comido	pedido
nosotros/-as	habremos	cantado	comido	pedido
vosotros/-as	habréis	cantado	comido	pedido
ellos/ellas/ustedes	habrán	cantado	comido	pedido

Gebrauch

Das Futur II wird gebraucht,

- um Vorgänge auszudrücken, die zu einem zukünftigen Zeitpunkt abgeschlossen sind, wenn ein anderes Ereignis eintritt:

Cuando llegues, ya **habré terminado**. *Wenn du kommst, **werde** ich schon **fertig sein**.*

Cuando me case el año que viene, ya **habré cumplido** 35 años. *Wenn ich nächstes Jahr heirate, **werde** ich schon 35 Jahre alt **sein**.*

- um Vermutungen über Handlungen in der Vergangenheit auszudrücken:

Está cansado, no **habrá dormido** bien. *Er ist müde, er **wird wohl** nicht gut **geschlafen haben**.*

No habrán tenido tiempo de hacerlo. *Sie **werden (wohl)** keine Zeit **gehabt haben**, das zu tun.*

Übungen

① Das regelmäßige Präsens A1
Setzen Sie das richtige Verb ein.

vamos / canta / hablan / sabéis / como / escribe / comes / salen

a. Yo .... todos los días en casa. Y tú, ¿dónde ....?

b. Mis hermanos .... todos los días por la noche.

c. Mi novio me .... todas las semanas una carta.

d. ¿........... al cine esta noche? Tú y yo solos.

e. ¿Vosotras .... cómo se llama esa chica?

f. Tu hermana .... muy bien.

g. Ustedes .... muy deprisa.

② Stammvokaländerung im Präsens A1
Ergänzen Sie die Sätze mit dem Präsens der Verben.

a. ¿(tú tener) .... un minuto? (yo querer)

.... hablar contigo.

b. No (nosotros entender) .... bien, ¿(vosotros poder)

.... repetir?

c. Mis padres (volver) .... mañana de viaje.

d. (yo preferir) .... quedarme en casa.

e. ¿Cuándo (empezar) .... la película?

f. ¿Tú (pensar) .... hablar con ellos hoy?

g. Me (reír) .... mucho con Alejandro.

h. No os he preguntado porque siempre (decir) ....

que no.

A2 ❸ **Weitere Unregelmäßigkeiten im Präsens**
Ergänzen Sie die Dialoge mit der passenden Präsensform.

a. ● ¿No conoces a mi madre?　　　■ No, no la ....

b. ● ¿Consigues verla?　　　■ No, no .... verla.

c. ● ¿Cuál escoges?　　　■ Yo .... éste.

A1 ❹ **Unregelmäßige Futurformen**
Ergänzen Sie die Sätze mit einer Futurform der Verben:
decir, tener, venir, poder, hacer.

a. ¿........... a verme mañana? (tú)

b. Si tú no lo haces, otro lo ....

c. Creo que no .... ir al teatro porque normalmente no salimos
de trabajar antes de las 8.

d. ¿........... tiempo para llamarme la próxima semana? (vosotras)

e. No sé cuándo nos lo .... (ellos)

A2 ❺ **Der Gebrauch des Futurs**
Geben Sie an, welche Funktion das Futur I und II in den Sätzen
haben.

1. Vermutung in der Gegenwart
2. Vermutung in der Vergangenheit (abgeschlossener Sachverhalt)
3. Vorzeitigkeit in der Zukunft (abgeschlossener Sachverhalt)

a. ¿Qué cosas importantes crees que ya habrás hecho
cuando tengas 50 años? ☐

b. Está muy enfadado, habrá discutido con alguien. ☐

c. Cuando tú te vayas de vacaciones yo ya habré vuelto. ☐

d. Todavía no ha llegado, ¿habrá tenido algún problema? ☐

e. ¿Sabes por qué no ha venido Alberto?
¿Estará muy ocupado? ☐

3. Weitere Unregelmäßigkeiten im Präsens

a. ● ¿No conoces a mi madre?
   ■ No, no la conozco.
b. ● ¿Consigues verla?
   ■ No, no consigo verla.

c. ● ¿Cuál escoges?
   ■ Yo escojo éste.

G Aussprachebedingt bilden alle Verben auf **-cer** und **-cir** die 1. Person Singular mit **-zco**, die Verben auf **-ger** und **-gir** hängen **-jo** an und die Verben auf **-guir** haben in der 1. Person Singular die Endung **-go**.

4. Unregelmäßige Futurformen

a. ¿Vendrás a verme mañana?
b. Si tú no lo haces, otro lo hará.
c. Creo que no podremos ir al teatro porque normalmente no salimos de trabajar antes de las 8.

d. ¿Tendréis tiempo para llamarme la próxima semana?
e. No sé cuándo nos lo dirán.

G Unregelmäßigkeiten bei der Bildung des Futurs betreffen immer nur den Verbstamm, nie die Personalendungen.

5. Der Gebrauch des Futurs

a. 3 Vorzeitigkeit in der Zukunft
b. 2 Vermutung in der Vergangenheit
c. 3 Vorzeitigkeit in der Zukunft

d. 2 Vermutung in der Vergangenheit
e. 1 Vermutung in der Gegenwart

G Mit dem Futur I werden Vermutungen über eventuelle, in der Gegenwart stattfindende Ereignisse ausgedrückt. Das Futur II wird hingegen benutzt, wenn Vermutungen über Handlungen zum Ausdruck gebracht werden, die bereits in der Vergangenheit geschehen und abgeschlossen sind. Mit dem Futur II wird außerdem über zukünftige Handlungen gesprochen, die vor anderen zukünftigen Handlungen geschehen werden.

Lösungen

🔑 1. Das regelmäßige Präsens

a. Yo como todos los días en casa. Y tú, ¿dónde comes?
b. Mis hermanos salen todos los días por la noche.
c. Mi novio me escribe todas las semanas una carta.
d. ¿Vamos al cine esta noche? Tú y yo solos.
e. ¿Vosotras sabéis cómo se llama esa chica?
f. Tu hermana canta muy bien.
g. Ustedes hablan muy deprisa.

G Das regelmäßige Präsens wird gebildet, indem man die Personalendungen des Präsens an den Verbstamm anhängt. Diese Endungen variieren je nach der Konjugationsgruppe.

🔑 2. Stammvokaländerung im Präsens

a. ¿Tienes un minuto? Quiero hablar contigo.
b. No entendemos bien, ¿podéis repetir?
c. Mis padres vuelven mañana de viaje.
d. Prefiero quedarme en casa.
e. ¿Cuándo empieza la película?
f. ¿Tú piensas hablar con ellos hoy?
g. Me río mucho con Alejandro.
h. No os he preguntado porque siempre decís que no.

G Die drei häufigsten Vokalveränderungen im Verbstamm sind: o → ue, e → ie und e → i. In der 1. und 2. Person Plural bleibt der Verbstamm des Infinitivs immer erhalten.

9.3 Die Vergangenheit A1

9.3.1 Das Perfekt A1

Das Perfekt ist eine Zeitform der Vergangenheit.

Formen
☀ Das Perfekt wird mit dem Präsens des Hilfsverbs haber *haben* und dem Partizip Perfekt des jeweiligen Verbs gebildet (▷ **13.3**).

		cant-ar *singen*	**com-er** *essen*	**sal-ir** *ausgehen*
yo	he	cant**ado**	com**ido**	sal**ido**
tú	has	cant**ado**	com**ido**	sal**ido**
él/ella/usted	ha	cant**ado**	com**ido**	sal**ido**
nosostros/-as	hemos	cant**ado**	com**ido**	sal**ido**
vosotros/-as	habéis	cant**ado**	com**ido**	sal**ido**
ellos/ellas/ustedes	han	cant**ado**	com**ido**	sal**ido**

⚡ Anders als im Deutschen wird ausschließlich haber *haben* zur Bildung des Perfekts herangezogen. Es steht immer direkt vor dem Partizip Perfekt, nie getrennt von diesem:
Ya **he comido.** *Ich habe schon gegessen.*
Me **he levantado** a las ocho. *Ich bin um 8 Uhr aufgestanden.*

Gebrauch
Im Perfekt spricht man über abgeschlossene Handlungen. Die Zeit, in der diese Handlungen stattgefunden haben, gilt dabei als nicht abgeschlossen oder sehr nah an der Gegenwart liegend:
He llegado hoy. *Ich bin heute angekommen.*

L! Bestimmte Zeitangaben (wie die folgenden) erfordern immer die Verwendung des Perfekts:

alguna vez *schon mal* hoy *heute* todavía no *noch nicht*
últimamente *letztens/* nunca *nie* hasta ahora *bis jetzt*
            in letzter Zeit
en los últimos días/meses/años *in den letzten Tagen/Monaten/ Jahren*
Alle Zeitangaben mit dem Demonstrativpronomen este, wie z. B:
esta mañana *heute Vormittag*, este año *dieses Jahr*

¿Has estado alguna vez en España? *Bist du schon mal in Spanien gewesen?*
Últimamente he ido mucho a bailar. *In der letzten Zeit bin ich oft tanzen gegangen.*

9.3.2   Das Indefinido
Mit dem Indefinido wird über Abgeschlossenes in einem abgeschlossenen Zeitraum berichtet.

Formen
Das Indefinido wird durch Anhängen bestimmter Endungen an den Verbstamm gebildet.

	cant-ar *singen*	**com-er** *essen*	**sal-ir** *ausgehen*
yo	cant-**é**	com-**í**	sal-**í**
tú	cant-**aste**	com-**iste**	sal-**iste**
él/ella/usted	cant-**ó**	com-**ió**	sal-**ió**
nosotros/-as	cant-**amos**	com-**imos**	sal-**imos**
vosotros/-as	cant-**asteis**	com-**isteis**	sal-**isteis**
ellos/ellas/ustedes	cant-**aron**	com-**ieron**	sal-**ieron**

⚡ Bei regelmäßigen Verben liegt die Betonung immer auf der Endung. Wird diese Ausspracheregel nicht beachtet, kann es in der 1. und 3. Person Singular zu Missverständnissen kommen. Vergleichen Sie:
entre *kommen Sie herein*   **entré** *ich kam herein*
hablo *ich spreche*   **habló** *er sprach*

Ir und **ser** haben die gleichen unregelmäßigen Indefinidoformen:

ser *sein/***ir** *gehen*			
Singular:	fui	fuiste	fue
Plural:	fuimos	fuisteis	fueron

ir: Ayer **fui** al cine. *Gestern bin ich ins Kino gegangen.*
ser: La película **fue** muy divertida. *Der Film war sehr unterhaltsam.*

Bei folgenden Verben mit abweichendem Verbstamm und besonderen Endungen im Indefinido liegt die Betonung in der 1. und der 3. Person Singular auf dem Stamm, nicht auf der Endung:

Infinitiv	abweichender Stamm	+ Personalendungen
estar *sich befinden, sein*	→ estuv-	e
haber *haben, sein*	→ hub-	iste
hacer *machen*	→ hic/z-	o
poder *können*	→ pud-	imos
querer *wollen*	→ quis-	isteis
saber *wissen*	→ sup-	ieron

Weitere Verben dieser Gruppe sind: andar *gehen* → anduv-, tener *haben* → tuv-, venir *kommen* → vin-, decir *sagen* → dij-, traer *herbringen* → traj-.

⚡ Weitere Besonderheiten: **B1**

- Die 3. Person Singular von hacer lautet hizo:
  Ayer hizo mucho frío. *Gestern **war** es sehr kalt.*
- Die 3. Person Plural von decir und traer heißt dij**eron** bzw. traj**eron**:
  Sus padres les trajeron muchos regalos. *Ihre Eltern **haben** ihnen viele Geschenke **mitgebracht**.*
- Verben auf -ducir bilden das Indefinido mit -j und haben bis auf die 3. Person Plural (auf -eron) die gleichen unregelmäßigen Personalendungen:
  Condujimos toda la noche. *Wir **sind** die ganze Nacht **gefahren**.*
  Ellos tradujeron el texto. *Sie **haben** den Text **übersetzt**.*
- Verben auf -ir mit Vokalwechsel im Präsens ändern den Stammvokal beim Indefinido nur in der 3. Person Singular und Plural (e → i, o → u), behalten aber die regelmäßigen Personalendungen des Indefinido:
  Anoche no durmieron apenas. *Gestern Nacht **haben** sie kaum **geschlafen**.*
  Marisa me mintió. *Maria **hat** mich **belogen**.*
  Zu dieser Gruppe gehören folgende Verben:
  pedir *bitten*, repetir *wiederholen*, medir *messen*, reír *lachen*, preferir *vorziehen*, morir *sterben*, elegir *wählen*, seguir *entlang gehen, folgen*, sentir *fühlen*

Folgende Verbgruppen verändern den Stamm aussprache- oder orthografisch bedingt (▷ 22.1) in der 1. Person Singular: **B1**

- Verben auf **-gar → -gué**:
  Llegar: Ayer no **llegué** muy tarde.
  Gestern **bin** *ich nicht zu spät* **gekommen.**
- Verben auf **-car → -qué**:
  Bus**car: Busqué** las llaves pero no las encontré.
  Ich **habe** *die Schlüssel* **gesucht,** *sie aber nicht* **gefunden.**
- Verben auf **-guar → -güé**:
  B2 Averi**guar:** No **averigüé** nada.
  Ich **habe** *nichts* **herausgefunden.**
- Verben auf **-zar → -cé**:
  Empe**zar: Empecé** ayer. *Ich* **habe** *gestern* **angefangen.**

Gebrauch
Mit dem Indefinido werden bereits beendete Handlungen aus einer Zeit, die als abgeschlossen gilt, dargestellt.
L! Mit folgenden Zeitangaben steht immer das Indefinido:

ese/aquel día usw.	el otro día
am diesen Tag usw.	*vor ein paar Tagen*
la semana pasada *letzte Woche*	ayer *gestern*
el lunes/martes usw. *am Montag/Dienstag usw.*	
el mes/año pasado *letzten Monat/letztes Jahr*	

Te vi el otro día. *Ich* **habe** *dich vor ein paar Tagen* **gesehen.**
El lunes **fui** al teatro. *Am Montag* **war** *ich im Theater.*

Das Indefinido steht auch beim Datum sowie Jahres- und Monatsangaben:
Nos **conocimos** en febrero. *Wir* **haben** *uns im Februar* **kennen gelernt.**
Nací el 5 de octubre de 1973. *Ich* **bin** *am 5. Oktober 1973* **geboren.**

A2 **Perfekt oder Indefinido**
Beide Zeitformen bezeichnen eine beendete Handlung. Der Unterschied liegt in der Zeit, in der die Handlung stattgefunden hat: Beim Perfekt gilt der Zeitraum als Gegenwart und nicht abgeschlossen, beim Indefinido hingegen gilt er als ganz abgeschlossen.
Im Zusammenhang mit dem Auftreten bestimmter Zeitangaben ist die Verwendung von Perfekt bzw. Indefinido zwingend vorgegeben:

⚡ Wird keine Zeitangabe benutzt, bleibt es dem Sprecher überlassen, ob er Perfekt oder Indefinido benutzt: Entscheidet er sich für das Perfekt, präsentiert er die Handlung als nah an der Gegenwart; benutzt er hingegen das Indefinido, deutet er an, dass die Handlung zeitlich weit zurück liegt.

➡ In einigen Teilen Spaniens und Lateinamerikas hört man in der gesprochenen Sprache anstelle des Perfekts überwiegend das Indefinido.

9.3.3 Das Imperfekt   A2
Das spanische Imperfecto dient der Darstellung nicht abgeschlossener Handlungen.

Formen

	cant-ar *singen*	**com-er** *essen*	**dec-ir** *sagen*
yo	cant-**aba**	com-**ía**	dec-**ía**
tú	cant-**abas**	com-**ías**	dec-**ías**
él/ella/usted	cant-**aba**	com-**ía**	dec-**ía**
nosotros/-as	cant-**ábamos**	com-**íamos**	dec-**íamos**
vosotros/-as	cant-**abais**	com-**íais**	dec-**íais**
ellos/ellas/ustedes	cant-**aban**	com-**ían**	dec-**ían**

Die Verben der 2. und 3. Konjugationsgruppe haben identische Endungen. Jeweils die 1. und die 3. Person Singular sind in allen Gruppen endungsgleich.

⚡ Unregelmäßig sind im Imperfekt nur folgende drei Verben:

ser *sein*		**ir** *gehen*		**ver** *sehen*	
era	éramos	iba	íbamos	veía	veíamos
eras	erais	ibas	ibais	veías	veíais
era	eran	iba	iban	veía	veían

Gebrauch
Im Unterschied zum Perfekt und zum Indefinido wird das Imperfekt benutzt, um über in der Vergangenheit nicht abgeschlossene Handlungen zu sprechen:

Estaba en el trabajo cuando me enteré. *Ich war bei der Arbeit, als ich es erfahren habe.*

Das Imperfekt wird auch benutzt:
- für sich wiederholende Handlungen in der Vergangenheit:
  Antes iba mucho al cine. *Früher bin ich sehr oft ins Kino gegangen.*
- für Beschreibungen in der Vergangenheit:
  Era un día bonito, **hacía** sol. *Es war ein schöner Tag, die Sonne schien.*
- **B1** zur Angabe der Gleichzeitigkeit in der Vergangenheit:
  Mi marido **escribía** una carta mientras yo **leía** una revista. *Mein Mann schrieb einen Brief, während ich eine Zeitschrift las.*
- **B2** um eine höfliche Bitte auszudrücken:
  Quería un kilo de peras. *Ich möchte ein Kilo Birnen.*

B1 ### 9.3.4 Das Plusquamperfekt
ⓘ Das spanische Plusquamperfekt drückt die Vorvergangenheit aus.

Formen
Es wird mit dem Imperfekt des Hilfsverb haber *haben* und dem Partizip Perfekt des Verbs (▶ **13.3**) gebildet:

		cant-ar *singen*	**com-er** *essen*	**ped-ir** *bitten*
yo	había	cantado	comido	pedido
tú	habías	cantado	comido	pedido
él/ella/usted	había	cantado	comido	pedido
nosotros/-as	habíamos	cantado	comido	pedido
vosotros/-as	habíais	cantado	comido	pedido
ellos/ellas/ustedes	habían	cantado	comido	pedido

Gebrauch
Mit dem Plusquamperfekt spricht man über (abgeschlossene) Handlungen in der Vergangenheit, die vor anderen Ereignissen stattgefunden haben:
Cuando llegué tú ya te **habías marchado**. *Als ich ankam, warst du schon weg.*

Übungen

1 Das Perfekt

Bilden Sie Sätze mit dem Perfekt und erzählen Sie, was Carlos heute gemacht hat:

7.30: levantarse / 8.00: desayunar / 8.30: salir de casa / 9.00: llegar a la oficina / 12.00: ir al banco / 14.00: comer en un restaurante / 16.00: volver a la oficina / 18.00: terminar de trabajar / 20.00: quedar con Alicia / 21.00: cenar con unos amigos / 22.00: ver una película / 01.00: acostarse

Carlos hoy ha hecho muchas cosas:

....

....

....

....

....

2 Das regelmäßige Indefinido

Antworten Sie auf die Fragen.

a. ● ¿Hablaste ayer con tus padres?

■ No, ...

b. ● ¿Bailasteis mucho en la fiesta?

■ Sí, ...

c. ● ¿Llegaron anoche tus hermanos muy tarde?

■ No, ...

d. ● ¿Leíste el periódico ayer?

■ Sí, ...

e. ● ¿Te acordaste de felicitar a tu madre?

■ Sí, ...

B1

❸ Unregelmäßige Formen des Indefinido
Konjugieren Sie die angegebenen Personen folgender Verben.

a. decir   (1. Sing.)   ....   e. poner   (3. Sing.)   ....

        (2. Pl.)   ....   (1. Pl.)   ....

b. pedir   (3. Sing.)   ....   f. morir   (3. Pl.)   ....

        (3. Pl.)   ....   (3. Sing.)   ....

c. reducir   (2. Sing.)   ....   g. estar   (2. Sing.)   ....

        (3. Pl.)   ....   (2. Pl.)   ....

d. ir   (1. Sing.)   ....   h. dar   (3. Sing.)   ....

        (1. Pl.)   ....   (1. Pl.)   ....

A2

❹ Perfekt oder Indefinido?
Wählen Sie die richtige Zeitform.

a. Esta mañana he ido / fui a la peluquería.

b. El año pasado ha estado / estuvo en Bolivia.

c. Anoche he cenado / cené mucho.

d. Este mes no he salido / salí a cenar ningún día.

e. El otro día me han gastado / gastaron una **B1** broma.

B1

❺ Perfekt, Indefinido, Imperfekt oder Plusquamperfekt?
Ergänzen Sie die Sätze mit der passenden Zeitform der in Klammern angegebenen Verben.

a. Anoche cuando (yo llegar) ...., ya (tú acostarse) ....

b. ¿ (tú ir) .... esta mañana o (tú ir) .... ayer?

c. En 1985 yo aún (ser) .... muy pequeño, pero tú ya (ir) ....
a la escuela.

d. El domingo (nosotros estar) .... muy cansados y por eso no

(nosotros salir) .... de casa.

3. Unregelmäßige Formen des Indefinido

a. dije – dijisteis
b. pidió – pidieron
c. redujiste – redujeron
d. fui – fuimos

e. puso – pusimos
f. murió – murieron
g. estuviste – estuvisteis
h. dio – dimos

> **G** Beim Indefinido gibt es eine Reihe von Verben mit Änderungen im Verbstamm; zum Teil werden auch besondere Endungen angehängt. Verben auf **-ducir** bilden das Indefinido durch Abhängen der Endung **-cir** und Anfügen von **-j**. Sie verwenden die unregelmäßigen Indefinidoendungen, fügen jedoch in der 3. Person Plural **-eron** statt **-ieron** an. Die Verben **ser** *sein* und **ir** *gehen* haben die gleichen Indefinido-Formen.

4. Perfekt oder Indefinido?

a. Esta mañana he ido a la peluquería.
b. El año pasado estuvo en Bolivia.
c. Anoche cené mucho.

d. Este mes no he salido a cenar ningún día.
e. El otro día me gastaron una
B1 broma.

> **G** Sowohl Perfekt als auch Indefinido beziehen sich auf eine abgeschlossene Handlung. Beim Perfekt wird die Zeit als nicht beendet betrachtet oder sehr nah an der Gegenwart liegend, beim Indefinido hingegen wird die Zeit als abgeschlossen angesehen und gilt als weit zurückliegend.

5. Perfekt, Indefinido, Imperfekt oder Plusquamperfekt?

a. Anoche cuando llegué ya te habías acostado.
b. ¿Has ido esta mañana o fuiste ayer?
c. En 1985 yo aún era muy pequeño, pero tú ya ibas a la escuela.

d. El domingo estábamos muy cansados y por eso no salimos de casa.
e. Cuando éramos novios, una vez me trajo un ramo de 50 rosas.

> **G** Perfekt und Indefinido drücken abgeschlossene Handlungen aus, das Imperfekt hingegen anhaltende Umstände in der Vergangenheit. Mit dem Plusquamperfekt wird die Vorzeitigkeit in der Vergangenheit ausgedrückt.

Lösungen

🔑 1. Das Perfekt

Carlos hoy ha hecho muchas cosas: se ha levantado a las 7.30, ha desayunado a las 8.00. A las 8.30 ha salido de casa. Ha llegado a la oficina a las 9.00. A las 12.00 ha ido al banco. A las 14.00 ha comido en un restaurante. A las 16.00 ha vuelto a la oficina. A las 18.00 ha terminado de trabajar. A las 20.00 ha quedado con Alicia. A las 21.00 ha cenado con unos amigos. A las 22.00 ha visto una película y a la 01.00 se ha acostado.

G Das Perfekt wird immer mit dem Präsens des Hilfsverbs haber *haben* und dem Partizip Perfekt des jeweiligen Verbs gebildet. Es gilt, einige unregelmäßige Partizipien wie hacer → hecho, volver → vuelto, ver → visto usw. zu lernen.

🔑 2. Das regelmäßige Indefinido

a. ● ¿Hablaste ayer con tus padres?
   ■ No, no hablé ayer con mis padres.
b. ● ¿Bailasteis mucho en la fiesta?
   ■ Sí, bailamos mucho en la fiesta.
c. ● ¿Llegaron anoche tus hermanos muy tarde?
   ■ No, mis hermanos no llegaron anoche muy tarde.
d. ● ¿Leíste el periódico ayer?
   ■ Sí, leí el periódico ayer.
e. ● ¿Te acordaste de felicitar a tu madre?
   ■ Sí, me acordé de felicitar a mi madre.

G Das Indefinido wird durch Anhängen bestimmter Personalendungen an den Verbstamm gebildet. Die Endungen sind für die Verben der 2. und 3. Konjugationsgruppe (Infinitivendung auf -er und -ir) gleich.

10 Der Konditional

Wenn du im Lotto gewinnen würdest, würdest du mich weiter lieben? – Ja, klar, aber ich würde dich sehr vermissen!

ⓘ Der Konditional drückt Bedingungen oder Hypothesen aus.

10.1 Der Konditional I

Formen

ⓘ Der Konditional I wird gebildet, indem man die Personalendungen der 2./3. Konjugationsgruppe des Imperfekts an den Infinitiv anhängt. Der Akzent liegt immer auf der Endung.

	cant-ar *singen*	**com-er** *essen*	**ped-ir** *bitten*
yo	cantar-**ía**	comer-**ía**	pedir-**ía**
tú	cantar-**ías**	comer-**ías**	pedir-**ías**
él/ella/usted	cantar-**ía**	comer-**ía**	pedir-**ía**
nosotros/-as	cantar-**íamos**	comer-**íamos**	pedir-**íamos**
vosotros/-as	cantar-**íais**	comer-**íais**	pedir-**íais**
ellos/ellas/ustedes	cantar-**ían**	comer-**ían**	pedir-**ían**

Wichtige unregelmäßigen Verben sind:

decir *sagen*	→	**dir-**	**diría**	*ich würde sagen*
haber *haben, sein*	→	**habr-**	**habría**	usw.
hacer *machen*	→	**har-**	**haría**	
querer *wollen*	→	**querr-**	**querría**	
poder *können*	→	**podr-**	**podría**	

poner *stellen*	⟶	pondr-	pondría
saber *wissen*	⟶	sabr-	sabría
salir *ausgehen*	⟶	saldr-	saldría
tener *haben*	⟶	tendr-	tendría
valer *kosten, wert sein*	⟶	valdr-	valdría
venir *kommen*	⟶	vendr-	vendría

Die Endungen sind die gleichen wie bei den regelmäßigen Verben:
Yo no **diría** eso. *Ich **würde** das nicht **sagen**.*
Yo no **podría** hacerlo. *Ich **könnte** es nicht **tun**.*

☀ Alle Verben, die das Futur mit unregelmäßigem Stamm bilden, benutzen diesen auch im Konditional (▷ **9.2.1**):
Saldré de viaje por la mañana temprano. *Ich **werde** in der Früh abreisen.*
Yo **saldría** de viaje por la mañana temprano. *Ich **würde** in der Früh abreisen.*

Gebrauch
❶ Der Konditional I drückt Vermutungen, Zweifel und Möglichkeiten in der Vergangenheit aus:
Carmelo ayer no habló casi, **estaría** de mal humor. *Carmelo hat gestern kaum gesprochen, **wahrscheinlich war** er schlecht gelaunt.*
¿Qué crees que **haría** Rosa anoche cuando se marchó?
*Was glaubst du, was Rosa gestern Abend **gemacht hat**, als sie weggegangen ist?*
Yo no sé si **iría**. *Ich weiß nicht, ob ich **gehen würde**.*

Sicherheit in der Vergangenheit:	⟶	Wahrscheinlichkeit in der Vergangenheit:
Indefinido, Imperfekt	⟶	**Konditional I**
Ayer Marta no **tuvo** tiempo para llamarnos. *Gestern hat Marta keine Zeit **gehabt**, uns anzurufen.*		Ayer Marta no **tendría** tiempo para llamarnos. *Gestern hat Marta **wahrscheinlich** keine Zeit **gehabt**, uns anzurufen.*
Estaba enfermo y por eso no vino. *Er **war** krank und deswegen ist er nicht gekommen.*		**Estaría** enfermo y por eso no vino. *Er **war wahrscheinlich** krank und deswegen ist er nicht gekommen.*

Vermutung in der Gegenwart:	→	Vermutung in der Vergangenheit:
Futur I	→	**Konditional I**
Ahora **estará** en el gimnasio y por eso no ha venido. *Wahrscheinlich ist er/sie jetzt im Fitnessstudio und ist deswegen nicht gekommen.*		Ayer **estaría** en el gimnasio y por eso no vino. *Gestern war er/sie wahrscheinlich im Fitnessstudio und kam deswegen nicht.*

Der Konditional I steht im Hauptsatz irrealer Bedingungssätze:
Si tuviera tiempo, te **ayudaría**. *Wenn ich Zeit hätte, würde ich dir helfen.*
Si tuviera más dinero, me **compraría** un coche nuevo. *Wenn ich mehr Geld hätte, würde ich mir ein neues Auto kaufen.*

Außerdem steht der Konditional I bei:
• hypothetischen Äußerungen über die Gegenwart und Zukunft:
  Tengo tanta hambre que me **podría** comer un pollo entero. *Ich bin so hungrig, dass ich ein ganzes Hähnchen essen könnte.*
  Con lo inteligente que eres, **podrías** estudiar matemáticas. *So intelligent wie du bist, könntest du Mathematik studieren.*
• Empfehlungen und Ratschlägen:
  Yo en tu lugar se lo **diría**. *Ich an deiner Stelle würde es ihm/ihr/ihnen/Ihnen sagen.*
  Si yo fuera él, **iría** a verla. *Ich an seiner Stelle würde sie besuchen.*
• Anregungen und Vorschlägen, die mit deber *sollen*, poder *können*, tener que *müssen* und hay que *man muss* geäußert werden:
  Deberías ser más amable. *Du solltest höflicher sein.*
  Tendríamos que marcharnos ya. *Wie sollten gleich gehen.*
  Podrías venir mañana. *Du könntest morgen kommen.*
  Habría que avisarle. *Man sollte ihm Bescheid sagen.*
• der indirekten Rede (▷ ⑳):
  Me habías prometido que **vendrías**. *Du hattest mir versprochen, dass du kommen würdest.*
  Me dijo que nos **llamaría** pronto. *Er/Sie sagte zu mir, dass er/sie uns bald anrufen würde.*

- Wünschen in Verbindung mit Verben wie **desear** *sich wünschen*, **encantar** *lieben, sehr mögen*, **gustar** *gefallen*, **preferir** *bevorzugen*, **querer** *mögen, wollen*:
  Me **gustaría** ir al cine. *Ich würde gerne ins Kino gehen.*
  Me **encantaría** hacer un viaje a Guatemala. *Ich würde sehr gerne nach Guatemala reisen.*
  Desearía que te quedases conmigo. *Ich würde mir wünschen, dass du bei mir bleibst.*
  Preferiría ir a visitarla mañana. *Ich würde vorziehen, sie morgen zu besuchen.*
- höflichen Bitten, vor allem mit den Verben **importar** *ausmachen*, **molestar** *stören*, **poder** *können*:
  ¿Le **importaría** si cierro la puerta? *Würde es Ihnen etwas ausmachen, wenn ich die Tür zumache?*
  ¿Le **molestaría** si fumo? *Würde es Sie stören, wenn ich rauche?*

Normale Bitte: Präsens	Höfliche Bitte: Konditional I
¿**Puede** abrir la ventana, por favor?	¿**Podría** abrir la ventana, por favor?
Können Sie bitte das Fenster aufmachen?	*Könnten Sie bitte das Fenster aufmachen?*
¿Me **ayudas**, por favor?	¿Me **podrías** ayudar, por favor?
Hilfst du mir, bitte?	*Könntest du mir bitte helfen?*

B2

10.2 Der Konditional II

Formen

Der Konditional II wird mit dem Konditional I des Hilfsverbs **haber** und dem Partizip Perfekt (▷ **13.3**) des Vollverbs gebildet:

		cant-ar *singen*	**com-er** *essen*	**ped-ir** *bitten*
yo	habría	cantado	comido	pedido
tú	habrías	cantado	comido	pedido
él/ella/usted	habría	cantado	comido	pedido
nosotros/-as	habríamos	cantado	comido	pedido
vosotros/-as	habríais	cantado	comido	pedido
ellos/ellas/ustedes	habrían	cantado	comido	pedido

Gebrauch

Der Konditional II drückt eine Vermutung über einen abgeschlossenen Sachverhalt in der Vergangenheit aus, der zeitlich vor einem anderen Sachverhalt liegt:

¿Por qué estarían tan contentos? **¿Habrían recibido** una buena noticia? *Warum waren sie so froh?* **Hatten** *sie (vielleicht) eine gute Nachricht* **bekommen**? *(***Sollten** *sie vielleicht eine gute Nachricht* **bekommen haben***?)*

¿Tú crees que ya se lo **habrían dicho** a Carmen cuando nos llamaron? *Glaubst du, dass sie es Carmen schon* **gesagt hatten**, *als sie uns angerufen haben?*

Sicherheit in der Vergangenheit:	→	Wahrscheinlichkeit in der Vergangenheit:
Plusquamperfekt	→	**Konditional II**
No recibí el paquete porque **habían escrito** mal la dirección.		**Habrían escrito** mal la dirección, por eso no recibí el paquete.
Ich bekam das Paket nicht, weil sie die Adresse falsch **geschrieben hatten.**		*Wahrscheinlich* **hatten** *sie die Adresse falsch* **geschrieben,** *daher bekam ich das Paket nicht.*

Vermutungen über abgeschlossene Sachverhalte	
1. Sachverhalt in der Gegenwart	1. Sachverhalt in der Vergangenheit
2. Sachverhalt – Vermutung in der Vergangenheit:	2. Sachverhalt – Vermutung in der Vergangenheit:
Futur II	**Konditional II**
¿Por qué habrá tanta gente en la calle? **Habrá ocurrido** algo.	¿Por qué habría tanta gente en la calle? **Habría ocurrido** algo.
Warum sind so viele Leute auf der Straße? **Vielleicht ist** *etwas* **passiert.**	*Warum waren so viele Leute auf der Straße?* **Vielleicht war** *etwas* **passiert.**

Der Konditional II wird im Hauptsatz irrealer Bedingungssätze benutzt, wenn die Handlung nicht stattfinden konnte:

Si hubiera tenido tiempo, te **habría ayudado**. *Wenn ich Zeit gehabt hätte, **hätte** ich dir **geholfen**.*

⚡ Bei solchen Konditionalsätzen kann im Spanischen auch der Subjuntivo Plusquamperfekt (▷ 11.2.3) anstelle des Konditional II stehen:

Si hubiera tenido más dinero, me **habría/hubiera comprado** un coche nuevo. *Wenn ich mehr Geld gehabt hätte, **hätte** ich mir ein neues Auto **gekauft**.*

Der Konditional II wird außerdem gebraucht:
- um hypothetisch über Handlungen zu sprechen, die in der Vergangenheit nicht stattgefunden haben:
  Tenía tanta hambre que me **habría comido** un pollo entero. *Ich war so hungrig, dass ich ein ganzes Hähnchen **gegessen hätte**.*
  Con lo inteligente que era, **habría podido** estudiar matemáticas. *So intelligent wie er/sie war, **hätte** er/sie Mathematik studieren **können**.*
- um Empfehlungen und Ratschläge für etwas zu geben, das in der Vergangenheit nicht gemacht wurde:
  Yo en tu lugar se lo **habría dicho**. *Ich an deiner Stelle **hätte** es ihm/ihr/ihnen/Ihnen **gesagt**.*
  Si yo fuera él, **habría ido** a verla. *Ich an seiner Stelle **hätte** sie **besucht**.*
- in der indirekten Rede (▷ 20):
  Me dijo que a esa hora su hijo ya **habría llamado** por teléfono. *Er/Sie sagte mir, dass sein/ihr Sohn um diese Zeit schon **angerufen haben würde**.*
- um Wünsche, die in der Vergangenheit nicht verwirklicht werden konnten, mit Verben wie desear *sich wünschen*, encantar *lieben, sehr mögen*, gustar *gefallen*, preferir *bevorzugen*, querer *mögen, wollen* auszudrücken:
  Me **habría gustado** ir al cine anoche. *Gestern Abend **wäre** ich gerne ins Kino **gegangen**.*
  Me **habría encantado** hacer un viaje a Guatemala. *Ich **wäre sehr gerne** nach Guatemala **gereist**.*

Übungen

1 **Formen des Konditionals I**　　　　　　　　　　　　　　A1
Ergänzen Sie die Sätze mit dem Konditional I der in Klammern
angegebenen Verben.

a. Yo aquí no (poner) .... nada y así (quedar) .... más
espacio.

b. Yo en tu lugar (ir) .... a buscarla y la (invitar) .... al cine.

c. Yo se lo (decir) .... todo y después (hacer) .... lo que me
aconseje.

d. ¿(saber) .... usted decirme si el hotel Picasso está por aquí
cerca?

e. ¿Por qué (estar) .... Mario tan serio ayer? ¿(tener) ....
problemas?

f. Isabel, ¿(venir) .... conmigo de vacaciones?

2 **Der Konditional I: Vermutungen**　　　　　　　　　　　　A1
Antworten Sie auf die folgenden Fragen, indem Sie eine
Vermutung äußern.

a. ● ¿Tú sabes por qué no vino?

■ (estar trabajando) ....

b. ● ¿Por qué no iría a la piscina el domingo?

■ (no tener ganas) ....

c. ● ¿Tú por qué crees que se quedó en casa?

■ (estar cansado) ....

d. ● ¿Por qué no llamaría para felicitarme?

■ (no saber que era tu cumpleaños) ....

e. ● ¿Por qué no se apuntó a la excursión?

■ (no querer ir) ....

A1

❸ Der Konditional I: Sonstige Verwendungen
Wählen Sie die passende Verbform aus.

a. Me gusta / gustaría ser mayor e independiente, pero no puedo.

b. Yo que tú estudiarás / estudiaría un poquito más para aprobar.

c. Si hiciera bueno, podemos / podríamos ir al campo.

d. ¿Qué harás / harías en la luna?

e. Me gusta /gustaría tu vestido, ¿es nuevo?

B2

❹ Der Konditional II: Verwendung
Ergänzen Sie die Sätze mit den angegebenen Satzteilen im
Konditional II.

equivocarse de autopista / prestar / ver antes de que se marchara /
visitar más pueblos en España / preocuparse porque no llegabas

a. Si me hubieras llamado por teléfono, no ....

b. Si hubiéramos tenido más vacaciones, ...

c. Si os hubiérais dado prisa, aún le ....

d. Si les hubieran informado bien, no ....

e. Si hubiera tenido dinero, te lo ....

B2

❺ Konditional I oder II?
Ergänzen Sie mit dem Konditional I oder II der Verben.

reaccionar / estar / ser / preguntar / dedicarse / tener

a. .... las once cuando llegamos a casa.

b. ¿Tú cómo .... si te hubiera pasado esto?

c. Tu primo anoche no habló mucho. ¿............................ cansado?

d. Si tuviera más tiempo, me .... a escribir.

e. Yo que tú, ... y ahora no .... dudas.

🔑 3. Der Konditional I: Sonstige Verwendungen

a. Me gustaría ser mayor e independiente, pero no puedo.

b. Yo que tú estudiaría un poquito más para aprobar.

c. Si hiciera bueno, podríamos ir al campo.

d. ¿Qué harías en la luna?

e. Me gusta tu vestido, ¿es nuevo?

> **G** Der Konditional I wird im Hauptsatz irrealer Bedingungssätze und in der indirekten Rede verwendet, desweiteren um Empfehlungen, Wünsche, Anregungen, höfliche Bitten und Hypothesen auszudrücken.

🔑 4. Der Konditional II: Verwendung

a. Si me hubieras llamado por teléfono, no me habría preocupado porque no llegabas.

b. Si hubiéramos tenido más vacaciones, habríamos visitado más pueblos en España.

c. Si os hubiérais dado prisa, aún le habríais visto antes de que se marchara.

d. Si les hubieran informado bien, no se habrían equivocado de autopista.

e. Si hubiera tenido dinero, te lo habría prestado.

> **G** Der Konditional II drückt im Hauptsatz irrealer Bedingungssätze aus, dass eine Handlung nicht stattfinden konnte.

🔑 5. Konditional I oder II?

a. Serían las once cuando llegamos a casa.

b. ¿Tú cómo habrías reaccionado si te hubiera pasado esto?

c. Tu primo anoche no habló mucho. ¿Estaría cansado?

d. Si tuviera más tiempo, me dedicaría a escribir.

e. Yo que tú, habría preguntado y ahora no tendría dudas.

> **G** Sowohl mit dem Konditional I als auch mit dem Konditional II werden Vermutungen, Ratschläge und Hypothesen geäußert. Vermutungen mit dem Konditional II werden nur dann ausgedrückt, wenn die Handlung in der Vergangenheit abgeschlossen ist und vor einer anderen liegt; Ratschläge und Hypothesen hingegen dann, wenn sie sich auf Handlungen in der Vergangenheit beziehen, die nicht stattfinden konnten.

Lösungen

🔑 1. Formen des Konditionals I

a. Yo aquí no pondría nada y así quedaría más espacio.

b. Yo en tu lugar iría a buscarla y la invitaría al cine.

c. Yo se lo diría todo y después haría lo que me aconseje.

d. ¿Sabría usted decirme si el hotel Picasso está por aquí cerca?

e. ¿Por qué estaría Mario tan serio ayer? ¿Tendría problemas?

f. Isabel, ¿Vendrías conmigo de vacaciones?

G Der Konditional I wird gebildet, indem man die Endungen des Imperfekts der 2./3. Konjugationsgruppe an den Infinitiv des Verbs anhängt. Alle Verben, die das Futur unregelmäßig – mit Abweichungen im Stamm – bilden, übernehmen diese Unregelmäßigkeiten auch im Konditional I.

🔑 2. Der Konditional I: Vermutungen

a. ● ¿Tú sabes por qué no vino?
   ■ Estaría trabajando.

b. ● ¿Por qué no iría a la piscina el domingo?
   ■ No tendría ganas (de ir).

c. ● ¿Tú por qué crees que se quedó en casa?
   ■ Estaría cansado.

d. ● ¿Por qué no llamaría para felicitarme?
   ■ No sabría que era tu cumpleaños.

e. ● ¿Por qué no se apuntó a la excursión?
   ■ No querría ir.

G Mit dem Konditional I können Vermutungen über Sachverhalte in der Vergangenheit geäußert werden.

(11) Der Subjuntivo

B1

Wie viel werde ich verdienen? – Das kommt darauf an, wie viel Sie arbeiten. – So wenig?

11.1 Der Subjuntivo Präsens

B1

Formen

Die Verben der 1. Konjugationsgruppe (Verben auf **-ar**) übernehmen die Indikativ-Präsensendungen der Verben der 2. Konjugationsgruppe in allen Personen bis auf die 1. Person Singular, die gleich wie die 3. Person Singular ist:

Die Verben der 2. und 3. Konjugationsgruppe (Verben auf **-er/-ir**) wiederum übernehmen die Indikativ-Präsensendungen der 1. Konjugationsgruppe in allen Personen außer der 1. Person Singular, die gleich wie die 3. Person Singular ist.

Indikativ Präsens			Subjuntivo Präsens		
Verben auf -ar			**Verben auf -ar**		
-o	-amos		-e	-emos	
-as	-áis		-es	-éis	
-a	-an		-e	-en	
Verben auf -er/-ir			**Verben auf -er/-ir**		
-o	-emos		-a	-amos	
-es	-éis		-as	-áis	
-e	-en		-a	-an	

Der Akzent ist immer auf dem Verbstamm, außer in der 1. und 2. Person Plural, wo er auf der Endung liegt.

121

	cant-ar *singen*	com-er *essen*	viv-ir *leben*
yo	cant-**e**	com-**a**	viv-**a**
tú	cant-**es**	com-**as**	viv-**as**
él/ella/usted	cant-**e**	com-**a**	viv-**a**
nosotros/-as	cant-**emos**	com-**amos**	viv-**amos**
vosotros/-as	cant-**éis**	com-**áis**	viv-**áis**
ellos/ellas/ustedes	cant-**en**	com-**an**	viv-**an**

L! Beim Lernen der Subjuntivo-Formen hilft es, die Unregelmäßigkeiten des Indikativ Präsens zu kennen, da sie sich auch beim Subjuntivo wiederfinden (▷ **9.1**).

⚡ Verben mit Vokalwechsel im Indikativ Präsens bilden den Subjuntivo mit dem gleichen Wechsel im Stammvokal:

e → ie **pensar** *denken*	o → ue **volver** *zurückkommen*
p**ie**nse	v**ue**lva
p**ie**nses	v**ue**lvas
p**ie**nse	v**ue**lva
pensemos	volvamos
penséis	volváis
p**ie**nsen	v**ue**lvan

Verben auf -ir mit Vokalwechsel ändern den Stammvokal auch in der 1. und 2. Person Plural wie folgt:

e → i **pedir** *bitten*	e → ie **sentir** *fühlen*	o → ue **dormir** *schlafen*
pida	sienta	duerma
pidas	sientas	duermas
pida	sienta	duerma
pidamos	sintamos	durmamos
pidáis	sintáis	durmáis
pidan	sientan	duerman

⚡ Alle in der 1. Person Singular des Indikativ Präsens unregelmäßigen Verben bilden das Präsens des Subjuntivo mit diesem unregelmäßigen Verbstamm:

hacer *machen*	**tener** *haben*	**conocer** *kennen*
Indikativ → **hag**o	Indikativ → **teng**o	Indikativ → **conozc**o
haga	tenga	conozca
hagas	tengas	conozcas
haga	tenga	conozca
hagamos	tengamos	conozcamos
hagáis	tengáis	conozcáis
hagan	tengan	conozcan

Vollkommen unregelmäßig sind ser und estar:

Ser *sein*:	Singular:	sea	seas	sea
	Plural:	seamos	seáis	sean
estar *sein*:	Singular:	esté	estés	esté
	Plural:	estemos	estéis	estén

Weitere vollkommen unregelmäßige Verben:

ver *sehen*	ir *gehen*	haber *haben, sein*	saber *wissen*
vea	vaya	haya	sepa
veas	vayas	hayas	sepas
vea	vaya	haya	sepa
veamos	vayamos	hayamos	sepamos
veáis	vayáis	hayáis	sepáis
vean	vayan	hayan	sepan

Einige Verbgruppen zeigen durch Aussprache und Orthografie bedingte Unregelmäßigkeiten (▷ **22.1**):

• Verben auf **-zar** ersetzen das **-z** durch **-c**:
   Empezar: Quiero que empieces ahora mismo. *Ich will, dass du sofort anfängst.*
   Utilizar: Os lo he comprado para que lo utilicéis. *Ich habe es euch gekauft, damit ihr es benutzt.*

- Verben auf **-gar** fügen ein **u** hinzu:
  Pagar: Te voy a dar dinero para que **pagues**. *Ich werde dir Geld geben, damit du **bezahlen kannst**.*

- Verben auf **-car** ersetzen das **c** durch **qu**:
  Sacar: Dile que **saque** la fruta del frigorífico. *Sagt ihm/ihr, er/sie **soll** das Obst aus dem Kühlschrank **nehmen**.*

- Verben auf **-ger** und **-gir** ersetzen das **g** durch **j**:
  Recoger: Es muy probable que yo te **recoja** mañana. *Es ist sehr wahrscheinlich, dass ich dich morgen **abhole**.*
  Elegir: Cuando **elijas** el regalo, avísame. *Sag mir Bescheid, wenn du das Geschenk **auswählst**.*

- Verben auf **-guir** verlieren das **u**:
  Seguir: No quiero que me **sigas** a todas partes. *Ich will nicht, das du mir überall **hinterherläufst**.*

B2   11.2   Der Subjuntivo der Vergangenheit

B2   11.2.1   Der Subjuntivo Imperfekt

Formen

Zur Bildung des Subjuntivo Imperfekt wird die 3. Person Plural des Indefinido ohne die Endung **-ron** herangezogen:

cantaron ➡ canta-
comieron ➡ comie-
vivieron ➡ vivie-

An diese Verbstämme werden folgende Endungen angehängt:

	cant-ar *singen*	**com-er** *essen*	**viv-ir** *leben*
yo	canta-**ra**	comie-**ra**	vivie-**ra**
tú	canta-**ras**	comie-**ras**	vivie-**ras**
él/ella/usted	canta-**ra**	comie-**ra**	vivie-**ra**
nosotros/-as	cantá-**ramos**	comié-**ramos**	vivié-**ramos**
vosotros/–as	canta-**rais**	comie-**rais**	vivie-**rais**
ellos/ellas/ustedes	canta-**ran**	comie-**ran**	vivie-**ran**

Der Akzent ist immer auf dem Verbstamm. Wird diese Ausspracheregel nicht beachtet, kann es bei der 1. Konjugationsgruppe in der 1. und 3. Person Singular zu Missverständnissen kommen:

entrara *ich/er/sie komme herein* – entrará *er/sie wird herein kommen*
hablara *ich/er/sie spreche* – hablará *er/sie wird sprechen*

Der Subjuntivo Imperfekt kann auch mit den folgenden Endungen gebildet werden, ebenfalls auf der Basis der 3. Person Plural des Indefinido:

	cant-ar *singen*	**com-er** *essen*	**viv-ir** *leben*
yo	canta-**se**	comie-**se**	vivie-**se**
tú	canta-**ses**	comie-**ses**	vivie-**ses**
él/ella/usted	canta-**se**	comie-**se**	vivie-**se**
nosotros/-as	cantá-**semos**	comié-**semos**	vivié-**semos**
vosotros/–as	canta-**seis**	comie-**seis**	vivie-**seis**
ellos/ellas/ustedes	canta-**sen**	comie-**sen**	vivie-**sen**

Beide Formen können alternativ ohne Bedeutungsunterschied gebraucht werden:

Me alegré mucho de que me lo **contara/contase**. *Es hat mich sehr gefreut, dass er/sie es mir **erzählt hat**.*
Aquel año había comprado un ordenador para que mi marido **pudiera/pudiese** trabajar en casa. *In jenem Jahr hatte ich einen Computer gekauft, damit mein Mann zu Hause arbeiten **konnte**.*
Te aconsejé que **fueras/fueses** al médico. *Ich habe dir geraten, zum Arzt zu **gehen**.*
Si yo **tuviera/tuviese** tiempo, iría de vacaciones a Costa Rica. *Wenn ich Zeit **hätte**, würde ich nach Costa Rica in Urlaub fahren.*

◖ Ausnahme: Wird mit den Verben querer *mögen, wollen* oder deber *sollen* ein höflicher Wunsch ausgedrückt oder spricht man mit ihrer Hilfe eine Empfehlung aus, dann darf dafür nur die Form auf -ra benutzt werden:

Quisiera un kilo de naranjas. *Ich **möchte** ein Kilo Orangen.*
Debieras hablar con él. *Du **solltest** mit ihm sprechen.*
Quisiéramos pedirte un favor muy grande. *Wir **möchten** dich um einen sehr großen Gefallen bitten.*

B2　11.2.2　**Der Subjuntivo Perfekt**

Formen
Der Subjuntivo Perfekt wird mit dem Subjuntivo Präsens des Verbs haber und dem Partizip Perfekt des jeweiligen Verbs gebildet (▷ **13.3**):

		cant-ar *singen*	**com-er** *essen*	**viv-ir** *leben*
yo	haya	cantado	comido	vivido
tú	hayas	cantado	comido	vivido
él/ella/usted	haya	cantado	comido	vivido
nosotros/-as	hayamos	cantado	comido	vivido
vosotros/-as	hayáis	cantado	comido	vivido
ellos/ellas/ustedes	hayan	cantado	comido	vivido

B2　11.2.3　**Der Subjuntivo Plusquamperfekt**
Der Subjuntivo Plusquamperfekt wird mit dem Subjuntivo Imperfekt des Verbs **haber** und dem Partizip Perfekt des jeweiligen Verbs gebildet (▷ **13.3**):

		cant-ar *singen*	**com-er** *essen*	**viv-ir** *leben*
yo	hubiera	cantado	comido	vivido
tú	hubieras	cantado	comido	vivido
él/ella/usted	hubiera	cantado	comido	vivido
nosotros/-as	hubiéramos	cantado	comido	vivido
vosotros/-as	hubierais	cantado	comido	vivido
ellos/ellas/ustedes	hubieran	cantado	comido	vivido

Neben hubiera kann auch die Form hubiese des Subjuntivo Imperfekt von haber zur Bildung des Subjuntivo Plusquamperfekt herangezogen werden:
Me extrañó que ya se **hubieran/hubiesen marchado**. *Es wunderte mich, dass sie schon **weggegangen waren**.*

Übungen

① Der Subjuntivo Präsens – Regelmäßige Formen `B1`
Ergänzen Sie die Sätze mit dem Subjuntivo Präsens der
angegebenen Verben.

cenar / matricularse / llamar / hablar / terminar / escribir

a. Espero que tú me .... todos los días por teléfono.

b. ¡Ojalá me .... Aurora pronto!

c. Quiero que te .... en la universidad.

d. Dile que .... más bajo.

e. Cuando .... de trabajar, paso a recogerte.

f. No creo que yo .... en casa hoy.

② Der Subjuntivo Präsens – Unregelmäßige Formen `B1`
Ergänzen Sie die Dialoge mit den in Klammern angegebenen
Satzteilen in der passenden Form.

a. ● Voy a ir a visitar a la abuela.

   ■ Me alegro de que (ir a visitarla) ....

b. ● ¿Se lo digo?

   ■ Es mejor que (decirle nada) ....

c. ● Tengo sed. ¿Hay zumo en el frigorífico?

   ■ No, no creo que (haber zumo) ....

d. ● Necesito más tiempo libre.

   ■ No te preocupes, yo te ayudaré para que (tener más tiempo

   libre) ....

e. ● Mañana vendré a las 8 de la mañana.

   ■ No hace falta que (venir tan pronto) ....

B1 ❸ **Der Subjuntivo Präsens – Stammvokaländerung**
Sind folgende Verben richtig (✓) oder falsch (✗) konjugiert?

a. ✓ Dile que se lo piense mejor.

b. ✗ Dile que volva pronto.

c. ▨ No le gustará que le pidamos ese favor.

d. ▨ Quiero que sigas trabajando conmigo.

e. ▨ Es probable que preferáis ir solos.

B1 ❹ **Aussprache- und orthografiebedingte Unregelmäßigkeiten**
Antworten Sie mit no creo que + Subjuntivo Präsens.

a. ● ¿Conoce Rosario a tu hermana?

   ■ ....

b. ● ¿Alberto sigue de camarero?

   ■ ....

c. ● ¿Empieza a trabajar esta semana?

   ■ ....

d. ● ¿Su hijo saca buenas notas?

   ■ ....

B2 ❺ **Der Subjuntivo Imperfekt: Formen**
Ergänzen Sie die Sätze mit dem Subjuntivo Imperfekt.

a. (yo, querer) .... hablar contigo un momento.

b. Es posible que anoche (él, preferir) .... quedarse en casa.

c. Yo le aconsejé que (ella, consultar) .... a un especialista.

d. Ya nos dijo que no (nosotros, llevar) .... nada.

3. Der Subjuntivo Präsens – Stammvokaländerung

a. richtig
b. falsch → Dile que vuelva pronto.
c. richtig
d. richtig
e. falsch → Es probable que prefiráis ir solos.

> **G** Die Vokalwechsel im Verbstamm des Indikativ Präsens wiederholen sich im Subjuntivo Präsens. Die Verben auf -ir mit Vokalwechsel (e → i, e → ie, o → ue) im Indikativ Präsens verändern den Vokal immer in der 1. und 2. Person Plural.

4. Aussprache- und orthografiebedingte Unregelmäßigkeiten

a. ● ¿Conoce Rosario a tu hermana?
   ■ No, no creo que la conozca.
b. ● ¿Alberto sigue de camarero?
   ■ No, no creo que siga de camarero.
c. ● ¿Empieza a trabajar esta semana?
   ■ No, no creo que empiece a trabajar esta semana.
d. ● ¿Su hijo saca buenas notas?
   ■ No, no creo que su hijo saque buenas notas.

> **G** Folgende Verbgruppen haben aussprache- oder orthografisch bedingte Unregelmäßigkeiten: Verben auf -cer hängen ein z an den Verbstamm des Subjuntivo Präsens an. Verben auf -zar ersetzen das z durch c, Verben auf -car hingegen das c durch qu. Verben auf -guir verlieren das u.

5. Der Subjuntivo Imperfekt: Formen

a. Quisiera hablar contigo un momento.
b. Es posible que anoche prefiriera/prefiriese quedarse en casa.
c. Yo le aconsejé que consultara/consultase a un especialista.
d. Ya nos dijo que no lleváramos/llevásemos nada.

> **G** Beide Formen des Subjuntivo Imperfekt werden von der 3. Person Plural des Indefinido abgeleitet. Wenn Wünsche oder Empfehlungen höflich ausgedrückt werden, darf nur die Form auf -ra benutzt werden.

Lösungen

🔖 **1. Der Subjuntivo Präsens – Regelmäßige Formen**

a. Espero que tú me llames todos los días por teléfono.
b. ¡Ojalá me escriba Aurora pronto!
c. Quiero que te matricules en la universidad.
d. Dile que hable más bajo.
e. Cuando termine de trabajar, paso a recogerte.
f. No creo que yo cene en casa hoy.

G Die regelmäßigen Verben auf -ar bilden den Subjuntivo Präsens mit den Präsensendungen des Indikativs der Verben auf -er; die Verben auf -er und -ir hingegen mit den Präsensendungen des Indikativs der Verben auf -ar. In beiden Gruppen ist die 1. Person Singular immer gleich der 3. Person Singular.

🔖 **2. Der Subjuntivo Präsens – Unregelmäßige Formen**

a. ● Voy a ir a visitar a la abuela.
   ■ Me alegro de que vayas a visitarla.
b. ● ¿Se lo digo?
   ■ Es mejor que no le digas nada.
c. ● Tengo sed. ¿Hay zumo en el frigorífico?
   ■ No, no creo que haya zumo.
d. ● Necesito más tiempo libre.
   ■ No te preocupes, yo te ayudaré para que tengas más tiempo libre.
e. ● Mañana vendré a las 8 de la mañana.
   ■ No hace falta que vengas tan pronto.

G Verben, die in der 1. Person Singular des Indikativ Präsens einen unregelmäßigen Stamm haben, bilden auch den Subjuntivo Präsens mit diesem Verbstamm. Der Subjuntivo Präsens der Verben ser *sein*, ir *gehen*, haber *haben* ist ganz unregelmäßig.

Gebrauch des Subjuntivo B1
❶ Der Subjuntivo wird bis auf wenige Ausnahmen im Nebensatz benutzt.

Hauptsatz + que + Nebensatz B2
Der Subjuntivo steht im Nebensatz:
- wenn der Hauptsatz einen Wunsch, eine Aufforderung, eine Empfehlung oder ein Verbot ausdrückt:
  Te aconsejo que lo **compres**. *Ich empfehle dir, es zu **kaufen**.*
  Hierzu gehören feststehende Wendungen, in denen der eigentliche Hauptsatz ausgelassen wird:
  ¡Que te **mejores**! *Gute Besserung (Dass es dir **besser gehen möge)!**
- wenn der Hauptsatz eine subjektive Gefühlsäußerung zum Sachverhalt im Nebensatz wiedergibt:
  Me molesta que siempre **llegues** tarde. *Es stört mich, dass du immer spät **kommst.***
  ◗ Ausnahme: Ist das Subjekt von Haupt- und Nebensatz identisch, muss der Infinitiv anstelle des Subjuntivo benutzt werden, die Konjunktion que entfällt:
  Me molesta **llegar** siempre tarde. *Es stört mich, immer spät **zu kommen.***
- wenn der Hauptsatz ein Werturteil oder eine Stellungnahme zum Sachverhalt des Nebensatzes ausdrückt:
  Es comprensible que **quiera** marcharse. *Es ist verständlich, dass er/sie weggehen **will.***
- wenn der Hauptsatz eine Wahrscheinlichkeit bzw. Unwahrscheinlichkeit den Sachverhalt des Nebensatzes betreffend ausdrückt:
  Es probable que él **llegue** mañana. *Es ist möglich, dass er morgen **kommt.***

Die Verben des Sagens, Denkens und Glaubens erfordern den Subjuntivo dann, wenn sie verneint sind:
Creo que **es** muy simpática.
Ich glaube, dass sie sehr sympathisch ist.
No creo que **sea** muy simpática.
Ich glaube nicht, dass sie sehr sympathisch ist.

B2 **Relativssatz**

In Relativsätzen muss der Subjuntivo stehen:
- wenn der ganze Satz verneint ist:
  No encuentro ningún libro que me **interese**. *Ich finde kein Buch, das mich **interessiert**.*
- wenn das Bezugswort eine unbestimmte Person oder Sache ist:
  Busco **una** escuela de idiomas que **esté** en el centro. *Ich suche eine Sprachschule, die im Zentrum **liegt**.*
  Aber: Busco **la** escuela de idiomas que **está** en el centro. *Ich suche **die** Sprachschule, die im Zentrum **liegt**.*

B2 **Temporalsatz**

In Temporalsätzen steht der Subjuntivo, wenn:
- sich der Satz auf die Zukunft bezieht:
  No comeré hasta que mis hijos no **lleguen** a casa. *Ich werde nicht essen, bis meine Kinder zu Hause **sind** (**sein werden**).*
  Aber: Normalmente no como hasta que mis hijos no **llegan** a casa. *Normalerweise esse ich nicht, bis meine Kinder zu Hause sind.*
- der Satz mit antes (de) que eingeleitet wird:
  Me despedí de él **antes de que se fuera**. *Ich habe mich von ihm verabschiedet, **bevor er gegangen ist**.*
  ◗ Ausnahme: Ist das Subjekt in Haupt- und Nebensatz gleich, wird anstelle des Subjuntivo der Infinitiv benutzt, die Konjunktion que entfällt:
  Te llamaré antes de **marcharme**. *Ich werde dich anrufen, bevor ich **weggehe**.*

B2 **Finalsatz**

Alle Finalsätze werden mit dem Subjuntivo gebildet:
Te regalo estas vacaciones a fin de que **puedas** descansar. *Ich schenke dir diesen Urlaub, damit du dich erholen **kannst**.*
◗ Ausnahme: Wenn Haupt- und Nebensatz das gleiche Subjekt haben, wird anstelle des Subjuntivo der Infinitiv benutzt, die Konjunktion que entfällt:
Te he escrito un correo electrónico a fin de **explicártelo**. *Ich habe dir eine E-Mail geschrieben, um es dir zu **erklären**.*

Konditionalsatz
B2

Konditionalsätze werden mit dem Subjuntivo gebildet:

En caso de que **necesite** ayuda, me llamará. *Falls er Hilfe **braucht**, wird er mich anrufen.*

◗ Ausnahme: In mit **si** eingeleiteten realen Konditionalsätzen wird nie der Subjuntivo benutzt:

Si **necesita** ayuda, me llamará. *Wenn er/sie Hilfe **braucht**, wird er/ sie mich anrufen.*

Konzessivsatz
B2

Die häufigste Konzessivkonjunktion ist **aunque** *obwohl*. Sie wird mit dem Indikativ benutzt, wenn der Sprecher einen Sachverhalt kennt, aber denkt, dass dieser dem Hörer unbekannt ist: der Sprecher teilt dem Hörer etwas Neues mit.

Mit dem Subjuntivo hingegen wird **aunque** benutzt, wenn der Sprecher denkt oder weiß, dass der Sachverhalt dem Hörer auch bekannt ist: In diesem Fall erfährt der Hörer keine neue Information. Der Subjuntivo steht auch, wenn der Sachverhalt weder dem Sprecher noch dem Hörer bekannt ist:

Maria no tiene dinero. – ¿De verdad? Pues aunque no **tenga** dinero se ha comprado un coche nuevo.

*Maria hat kein Geld. – Wirklich? Aber obwohl sie kein Geld **hat**, hat sie sich ein neues Auto gekauft.*

La próxima semana iremos a la playa **aunque haga** frío.

*Wir werden nächste Woche ans Meer fahren, **selbst wenn** es kalt **sein sollte**.*

Die Zeitenfolge in Sätzen mit Subjuntivo
B2

In unabhängigen Sätzen und in einigen Nebensätzen wie Relativsätzen richtet sich die jeweilige Subjuntivo-Form nach der chronologischen Zeit.

Der Subjuntivo Präsens wird in Bezug auf die Gegenwart und die Zukunft benutzt. Der Subjuntivo Imperfekt hingegen wird normalerweise in Bezug auf die Vergangenheit verwendet.

Dies gilt ebenso für den Subjuntivo Perfekt und den Subjuntivo Plusquamperfekt. Diese Vergangenheitsformen können sich jedoch in bestimmten Fällen auch auf die Zukunft beziehen.

Ein Vergleich zwischen den Zeiten des Indikativ und des Subjuntivo:

Indikativ		Subjuntivo
Präsens	→	**Präsens**
Ahora está en casa. *Er/Sie ist jetzt zu Hause.*		Quizás esté en casa. *Vielleicht ist er/sie jetzt zu Hause.*
Futur	→	**Präsens**
Mañana estará en casa. *Morgen wird er/sie zu Hause sein.*		Quizás esté mañana en casa. *Vielleicht wird er/sie morgen zu Hause sein.*
Perfekt	→	**Perfekt**
Hoy ha estado en casa. *Heute ist er/sie zu Hause gewesen.*		Quizás haya estado hoy en casa. *Vielleicht ist er/sie heute zu Hause gewesen.*
Futur II	→	**Perfekt**
Habrá estado en casa toda la mañana. *Er/Sie wird wohl den ganzen Vormittag zu Hause gewesen sein.*		Quizás haya estado toda la mañana en casa. *Vielleicht ist er/sie den ganzen Vormittag zu Hause gewesen.*
Indefinido	→	**Imperfekt**
Ayer estuvo en casa. *Gestern war er/sie zu Hause.*		Quizás ayer estuviera en casa. *Vielleicht ist er/sie gestern zu Hause gewesen.*
Imperfekt	→	**Imperfekt**
A esa hora ya estaba en casa. *Um diese Zeit war er/sie schon zu Hause.*		Quizás a esa hora ya estuviera en casa. *Vielleicht war er/sie schon um diese Zeit zu Hause.*
Plusquamperfekt	→	**Plusquamperfekt**
Ya había estado en su casa muchas veces. *Er/Sie war schon viele Mal bei ihm/ihr/ihnen/Ihnen gewesen.*		Quizás ya hubiera estado en su casa muchas veces. *Vielleicht war er/sie schon viele Male bei ihm/ihr/ihnen/Ihnen gewesen.*
Konditional I	→	**Imperfekt**
Estaría trabajando. *Vielleicht war er/sie bei der Arbeit.*		Quizás estuviera trabajando. *Vielleicht war er/sie bei der Arbeit.*
Konditional II	→	**Plusquamperfekt**
Estaba muy triste, habría recibido una mala noticia. *Er/Sie war sehr traurig. Vielleicht hatte er/sie eine schlechte Nachricht bekommen.*		Estaba muy triste, quizás hubiera recibido una mala noticia. *Er/Sie war sehr traurig, vielleicht hatte er/sie eine schlechte Nachricht bekommen.*

In (sich bedingenden) Haupt-Nebensatz-Gefügen bestimmt die Verbform im Hauptsatz die im Nebensatz verwendete Subjuntivo-Form. Hierbei unterscheidet man im Wesentlichen zwischen zwei Gruppen von Zeiten im Hauptsatz:

Verb im Hauptsatz		Verb im Nebensatz
Imperativ		
Präsens		Es sind alle
Perfekt	→	Subjuntivo-Formen
Futur I und II		möglich.

Die im Nebensatz jeweils auftretenden Subjuntivo-Formen sind hierbei bedingt durch:

- Gleichzeitigkeit und Nachzeitigkeit: ist die Handlung in Haupt- und Nebensatz zeitgleich oder ereignet sich die Handlung im Nebensatz nach derjenigen im Hauptsatz, steht der Subjuntivo Präsens:
  Dile que se **vaya** ahora mismo. *Sagt ihm/ihr, er/sie* **soll** *sofort* **weggehen.**
  No creo que **tengas** razón. *Ich glaube nicht, dass du Recht* **hast.**
- Vorzeitigkeit: Tritt die Handlung des Nebensatzes vor der im Hauptsatz erwähnten ein, wird der Subjuntivo Imperfekt verwendet:
  No creo que Mónica **fuera** ayer a trabajar. *Ich glaube nicht, dass Monica gestern zur Arbeit* **gegangen ist.**

Bei der Benutzung des Subjuntivo Perfekt werden die gleichen zeitlichen Regeln beachtet wie beim Gebrauch des Indikativ Perfekt oder Futur II:
No creo que **haya llegado** ya. (Indikativ: Ha llegado ya.)
Ich glaube nicht, dass er schon **gekommen ist.**
Espero que lo **hayas terminado** mañana por la tarde. (Indikativ: Mañana por la tarde lo habrás terminado.) *Ich hoffe, dass du morgen Nachmittag damit* **fertig sein wirst.**
Bei der Benutzung des Subjuntivo Plusquamperfekt werden die gleichen zeitlichen Regeln beachtet wie beim Gebrauch des Indikativ Plusquamperfekt:
No creo que en 1975 tú ya **hubieras nacido.** (Indikativ: En 1975 tú no habías nacido aún.) *Ich glaube nicht, dass du 1975 schon* **geboren warst.**

Verb im Hauptsatz	Verb im Nebensatz
Indefinido	
Imperfekt	Subjuntivo Imperfekt
Plusquamperfekt →	oder
Konditional I und II	Subjuntivo Plusquamperfekt

Steht der Hauptsatz in einer der genannten Zeiten, hängt die Benutzung der Subjuntivo-Formen ausschließlich vom Verb im Hauptsatz ab. Liegt die Handlung im Nebensatz zeitlich vor dem Sachverhalt im Hauptsatz, darf nur der Subjuntivo Plusquamperfekt benutzt werden, sonst wird der Subjuntivo Imperfekt verwendet:

Me gustaría que me **llamaras** más a menudo. *Es würde mir sehr gefallen, wenn du mich öfter anrufen würdest.*

Me alegré mucho de que me **hubieras llamado** la noche anterior. *Ich freute mich sehr, dass du mich in der Nacht zuvor angerufen hattest.*

B2 **Bedingungssätze**

Der Subjuntivo tritt in irrealen Bedingungssätzen auf. Sie können sich sowohl auf die Gegenwart als auch auf die Zukunft beziehen:

Si **tuviera** tiempo mañana/ahora te ayudaría. *Wenn ich morgen/ jetzt Zeit hätte, würde ich dir helfen.*

Der Subjuntivo Plusquamperfekt wird benutzt, wenn eine Bedingung in der Vergangenheit nicht verwirklicht werden konnte:

Te habría ayudado a condición de que tú me **hubieras ayudado** a mí también. *Ich hätte dir unter der Bedingung geholfen, dass du mir auch geholfen hättest.*

In solchen Sätzen kann der Konditional II durch den Subjuntivo Plusquamperfekt ersetzt werden:

Te **hubiera ayudado** a condición de que tú me hubieras ayudado a mí tambien. *Ich hätte dir unter der Bedingung geholfen, dass du mir auch geholfen hättest.*

Übungen

1 **Subjuntivo oder Infinitiv?** B2
Ergänzen Sie die Dialoge mit dem Subjuntivo Präsens oder
dem Infinitiv der angegebenen Verben:

a. ● ¿Tú crees que lo sabe?

   ■ No, no creo que lo (ella, saber) ....

b. ● ¿Te has comprado el coche para (viajar) ....

   ■ No, lo he comprado para que (viajar) .... mi hijo.

c. ● ¿Quieres que (nosotros, ver) .... esta película?

   ■ Sí, si a ti también te apetece (tú, ver) .... la.

d. ● ¿Quieres que te (yo, ayudar) ....

   ■ Bueno, pero sólo si no te importa (ayudar) .... me.

2 **Subjuntivo-Zeiten im Nebensatz** B2
Ergänzen Sie die Dialoge mit dem Subjuntivo.

a. ● ¿Tú crees que ya habrá llegado?

   ■ No, no creo que .... aún.

b. ● Seguro que estuvo con su novia todo el fin de semana.

   ■ No estoy tan segura de que .... con su novia todo
   el fin de semana.

c. ● Tengo un apartamento en la playa.

   ■ Yo también quiero un apartamento que .... en la
   playa.

d. ● No quiero que venga.

   ■ Pues a mí me encantaría que ....

e. ● ¿Vas a recoger a tu hermano?

   ■ Sí, me pidió que .... a recogerlo al aeropuerto.

135

B2 ❸ **Temporalsätze: Indikativ oder Subjuntivo?**
Wählen Sie die richtige Verbform.

a. Todos los días cuando llego a casa como / coma.

b. Cuando voy / vaya a visitarte, te llevaré el libro que me has pedido.

c. Quiero hablar contigo antes de que te vas / vayas.

d. ¿No vas a esperar a que llega / llegue tu hermano?

e. Te llamaré siempre que puedo / pueda.

f. Me saludó cuando entró / entrara.

g. Vino antes de que la llamaron / llamaran.

B2 ❹ **Irreale Bedingungssätze**
Bilden Sie irreale Konditionalsätze mit dem Subjuntivo.

a. Quiero ir a dar un paseo pero está lloviendo.

Si no estuviera lloviendo, iría a dar un paseo.

b. Teníamos ganas de ir al cine pero estábamos muy ocupados.

c. Me encantaría seguir hablando contigo pero me tengo que marchar.

d. No sabía que tu hermana estaba en la ciudad y por eso no la llamé.

e. No saben hablar inglés y por eso no viajan a Estados Unidos.

f. Iban a ir al concierto, pero no encontraron entradas.

3. Temporalsätze: Indikativ oder Subjuntivo?

a. Todos los días cuando llego a casa como.

b. Cuando vaya a visitarte, te llevaré el libro que me has pedido.

c. Quiero hablar contigo antes de que te vayas.

d. ¿No vas a esperar a que llegue tu hermano?

e. Te llamaré siempre que pueda.

f. Me saludó cuando entró.

g. Vino antes de que la llamaran.

> **G** Bei Temporalnebensätzen wird der Subjuntivo gebraucht, wenn sie sich auf die Zukunft beziehen. Antes de que *bevor* wird immer mit Subjuntivo verwendet, es sei denn, das Subjekt im Haupt- und Nebensatz ist gleich. In diesem Fall entfällt die Konjunktion que und man benutzt einen Infinitiv anstelle des Subjuntivo.

4. Irreale Bedingungssätze

b. Si no hubiéramos/hubiésemos estado muy ocupados, habríamos/hubiéramos ido al cine.

c. Si no tuviera/tuviese que marcharme, seguiría hablando contigo./Si no me tuviera/tuviese que marchar, seguiría hablando contigo.

d. Si hubiera/hubiese sabido que tu hermana estaba en la ciudad, la habría/hubiera llamado.

e. Si supieran/supiesen hablar inglés, viajarían a Estados Unidos.

f. Si hubieran encontrado entradas, habrían/hubieran ido al concierto.

> **G** In irrealen Bedingungssätzen, die auf die Gegenwart oder Zukunft bezogen sind, wird der Subjuntivo Imperfekt benutzt. Soll eine nicht erfüllte Bedingung in der Vergangenheit zum Ausdruck kommen, verwendet man den Subjuntivo Plusquamperfekt.
> In diesem Fall kann er auch den Konditional II ersetzen.

Lösungen

📎 **1. Subjuntivo oder Infinitiv?**

a. ● ¿Tú crees que lo sabe?
■ No, no creo que lo sepa.
b. ● ¿Te has comprado el coche para viajar?
■ No, lo he comprado para que viaje mi hijo.
c. ● ¿Quieres que veamos esta película?
■ Sí, si a ti también te apetece verla.

d. ● ¿Quieres que te ayude?
■ Bueno, pero sólo si no te importa ayudarme.

G In vielen Nebensätzen wird der Infinitiv anstelle des Subjuntivo gebraucht, wenn das Subjekt im Haupt- und Nebensatz gleich ist. Das kann unter anderem der Fall sein in Final- und Temporalsätzen sowie bei Sätzen im Format Verb + que + Verb.

📎 **2. Subjuntivo-Zeiten im Nebensatz**

a. ● ¿Tú crees que ya habrá llegado?
■ No, no creo que haya llegado aún.
b. ● Seguro que estuvo con su novia todo el fin de semana.
■ No estoy tan segura de que estuviera/estuviese con su novia todo el fin de semana.
c. ● Tengo un apartamento en la playa.
■ Yo también quiero un apartamento que esté en la playa.

d. ● No quiero que venga.
■ Pues a mí me encantaría que viniera/viniese.
e. ● ¿Vas a recoger a tu hermano?
■ Sí, me pidió que fuera/fuese a recogerlo al aeropuerto.

G Stehen im Hauptsatz indikativische Vergangenheitsformen (mit Ausnahme des Perfekts) oder Konditionalformen, können im Nebensatz nur der Subjuntivo Imperfekt oder Plusquamperfekt gebraucht werden. Bei Auftreten der übrigen Indikativ-Zeiten im Hauptsatz sind prinzipiell alle Formen des Subjuntivo möglich.

12 Der Imperativ

> Hijo mío, ¡no exageres! Te lo he dicho 3.525.876 veces.

Mein Sohn, übertreib nicht! Ich habe es dir 3.525.876-mal gesagt.

Formen

☀ Der Imperativ der 2. Person Singular ist gleich der 3. Person Singular des Indikativ Präsens:

Präsens		Imperativ
él canta *er singt*	→	(tú) ¡Canta! *Sing!*
él come *er isst*	→	(tú) ¡Come! *Iss!*
él vive *er lebt*	→	(tú) ¡Vive! *Lebe!*

¡Limpia la mesa ahora mismo! *Räum den Tisch sofort auf!*
Bebe este té. Te sentará bien. *Trink diesen Tee. Es wird dir gut tun.*
Escríbeme un correo electrónico cuando tengas tiempo.
Schreib mir eine E-Mail, wenn du Zeit hast.

Alle Vokaländerungen, die im Indikativ Präsens auftreten, zeigen sich auch beim Imperativ der 2. Person Singular, der vom Präsens abgeleitet wird (▷ **9.1**):
¡Siéntete como en tu casa! *Fühl dich wie bei dir zu Hause!*
¡Repite lo que he dicho! *Wiederhol was ich gesagt habe!*
¡Vuelve pronto! *Komm bald zurück!*

Der Imperativ der Verben, die im Indikativ Präsens nur die 1. Person Singular unregelmäßig bilden, weist hingegen keine Unregelmäßigkeit auf:

¡Traduce la carta, por favor! *Übersetz bitte den Brief!*
¡Tráeme el abrigo, por favor! *Bring mir bitte den Mantel!*
Coge las llaves, están encima de la mesa. *Nimm die Schlüssel, sie liegen auf dem Tisch.*

Verben mit unregelmäßigem Imperativ:

decir	→	¡di! *sag!*	hacer	→	¡haz! *mach!*
ir	→	¡ve! *geh!*	poner	→	¡pon! *stell!*
salir	→	¡sal! *geh aus!*	ser	→	¡sé! *sei!*
tener	→	¡ten! *nimm!*	venir	→	¡ven! *komm!!*

¡Haz lo que quieras! Me importa en absoluto. *Mach was du willst! Es ist mir absolut egal.*
¡Ten mucho cuidado al cruzar la calle! *Pass gut auf, wenn du über die Straße gehst!*
¡Ven mañana a mi casa! *Komm morgen zu mir!*

☀ Der Imperativ der 2. Person Plural wird vom Infinitiv abgeleitet, indem man das **-r** am Ende durch **-d** ersetzt:

Infinitiv:		Imperativ:
cantar *singen*	→	(vosotros) ¡cantad! *singt!*
comer *essen*	→	(vosotros) ¡comed! *esst!*
vivir *leben*	→	(vosotros) ¡vivid! *lebt!*

¡Hablad con él lo antes posible! *Sprecht mit ihm so bald wie möglich!*
¡Bebed un vaso de vino con nosotros! *Trinkt ein Glas Wein mit uns!*
¡Escribid a vuestra madre hoy mismo! *Schreibt eurer Mutter gleich heute!*

⚡ Bei den reflexiven Verben entfällt das **-d** am Ende:
Es muy tarde, **¡levantaos**! *Es ist sehr spät, steht auf!*
¡Portaos bien! *Benehmt euch!*
¡Poneos el abrigo! *Zieht den Mantel an!*
◑ Ausnahme: Das Verb irse behält in der 2. Person Plural das **-d**:
Es muy tarde, **idos**. *Es ist zu spät, geht!*

B1 ☀ Alle anderen Imperativformen (d. h. alle Formen außer der 2. Person Sing. und Plural) sind immer gleich der jeweiligen Person des Subjuntivo Präsens:

Subjuntivo:		Imperativ:
usted cante	→	(usted) ¡cante! *singen Sie!*
nosotros cantemos	→	(nosotros) ¡cantemos! *singen wir!*
ustedes canten	→	(ustedes) ¡canten! *singen Sie!*

¡Ande más despacio, por favor! *Gehen Sie bitte langsamer!*
¡Bebamos otro café! *Trinken wir noch einen Kaffe!*
¡Partan el pan, por favor! *Schneiden Sie bitte das Brot!*

Beachten Sie bei der Bildung des Imperativs auch die unregelmäßigen Verbstämme bzw. die Stammvokaländerungen im Subjuntivo Präsens (▷ **11.1**):
¡Póngalo encima de la mesa, por favor! *Stellen Sie es bitte auf den Tisch!*
¡Vayamos a tomar una cerveza! *Gehen wir ein Bier trinken!*
¡Pidamos otra botella de vino! *Bestellen wir noch eine Flasche Wein!*
¡Durmamos en este hotel esta noche! *Schlafen wir heute Nacht in diesem Hotel!*
¡Conduzcan más despacio, por favor! *Fahren Sie langsamer, bitte!*
Vuelvan mañana, por favor. *Kommen Sie bitte morgen wieder!*
Apaguen la luz, por favor. *Machen Sie das Licht **aus**, bitte!*

Der verneinte Imperativ
B1

Der verneinte Imperativ stimmt mit den Präsensformen des Subjuntivo überein:

Subjuntivo:		Imperativ:
tú cantes	→	(tú) ¡no cantes! *sing nicht!*
usted cante	→	(usted) ¡no cante! *singen Sie nicht!*
vosotros/-as cantéis	→	(vosotros/as) ¡no cantéis! *singt nicht!*
ustedes canten	→	(ustedes) ¡no canten! *singen Sie nicht!*

Der Imperativform wird zur Verneinung no vorangestellt:
No vaya sola al cine. *Gehen Sie nicht alleine ins Kino.*
No bebáis tanto vino. *Trinkt nicht so viel Wein.*
No hagas ninguna tontería. *Mach keinen Unsinn.*
No tengas miedo. *Hab keine Angst.*
No corran tanto. *Gehen Sie nicht so schnell.*
No penséis en eso. *Denkt nicht daran.*

Anstelle von **no** können auch andere verneinende Partikeln benutzt werden:

Nunca me vuelvas a decir algo así. *Sag nie wieder so etwas zu mir.*
Jamás me mientas. *Lüg mich niemals an.*
No hables con él **ni** le saludes. *Sprich nicht mit ihm und grüß ihn auch nicht.*

Gebrauch

Der Imperativ wird überwiegend gebraucht:

- um Aufforderungen auszudrücken:

   ¡Levántate y trae agua! *Steh auf und hol das Wasser!*
   ¡Volved inmediatamente! *Kommt sofort zurück!*
   ¡Apaguen la televisión! *Machen Sie das Fernsehen aus!*

- um Anweisungen zu geben:

   Sigan todo recto y después **giren** a la derecha. *Gehen Sie immer geradeaus und biegen Sie dann rechts ab.*
   Levante la tapa y **coloque** la pila. *Heben Sie den Deckel und setzen Sie die Batterie ein.*
   Rellene el formulario con bolígrafo. *Füllen Sie das Formular mit Kugelschreiber aus.*

- um eine Bitte zu äußern:

   Ayúdame, por favor. *Hilf mir bitte.*
   Póngame un quilo de peras, por favor. *Geben Sie mir ein Kilo Birnen, bitte.*
   Enciende la luz, por favor. *Mach bitte das Licht an.*

- um Einladungen auszusprechen:

   Venid a la fiesta el sábado. *Kommt am Samstag zur Party.*
   Ven a mi casa mañana, te invito a comer. *Komm morgen zu mir, ich lade dich zum Mittagessen ein.*
   ¡Vayamos al cine, te invito! *Gehen wir ins Kino, ich lade dich ein!*

- um eine Erlaubnis zu erteilen:

   ¡Pasa, pasa! *Komm bitte herein!*
   ¡Siéntese, siéntese! *Nehmen Sie bitte Platz!*
   ¡Sigue, sigue! *Mach weiter!*

- um Ratschläge zu geben:

   Pareces nervioso, **relájate** un poco. *Du siehst nervös aus, entspann dich ein bisschen.*

Tómese unos días de vacaciones, le sentarán muy bien. *Nehmen Sie ein paar Tage Urlaub, es wird Ihnen sehr gut tun.*

Tienes fiebre, **vete** a la cama. *Du hast Fieber, geh ins Bett.*

- um Verbote auszusprechen oder negative Befehle zu erteilen. Dazu werden die verneinten Imperativformen benutzt:

  ¡No entres en la cocina! *Komm nicht in die Küche.*

  ¡No tenga miedo! *Haben Sie keine Angst!*

  ¡No habléis tan alto! *Sprecht nicht so laut!*

Anstelle des Imperativs der 1. Person Plural wird häufig die Form **ir a** + Infinitiv benutzt:

Vamos a tomar una cerveza, te invito. *Gehen wir ein Bier trinken, ich lade dich ein.*

¡Vamos a comer un helado! *Lasst uns ein Eis essen gehen!*

¡Vamos a ver una película! *Lasst uns einen Film sehen!*

Die Konstruktion **que** + Subjuntivo kann anstelle des Imperativs für Aufforderungen und Befehle benutzt werden:

¡Que te **calles**!, ¡ya está bien! *Sei still! Jetzt reicht es aber!*

¡Que **vengas** aquí inmediatamente! ¿o no me oyes? *Komm sofort hier! Oder hörst du mich nicht?*

¡Que te **sientes** de una vez! *Setz dich endlich mal hin!*

☛ In der Umgangssprache verwendet man anstelle des Imperativs auch die Konstruktion **a** + Infinitiv:

¡A ver! *Zeig mal!*

¡A callar! *Ruhe!*

¡A dormir! *Ins Bett!*

Die Stellung der Personalpronomen
A2

- Beim bejahten Imperativ werden die Personalpronomen immer an das Verb angehängt:

  Lávate las manos antes de comer. *Wasch deine Hände vor dem Essen.*

  Recuérdaselo antes de que se le olvide. *Erinnere ihn/sie daran, bevor er/sie es vergisst.*

  Cuéntamelo todo y tranquilízate. *Erzähl mir alles und beruhige dich.*

Bei der 1. Person Plural entfällt das **s**, wenn die Personalpronomen **nos** oder **se** an das Verb angehängt werden:

Digámoselo hoy mismo. *Sagen wir es ihm/ihr heute noch.*
Vayámonos ahora mismo de aquí. *Gehen wir sofort von hier weg.*
Démoselo mañana en la fiesta. *Geben wir es ihm/ihr morgen auf der Party.*

B1 Wie vorab erwähnt, entfällt bei den reflexiven Verben in der 2. Person Plural das **-d** am Ende. Es bleibt jedoch erhalten, wenn andere Personalpronomen angehängt werden:

Dádmelo y **marchaos**. *Gebt es mir und geht.*
Decídselo amablemente, por favor. *Sagt es ihm/ihr bitte höflich.*
¡Escribidme a menudo! *Schreibt mir oft!*

Beim Anhängen der Personalpronomen kann es notwendig werden, Akzente zu setzen (▷ **22.2**):

decid	→	**decídselo** *sagt es ihm/ihr*
preguntad	→	**preguntádmelo** *fragt es mich*
toma	→	**tómalo** *nimm es*

• Beim verneinten Imperativ werden die Personalpronomen dem Verb immer vorangestellt:

No me cuentes nada. *Erzähl mir nichts.*
No se lo preguntes directamente. *Frag ihn/sie nicht direkt danach.*
No nos traigáis ningún regalo, por favor. *Bringt uns bitte kein Geschenk mit.*

Übungen

1 **Der Imperativ: 2. Person Singular**   A2
Welche Form passt nicht in die Reihe?

a. habla, coma, canta, baila, anda
b. sal, ve, di, pon, sea, haz
c. entiende, empieza, piensa, cierre, siente
d. juegue, vuelve, duerme, recuerda, vuela
e. traduce, conduce, introduce, produce, agradezca

2 **Der verneinte Imperativ**   B1
Wiederholen Sie die Sätze mit dem verneinten Imperativ.

a. Conducid más despacio.   *No conduzcáis tan rápido.*

b. Bebe más agua. ....

c. Hablen más alto. ....

d. Come menos grasa. ....

e. Volved un poco más tarde. ....

f. Gaste menos dinero. ....

3 **Der Imperativ: 2. Person Plural**   A2
Ergänzen Sie mit Imperativformen der 2. Person Plural.

a. Descansamos muy poco.

Pues .... más.

b. No hacemos mucho deporte.

Pues .... más deporte.

c. Dormimos muy poco.

Pues .... más.

d. No leemos mucho.

Pues .... más.

B1 **④ Der Imperativ: 3. Person Singular und Plural**
Wählen Sie die richtige Imperativform.

a. Usted tiene que venir mañana.

Venga mañana. / Vengan mañana. / Venan mañana.

b. Ustedes tienen que traer ropa ligera.

Traed ropa ligera. / Traen ropa ligera / Traigan ropa ligera.

c. Usted tiene que escribir su dirección.

Escriban su dirección. / Escriba su dirección. / Escribe su
dirección.

d. Ustedes tienen que ir al despacho del jefe.

Id al despacho del jefe. / Vais al despacho del jefe. / Vayan al
despacho del jefe.

e. Tienen que hablar más alto.

Habléis más alto. / Hablan más alto. / Hablen más alto.

B1 **⑤ Die Stellung der Personalpronomen**
Ergänzen Sie die jeweils fehlende Imperativform entsprechend
der links angegebenen Person.

Tú	....	levántate	....
	no	no	no ....
Usted	....	....	....
	no se lo regale	no	no ....
Vosotros	....	....	....
	no	no	no ....
Ustedes	....	....	....
	....	no	no me lo pregunten

🔑 4. Der Imperativ: 3. Person Singular und Plural

a. Venga mañana.
b. Traigan ropa ligera.
c. Escriba su dirección.

d. Vayan al despacho del jefe.
e. Hablen más alto.

> **G** Die 3. Person Singular und Plural des Imperativs sind identisch mit der jeweiligen Person des Subjuntivo Präsens.

🔑 5. Die Stellung der Personalpronomen

Tú	regálaselo	levántate	pregúntamelo
	no se lo regales	no te levantes	no me lo preguntes
Usted	regáleselo	levántese	pregúntemelo
	no se lo regale	no se levante	no me lo pregunte
Vosotros	regaládselo	levantaos	preguntádmelo
	no se lo regaléis	no os levantéis	no me lo preguntéis
Ustedes	regálenselo	levántense	pregúntenmelo
	no se lo regalen	no se levanten	no me lo pregunten

> **G** Beim bejahten Imperativ werden die Personalpronomen an das Verb angehängt. Beim verneinten Imperativ werden sie hingegen dem Verb vorangestellt. Ist das Verb reflexiv, verliert der bejahte Imperativ in der 2. Person Plural die Endung **-d**.

Lösungen

🔑 1. Der Imperativ: 2. Person Singular

a. coma

b. sea

c. cierre

d. juegue

e. agradezca

G Die 2. Person Singular des Imperativs ist gleich der 3. Person Singular des Indikativ Präsens der jeweiligen Konjugationsgruppe.

🔑 2. Der verneinte Imperativ

b. Bebe más agua.   No bebas tan poca agua.

c. Hablen más alto.   No hablen tan bajo.

d. Come menos grasa.   No comas tanta grasa.

e. Volved un poco más tarde.   No volváis tan pronto.

f. Gaste menos dinero.   No gaste tanto dinero.

G Der verneinte Imperativ wird mit der jeweiligen Person des Subjuntivo Präsens gebildet. Der Imperativform wird no oder eine andere Negationspartikel vorangestellt.

🔑 3. Der Imperativ: 2. Person Plural

a. Descansamos muy poco
   Pues descansad más.

b. No hacemos mucho deporte.
   Pues haced más deporte.

c. Dormimos muy poco.
   Pues dormid más.

d. No leemos mucho.
   Pues leed más.

G Die 2. Person Plural des Imperativs wird vom Infinitiv abgeleitet, indem man die Endung -r durch -d ersetzt.

13 Die infiniten Verbformen

B1

> *Hijo, tirar y empujar son dos cosas que te abrirán muchas puertas en la vida.*

Mein Sohn, Ziehen und Drücken sind zwei Sachen, die dir im Leben viele Türen öffnen werden.

Wie im Deutschen unterscheidet man im Spanischen zwischen finiten und infiniten Verbformen: Die finiten Formen sind konjugiert, sie werden durch Person, Numerus, Tempus, Modus und Zustandsform (Aktiv/Passiv) bestimmt. Die infiniten Verbformen werden nicht konjugiert; es sind der Infinitiv, das Partizip und das Gerund.

13.1 Der Infinitiv

B1

Formen
Der Infinitiv ist die Grundform des Verbs. Er hat die Endung **-ar**, **-er** oder **-ir**.
Im Spanischen werden alle Verben entsprechend ihrer Infinitivendung drei Konjugationsgruppen zugeordnet:

> Verben mit Infinitiv auf **-ar**: cant-ar *singen*
> Verben mit Infinitiv auf **-er**: com-er *essen*
> Verben mit Infinitiv auf **-ir**: viv-ir *leben*

Der Infinitiv Perfekt wird mit dem Infinitiv von **haber** *haben* und dem Partizip des jeweiligen Verbs gebildet:
Me gustaría **haber visitado** Caracas. *Ich hätte gerne Caracas besucht.*
Se marchó después de **haber comido**. *Er ging weg, nachdem er gegessen hatte* (= nach dem Essen).

145

Gebrauch

Der Infinitiv kann wie ein Substantiv verwendet werden. In dieser Funktion ist er maskulin und unveränderlich:

El saber es muy importante. *(Das) Wissen ist sehr wichtig.*

Als Substantiv kann der Infinitiv von Adjektiven, Possessiv- und Demonstrativpronomen sowie Präpositionen begleitet werden:

El buen hacer de los médicos le salvó la vida. *Die gute Arbeit der Ärzte hat ihm das Leben gerettet.*

Aquel cantar que se escucha a lo lejos ... *Dieses Singen, das in der Ferne zu hören ist …*

Con el pasar de los años nos hemos hecho amigos. *Im Laufe der Jahre sind wir Freunde geworden.*

La he reconocido por **su andar**. *Ich habe sie an ihrem Gang erkannt.*

Verbal wird der Infinitiv benutzt:

- um Aufforderungen auszudrücken (▷ ⑫):
  ¡A callar! *Ruhe!*
  No fumar. *Rauchen verboten.*
- zusammen mit bestimmten Präpositionen, um Nebensätze zu ersetzen:
  - al + Infinitiv – temporale Bedeutung:
    Al abrir la puerta, lo vio. *Als er/sie die Tür aufmachte, hat er/sie ihn gesehen.*
    Cómpralo **al llegar**. *Kauf es, wenn du (dort) hinkommst.*
  - por + Infinitiv – kausale Bedeutung:
    Por no **haber ido** antes, no pude ver la película. *Weil ich nicht früher gegangen bin, habe ich den Film nicht sehen können.*
    No te dije nada **por** no **molestarte**. *Ich habe dir nichts gesagt, weil ich dich nicht stören wollte.*
    Mit dieser Konstruktion kann man auch ausdrücken, dass etwas noch zu tun ist:
    Quedan 5 camas **por hacer**. *Es bleiben noch 5 Betten zu machen.*
    Me quedan 5 preguntas **por responder**. *Ich muss noch 5 Fragen beantworten. („Es bleiben mir noch 5 Fragen zu beantworten.")*

- **de** + Infinitiv – konditionale Bedeutung:
  De haber estado allí, te habría ayudado. *Wäre ich dort gewesen, hätte ich dir geholfen.*
  De hacerlo, lo haría hoy. *Wenn ich das machen würde, würde ich es heute machen.*
- bei verbalen Umschreibungen (▷ **15**):
  Mañana **voy a ir** al médico. *Morgen werde ich zum Arzt gehen.*
  Tenemos que vernos más a menudo. *Wir müssen uns öfter sehen.*

13.2   Das Gerund

B1

Formen
☀ Das Gerund wird gebildet, indem man die Endung des Infinitivs durch -ando bzw. -iendo ersetzt:

-ar	→	ando	-er/-ir	→	iendo
cant-ar *singen*	→	cant**ando**	com-er *essen*	→	com**iendo**
bail-ar *tanzen*	→	bail**ando**	viv-ir *leben*	→	viv**iendo**

⚡ Besonderheiten:
- Auf **-ir** endende Verben, die im Indikativ Präsens einen Vokalwechsel haben (▷ **9.1**), bilden auch das Gerund unregelmäßig:

e → i	o → u
pedir *bitten* → p**i**diendo	dormir *schlafen* → d**u**rmiendo
sentir *fühlen* → s**i**ntiendo	morir *sterben* → m**u**riendo

- Das Verb **poder** *können* bildet das Gerund unregelmäßig auf **pu**diendo.
- Verben, deren Infinitivstamm auf Vokal endet, bilden das Gerund mit **-yendo**:

ca-er *fallen*	→	ca**yendo**
constru-ir *bauen*	→	constru**yendo**
ir *gehen*	→	**yendo**

Gebrauch
Das Gerund kann verwendet werden:
- um Gleichzeitigkeit auszudrücken:
  Me rompí la pierna **bajando** las escaleras. *Ich brach mir das Bein, **als** ich die Treppe **herunterging.***

Ella tomaba un café **mirando** por la ventana. *Sie trank einen Kaffe und **schaute dabei** aus dem Fenster.*
⚡ Das Gerund sollte jedoch nur dann Anwendung finden, wenn eine Zweideutigkeit ausgeschlossen ist:
Me lo encontré saliendo del restaurante kann sowohl übersetzt werden mit: *Ich traf ihn, als **ich** das Restaurant verließ* oder *Ich traf ihn als **er** das Restaurant verließ*. Hier sollte man das Gerund vermeiden.

B2
• um Vorzeitigkeit auszudrücken:
Habiendo recogido la mesa, se fue a dormir. *Nachdem er/sie den Tisch **aufgeräumt hatte**, ging er/sie schlafen.*
Habiéndose acabado las vacaciones, volvimos a la ciudad. *Nachdem die Ferien zu Ende **waren**, fuhren wir zurück in die Stadt.*
• ⚡ zum Ausdruck der Nachzeitigkeit, aber nur dann, wenn beide Handlungen unmittelbar nacheinander stattfinden:
Salió de la habitación **cerrando** la puerta de golpe. *Er/Sie ging aus dem Zimmer und **schlug dabei** die Tür **zu**.*

B2
• mit kausaler Bedeutung:
Pensándolo mejor, no voy a ir. *Ich **habe** es mir anders **überlegt**, und **deswegen** werde ich nicht hingehen.*
Temiendo que se perdiera, fue a buscarla. *Weil er **Angst hatte**, dass sie sich verlaufen würde, ging er sie abholen/Weil sie **Angst hatte**, dass er ...*

B2
• mit konditionaler Bedeutung:
Estando tú aquí, todo saldrá bien. *Wenn du hier **bist**, wird alles gut gehen.*
Yendo contigo, me sentiré más seguro. *Wenn ich mit dir **gehe**, werde ich mich sicherer fühlen.*
• mit modaler Bedeutung:
Vino **andando** desde la estación de trenes hasta la oficina. *Er/Sie kam vom Bahnhof bis zum Büro **zu Fuß**.*
Me lo dijo **sonriendo**. *Er/Sie sagte es mir **lächelnd**.*
• um verbale Umschreibungen (▷ ⑮) zu bilden:
La señora Romero **está hablando** por teléfono. *Frau Romero **spricht gerade** am Telefon.*
Mi hija **sigue trabajando** en Honduras. *Meine Tochter **arbeitet immer noch** in Honduras.*

13.3   Das Partizip

A1

Formen

☼ Im Spanischen wird normalerweise nur das Partizip Perfekt benutzt.

Man bildet es durch Anhängen folgender Endungen an den Infinitivstamm:

Infinitive auf -ar → -ado	Infinitive auf -er/-ir → -ido
cant-ar *singen* → cant**ado**	com-er *essen* → com**ido**
bail-ar *tanzen* → bail**ado**	viv-ir *leben* → viv**ido**

Unregelmäßige Partizipien:

abrir → abierto *geöffnet*	morir → muerto *gestorben*
B1 cubrir → cubierto *zugedeckt*	poner → puesto *gestellt*
decir → dicho *gesagt*	**B1** resolver → resuelto *gelöst*
escribir → escrito *geschrieben*	romper → roto *zerbrochen*
hacer → hecho *gemacht*	volver → vuelto *zurückgekommen*
ir → ido *gegangen*	ver → visto *gesehen*

Einige Verben haben zwei Partizipformen: eine regelmäßige und eine unregelmäßige:

B2

	regelmäßiges Partizip	unregelmäßiges Partizip
confundir *verwirren*	confundido	confuso
difundir *verbreiten*	difundido	difuso
elegir *wählen*	elegido	electo
freír *braten*	freído	frito
imprimir *drücken*	imprimido	impreso
soltar *loslassen*	soltado	suelto
suspender *nicht bestehen*	suspendido	suspenso

⚡ Die regelmäßigen Partizipien werden zur Bildung der zusammengesetzten Zeiten benutzt, die unregelmäßigen ausschließlich als Adjektiv verwendet:

Perdón, me he **confundido** de número. *Entschuldigung, ich habe mich verwählt.*

Estamos **confusos**. *Wir sind verwirrt.*

Gebrauch

In verbaler Funktion wird das Partizip verwendet:

- mit dem Hilfsverb haber *haben, sein* zur Bildung der zusammengesetzten Zeiten; in dieser Funktion ist es unveränderlich (▷ **9.3**):
  Ellas se han ido muy pronto. *Sie sind sehr früh weggegangen.*
  Nosotras no habíamos comido aún. *Wir hatten noch nicht gegessen.*

B2
- mit dem Hilfsverb ser *sein* zur Bildung des Passivs (▷ **14**). Das Partizip ist dabei veränderlich in Genus und Numerus:
  Ha sido construida una nueva fuente. *Ein neuer Brunnen ist gebaut worden.*
  Fueron elegidas deportistas del año. *Sie wurden zu Sportlerinnen des Jahres gewählt.*

Als Adjektiv kann das Partizip attributiv oder prädikativ benutzt werden und stimmt in Genus und Numerus mit dem Substantiv, das es begleitet, überein (▷ **3.3**):
No me gustan los huevos fritos. *Ich mag kein Spiegelei.*
La novela es muy entretenida. *Der Roman ist sehr unterhaltsam.*

Adjektivisch wird das Partizip weiterhin verwendet:

B1
- mit dem Verb estar *sein* zur Bildung des Zustandspassivs (▷ **14**); in dieser Verwendung ist es veränderlich in Genus und Numerus:
  Las ventanas estaban abiertas. *Die Fenster waren geöffnet.*
  El reloj está roto. *Die Uhr ist kaputt.*

B2
- in Verbindung mit Substantiven. Es ersetzt einen Nebensatz am Satzanfang und ist durch Komma vom Hauptsatz getrennt:
  Terminado el trabajo, se marchó a casa. *Nachdem er/sie die Arbeit beendet hatte, ging er/sie nach Hause.*
  Una vez leída la revista, se la devolví. *Gleich nachdem ich die Zeitschrift gelesen hatte, habe ich sie ihm/ihr zurückgegeben.*

Übungen

1 Der Infinitiv

B2

Wiederholen Sie die Sätze mit einer Konstruktion aus Präposition + Infinitiv.

a. Ten cuidado cuando cruces la calle.

....

b. Todavía tengo que hacer cinco exámenes.

....

c. No te llamé porque no quería preocuparte.

....

d. Si lo hubiera sabido, me habría quedado en casa.

....

e. Deberías prestar más atención cuando escribes.

....

2 Die Bildung des Gerunds

B1

Schreiben Sie das Gerund folgender Verben.

escribir ....   poder ....

competir ....   ver ....

recordar ....   decir ....

preferir ....   volver ....

empezar ....   doler ....

dar ....   medir ....

leer ....   reír ....

poseer ....   ir ....

dormir ....   pedir ....

B1

❸ Der Gebrauch des Gerunds
Kreuzen Sie an. Ist das Gerund richtig (✓) oder falsch (✗) benutzt?

a. ✓ Venía cantando.

b. ✗ Quiero tocando la guitarra.

c. ▥ Aprendí español hablando con mis amigos españoles.

d. ▥ Escuchándote es muy interesante.

e. ▥ Habiendo estudiado, aprobarás.

f. ▥ Pensando que no vendrías, no te esperé.

A2

❹ Die Bildung des Partizips
Ergänzen Sie folgende Sätze mit dem Partizip der in Klammern angegebenen Verben.

a. Esta mañana no he (ir) .... al trabajo.

b. ¿Por qué has (abrir) .... la puerta?

c. ¿Cuándo habéis (volver) .... del viaje de novios?

d. ¿Dónde has (poner) .... los vasos de papel?

e. ¿Quién te ha (decir) .... eso?

f. ¿Has (ver) .... lo que ha (hacer) ....?

B2

❺ Der Gebrauch des Partizips
Wählen Sie die richtige Form des Partizips.

a. Esas novelas aún no han sido publicada / publicadas.

b. ¿Por qué están todos los cajones abierto / abiertos?

c. ¿Has resuelto / resueltos los problemas con tu jefe?

d. ¿Quién ha roto / rotas las revistas?

e. Encima de la mesa había muchas carpetas abierta / abiertas.

🔑 3. Der Gebrauch des Gerunds

a. richtig
b. falsch → Quiero tocar la guitarra.
c. richtig
d. falsch → Escucharte es muy
     interesante.

e. richtig
f. richtig

> **G** Das Gerund kann nicht als Subjekt oder Objekt eines Satzes benutzt werden. Es kann Nebensätze ersetzen, die kausale, konditionale oder modale Inhalte transportieren oder auch die Gleich- oder Vorzeitigkeit von Handlungen ausdrücken.

🔑 4. Die Bildung des Partizips

a. Esta mañana no he ido al trabajo.
b. ¿Por qué has abierto la puerta?
c. ¿Cuándo habéis vuelto del viaje de novios?

d. ¿Dónde has puesto los vasos de papel?
e. ¿Quién te ha dicho eso?
f. ¿Has visto lo que ha hecho?

> **G** Das Partizip wird durch Anhängen der Endung -ado (Verben auf -ar) oder -ido (Verben auf -er und auf -ir) an den Infinitivstamm gebildet. Unregelmäßige Partizipien bilden hacer → hecho, decir → dicho, ver → visto, poner → puesto u. a.

🔑 5. Der Gebrauch des Partizips

a. Esas novelas aún no han sido publicadas.
b. ¿Por qué están todos los cajones abiertos?
c. ¿Has resuelto los problemas con tu jefe?

d. ¿Quién ha roto las revistas?
e. Encima de la mesa había muchas carpetas abiertas.

> **G** Das Partizip kann sowohl als Verb als auch als Adjektiv benutzt werden. Als Verb dient es zur Bildung der zusammengesetzten Zeiten und des Passivs. Beim Passiv ist das Partizip veränderlich in Genus und Numerus. Auch als Adjektiv ist es veränderlich und stimmt in Genus und Numerus mit dem Substantiv, das es begleitet, überein.

Lösungen

1. Der Infinitiv

a. Ten cuidado al cruzar la calle.
b. Todavía me quedan cinco exámenes por hacer.
c. No te llamé por no preocuparte.
d. De haberlo sabido, me habría quedado en casa.
e. Deberías prestar más atención al escribir.

G Der Infinitiv kann in Verbindung mit bestimmten Präpositionen Nebensätze mit temporaler, kausaler oder konditionaler Bedeutung ersetzen.

2. Die Bildung des Gerunds

escribiendo
compitiendo
recordando
prefiriendo
empezando
dando
leyendo
poseyendo
durmiendo

pudiendo
viendo
diciendo
volviendo
doliendo
midiendo
riendo
yendo
pidiendo

G Das Gerund wird durch Anhängen der Endung -ando (Verben auf -ar) oder -iendo (Verben auf -er und auf -ir) an den Infinitivstamm gebildet. Endet der Infinitivstamm auf Vokal, wird das Gerund mit der Endung -yendo gebildet.

14 Das Passiv

¿Qué crees que pondrán en mi casa cuando yo me muera?

EN ESTA CASA NACIÓ EL PINTOR IGNACIO ROBLEDO

Se vende.

Wandtafel: In diesem Haus wurde der Maler Ignacio Robledo geboren

Was glaubst du, wird man an mein Haus schreiben, wenn ich sterbe? – Zu verkaufen.

ⓘ Das Spanische unterscheidet wie das Deutsche zwischen Vorgangs- und Zustandspassiv.

Formen

Das Vorgangspassiv wird mit dem Hilfsverb **ser** *sein* und dem Partizip Perfekt (▷ **13.3**) des jeweiligen Verbs gebildet.

Zur Bildung des Zustandspassivs verwendet man das Hilfsverb **estar** *sein* und das Partizip Perfekt des jeweiligen Verbs:

	Vorgangspassiv	Zustandspassiv
Präsens	El ladrón **es detenido**. *Der Dieb **wird verhaftet**.*	El ladrón **está detenido**. *Der Dieb **ist verhaftet**.*
Perfekt	El ladron ya **ha sido detenido**. *Der Dieb **ist** schon **verhaftet worden**.*	El ladrón **ha estado detenido**. *Der Dieb **ist verhaftet gewesen**.*
Indefinido	El ladrón **fue detenido**. *Der Dieb **wurde verhaftet**.*	El ladrón **estuvo detenido**. *Der Dieb **war verhaftet**.*
Plusqu.perf.	Por la tarde el ladrón ya **había sido detenido**. *Am Nachmittag **war** der Dieb schon **verhaftet worden**.*	Por la tarde el ladrón ya **había estado detenido**. *Am Nachmittag **war** der Dieb schon **verhaftet gewesen**.*

	Vorgangspassiv	Zustandspassiv
Futur I	El ladrón **será detenido** mañana. *Der Dieb wird morgen **verhaftet werden**.*	El ladrón **estará detenido** mañana. *Der Dieb wird morgen **verhaftet sein**.*
Futur II	Mañana el ladrón ya **habrá sido detenido**. *Morgen **wird** der Dieb schon **verhaftet worden sein**.*	Mañana el ladrón ya **habrá estado detenido**. *Morgen **wird** der Dieb schon **verhaftet gewesen sein**.*
Kond. I	**¿Sería detenido** el ladrón ayer? ***Wurde** gestern vielleicht der Dieb **verhaftet**?*	**¿Estaría detenido** el ladrón ayer? ***War** gestern vielleicht der Dieb schon **verhaftet**?*
Kond. II	A esas horas ya **habría sido detenido** el ladrón. *Um diese Zeit **war** der Dieb wahrscheinlich schon **verhaftet worden**.*	A esas horas ya **habría estado detenido** el ladrón. *Um diese Zeit **war** der Dieb wahrscheinlich schon **verhaftet gewesen**.*

Beim Passiv können neben allen Zeitformen des Indikativs auch die des Subjuntivo auftreten:

Präsens: Quizás **sea detenido** el ladrón.
*Vielleicht **wird** der Dieb **verhaftet**.*
Quizás **esté detenido** el ladrón.
*Vielleicht **ist** der Dieb **verhaftet**.*

Perfekt: Quizás el ladrón **haya sido detenido** ya.
*Vielleicht **ist** der Dieb schon **verhaftet worden**.*
Quizás el ladrón ya **haya estado detenido**.
*Vielleicht **ist** der Dieb schon **verhaftet gewesen**.*

Imperfekt: Quizás **fuera detenido** el ladrón.
*Vielleicht **wurde** der Dieb **verhaftet**.*
Quizás **estuviera detenido** el ladrón.
*Vielleicht **war** der Dieb **verhaftet**.*

Plusquam-perfekt Quizás **hubiera sido detenido** el ladrón.
*Vielleicht **war** der Dieb **verhaftet worden**.*
Quizás **hubiera estado detenido** el ladrón.
*Vielleicht **war** der Dieb **verhaftet gewesen**.*

Das Partizip stimmt mit dem Subjekt des Satzes in Genus und Numerus überein:
El ladrón ha sido **detenido**. *Der Dieb ist* **verhaftet** *worden.*
El ladrón ha estado **detenido**. *Der Dieb ist* **verhaftet** *gewesen.*
Los ladrones han sido **detenidos**. *Die Diebe sind* **verhaftet** *worden.*
Los ladrones han estado **detenidos**. *Die Diebe sind* **verhaftet** *gewesen.*
La ladrona ha sido **detenida**. *Die Diebin ist* **verhaftet** *worden.*
La ladrona ha estado **detenida**. *Die Diebin ist* **verhaftet** *gewesen.*
Las ladronas han sido **detenidas**. *Die Diebinnen sind* **verhaftet** *worden.*
Las ladronas han estado **detenidas**. *Die Diebinnen sind* **verhaftet** *gewesen.*

Gebrauch des Vorgangspassivs

B2

⚡ Bei der Passivtransformation wird das direkte Objekt des Aktivsatzes zum Subjekt des Passivsatzes. Das Subjekt des Aktivsatzes wird zum Objekt des Passivsatzes:

La policía ha detenido al ladrón.   *Die Polizei hat den Dieb verhaftet.*

El ladrón ha sido detenido por la policía. *Der Dieb ist von der Polizei verhaftet worden.*

Das Objekt des Passivsatzes ist der „Urheber" der Handlung. Soll der Urheber genannt werden, wird er durch die Präposition por *von, durch* eingeleitet:
El paquete ha sido enviado esta mañana a Santo Domingo **por la clienta**. *Das Paket ist heute Vormittag* **von der Kundin** *nach Santo Domingo geschickt worden.*
Ha sido publicado un nuevo libro de ese autor **por la editorial Araza**. *Ein neues Buch von diesem Autor ist* **vom Verlag Araza** *veröffentlicht worden.*
Los resultados fueron dados a conocer **por las autoridades**. *Die Ergebnisse wurden* **von den Behörden** *bekannt gegeben.*

ℹ Im Vergleich zum Deutschen wird das Vorgangspassiv in der spanischen Umgangssprache eher selten gebraucht.

Man verwendet es vor allem in der Schriftsprache und zwar dann, wenn der Handelnde unwesentlich ist oder wenn er nicht besonders hervorgehoben werden soll:

El paquete ha sido enviado esta mañana. *Das Paket wurde heute Vormittag geschickt.*

Ha sido publicado un nuevo libro de Marcela Serrano. *Ein neues Buch von Marcela Serrano ist veröffentlich worden.*

Das Vorgangspassiv wird mit Verben gebildet, die eine beendete oder punktuelle Handlung bezeichnen. Man kann damit unter anderen ausdrücken:

- eine Handlung im Moment, in dem sie stattfindet:

    Aquí podemos ver cómo **es detenido** el ladrón. *Hier können wir sehen, wie der Dieb verhaftet wird.*

    El partido de fútbol **está siendo retransmitido** en directo. *Das Fußballspiel wird gerade live übertragen.*

- eine sich wiederholende Handlung:

    Cada precio **es anotado** en una lista. *Jeder Preis wird in eine Liste eingetragen.*

    Los libros **son publicados** en alemán y en español. *Die Bücher werden auf Deutsch und auf Spanisch veröffentlicht.*

Auch Verben wie saber *wissen*, conocer *kennen*, odiar *hassen*, respetar *respektieren*, die keine beendete oder punktuelle Handlung ausdrücken, können im Passiv genutzt werden.

Werden diese Verben in passivischer Funktion benutzt, ist zu beachten, dass das Partizip wie ein Adjektiv verwendet wird. Es kann in diesem Fall in Form eines Superlativs auftreten oder das Adverb muy hinzunehmen:

Es respetadísimo por sus empleados. *Er wird von seinen Angestellten sehr respektiert.*

Es muy querida por toda la familia. *Sie wird von der ganzen Familie sehr geliebt.*

Repites cosas que ya son conocidas. *Du wiederholst Sachen, die schon bekannt sind.*

Die Umschreibung des Vorgangspassivs

⚡ Im Spanischen gibt es verschiedene Möglichkeiten zur Umschreibung des Passivs. Das häufiger verwendete reflexive Passiv (Pasiva refleja) wird mit dem Reflexivpronomen se und der 3. Person Singular oder Plural des Verbs gebildet. Man kann es aber nur dann benutzen, wenn das Subjekt des Satzes eine Sache oder eine unbestimmte, keine konkrete Person ist und wenn der Urheber nicht angegeben wird:

La voz de esa cantante **se admira** en todo el mundo. *Die Stimme dieser Sängerin **wird** in der ganzen Welt **bewundert**.*

Las voces de esas cantantes **se admiran** en todo el mundo. *Die Stimmen dieser Sängerinnen **werden** in der ganzen Welt **bewundert**.*

El año pasado **se construyó** una nueva autopista. *Letztes Jahr **wurde** eine neue Autobahn **gebaut**.*

En este barrio **se están vendiendo** actualmente muchas casas. *In diesen Stadtviertel **werden** zur Zeit viele Häuser **verkauft**.*

No creo que a finales de mes **se hayan alquilado** todas las habitaciones. *Ich glaube nicht, dass am Ende des Monats alle Zimmer **vermietet sein werden**.*

Das reflexive Passiv wird nur mit transitiven Verben gebildet. Auch wenn es formal mit diesen weitgehend identisch ist, kann es nicht mit anderen unpersönlichen Konstruktionen, die mit se gebildet werden, gleichgesetzt werden:

passivisch	unpersönlich
En esa tienda **se compra** oro. *In diesem Geschäft wird Gold angekauft.* En el quiosco no **se vende** ese periódico. *Im Kiosk wird diese Zeitung nicht verkauft.*	**Se habla** mucho de ese tema. *Man spricht viel über dieses Thema.* Con tranquilidad **se trabaja** mejor. *Mit Ruhe kann man besser arbeiten.*

⚡ Das Vorgangspassiv kann weiterhin umschrieben werden durch:
• die 3. Person Plural:

Corregirán los exámenes mañana. *Morgen **werden** die Prüfungen **korrigiert**.*

Darán a conocer las calificaciones esta tarde. *Die Bewertungen **werden** heute Nachmittag **bekannt gegeben**.*

- die 3. Person Plural + Voranstellung des direkten Objekts; das direkte Objekt wird dem Verb vorangestellt und durch ein Pronomen wiederholt (▷ **6.2**):
  Los exámenes los corregirán mañana. *Morgen* **werden** *die Prüfungen* **korrigiert.**
  Las calificaciones las darán a conocer esta tarde.
  Die Bewertungen **werden** *heute Nachmittag* **bekannt gegeben.**

Gebrauch des Zustandspassiv

❶ Im Gegensatz zum Vorgangspassiv wird das Zustandspassiv im Spanischen auch in der gesprochenen Sprache häufig benutzt. Mit ihm werden Zustände bzw. Resultate abgeschlossener Vorgänge dargestellt. Das Zustandspassiv kann nur mit transitiven Verben gebildet werden:

La puerta principal no **está cerrada** con llave. *Die Haupttür ist nicht* **abgesperrt.**

La vivienda **está amueblada** con buen gusto. *Die Wohnung ist geschmacksvoll* **möbliert.**

¿Está abierta la ventana de tu habitación? *Ist das Fenster in deinem Zimmer* **geöffnet?**

Auch der Urheber kann dabei genannt werden:

La entrada está vigilada **por dos policías**. *Der Eingang ist* **von zwei Polizisten** *bewacht.*

El edificio está protegido **por un sistema de seguridad**. *Das Gebäude ist* **durch ein Sicherheitssystem** *geschützt.*

Übungen

1 **Aktiv → Passiv** B2
Bilden Sie das Vorgangspassiv.

a. Los científicos han descubierto un nuevo virus.

....

b. El Gobierno aprobó un nuevo proyecto de carreteras.

....

c. El museo de la ciudad expone un cuadro inédito de Dalí.

....

d. El laboratorio efectuará el análisis mañana.

....

e. Cervantes escribió El Quijote.

....

2 **Vorgangspassiv** B2
Bilden Sie aus den Wörtern und Satzteilen Sätze mit Vorgangspassiv. Denken Sie dabei an die Angleichung des Partizips.

a. poner en libertad / la próxima semana / los detenidos

....

b. dentro de / las viviendas / dos meses / entregar

....

c. traducir/ la obra / a más de / de este autor / 10 idiomas / hasta
ahora

....

d. el diamante / encontrar / más grande /en Sudáfrica / del mundo /
esta semana

....

B2

❸ Passiversatz
Formen Sie die Sätze um, indem Sie eine Möglichkeit der Passivumschreibung nutzen.

a. La casa fue vendida a buen precio.

La casa la vendieron a buen precio. Vendieron la casa a buen

precio. La casa se vendió a buen precio.

b. Las notas serán entregadas el lunes por la mañana.

....

c. La película será estrenada en los principales cines de la ciudad.

....

d. El teatro fue restaurado hace cinco años.

....

B2

❹ Zustandspassiv
Wählen Sie die richtige Form des Zustandspassivs.

a. ¿Por qué están abierto / están abiertas todas las puertas?

b. Los ejercicios incorrectos están señalados / están señalado en rojo.

c. Cuando llegamos la tribuna ya estaba preparado / estaba preparada.

B2

❺ Vorgangspassiv oder Zustandspassiv?
Ergänzen Sie mit einer Passivform.

a. Ayer hubo una fiesta aquí y ahora todo (tirar) .... por el suelo.

b. Mira, en este momento la feria (inaugurar) .... por el alcalde de la ciudad.

c. La tienda (abrir) .... desde hace dos años.

🔑 3. Passiversatz

b. Las notas las entregarán el lunes por la mañana. Entregarán las notas el lunes por la mañana. Las notas se entregarán el lunes por la mañana.

c. La película la estrenarán en los principales cines de la ciudad. Estrenarán la película en los principales cines de la ciudad. La película se estrenará en los principales cines de la ciudad.

d. El teatro lo restauraron hace cinco años. Restauraron el teatro hace cinco años. El teatro se restauró hace cinco años.

> **G** Anstelle des Passivs können im Spanischen verschiedene Ersatz-formen benutzt werden: die unpersönliche Konstruktion mit der 3. Person Plural, dazu auch die Voranstellung des direkten Objekts vor das Verb (mit Wiederholung durch ein Pronomen) und die passivische Umschreibung mit **se** + 3. Person Singular oder Plural.

🔑 4. Zustandspassiv

a. ¿Por qué están abiertas todas las puertas?

b. Los ejercicios incorrectos están señalados en rojo.

c. Cuando llegamos la tribuna ya estaba preparada.

> **G** Auch im Zustandspassiv wird das Partizip an das Subjekt des Satzes in Genus und Numerus angepasst.

🔑 5. Vorgangspassiv oder Zustandspassiv?

a. Ayer hubo una fiesta aquí y ahora todo está tirado por el suelo.

b. Mira, en este momento la feria es inaugurada por el alcalde de la ciudad.

c. La tienda está abierta desde hace dos años.

> **G** Das Vorgangspassiv beschreibt eine Handlung, wobei das Subjekt nicht wichtig oder unbekannt ist. Das Zustandspassiv hingegen beschreibt ein Resultat oder einen Zustand, der mit Abschluss der Handlung erreicht wurde.

Lösungen

🔖 1. Aktiv → Passiv

a. Un nuevo virus ha sido descubierto por los científicos.

b. Un nuevo proyecto de carreteras fue aprobado por el Gobierno.

c. Un cuadro inédito de Dalí es expuesto por el museo de la ciudad.

d. El análisis será efectuado por el laboratorio mañana.

e. El Quijote fue escrito por Cervantes.

G Das Vorgangspassiv wird mit dem Hilfsverb ser *sein* und dem Partizip Perfekt des jeweiligen Verbs gebildet. Im Vorgangspassiv wird das direkte Objekt des Aktivsatzes zum Subjekt. Das Subjekt des Aktivsatzes wird zum Objekt des Passivsatzes, das als Urheber mit der Präposition por *von, durch* angeschlossen werden kann.

🔖 2. Vorgangspassiv

a. Los detenidos serán puestos en libertad la próxima semana.

b. Las viviendas serán entregadas dentro de dos meses.

c. Hasta ahora la obra de este autor ha sido traducida a más de 10 idiomas.

d. El diamante más grande del mundo ha sido encontrado esta semana en Sudáfrica.

G Im Vorgangspassiv stimmt das Partizip in Genus und Numerus mit dem Subjekt des Satzes überein.

15 Die verbale Umschreibung

B2

Es muy fácil dejar de fumar: yo ya lo he hecho mil veces.

Es ist ganz einfach, mit dem Rauchen aufzuhören: Ich habe es schon tausendmal getan.

Formen

ℹ Verbale Umschreibungen sind aus zwei Verben bestehende Konstruktionen: Das erste Verb ist finit, d. h. es wird konjugiert, das zweite Verb ist infinit in Form eines Infinitivs, Gerunds oder Partizips. Das finite erste Verb verliert dabei in der Regel seine ursprüngliche Bedeutung.

Man unterscheidet verbale Umschreibungen nach der Form des infiniten Verbs:

• Infinitiv: finites Verb + Infinitiv:

Deberías ir al médico. *Du solltest zum Arzt gehen.*
Verbale Umschreibungen mit Infinitiv können auch folgende Struktur haben: finites Verb + que + Infinitiv oder finites Verb + Präposition + Infinitiv:

Tienes que cuidarte más. *Du musst besser auf dich aufpassen.*
Voy a ir a España la próxima semana. *Ich werde nächste Woche nach Spanien fliegen.*

• Gerund: finites Verb + Gerund:

Estoy comiendo. *Ich esse gerade.*
Acabaron casándose. *Am Ende haben sie geheiratet.*

• Partizip: finites Verb + Partizip:

Llevo leídas 20 páginas. *Ich habe bis jetzt 20 Seiten gelesen.*
A los tres días les **dieron por desaparecidos**. *Drei Tage danach wurden sie vermisst gemeldet.*

Gebrauch

Mit verbalen Umschreibungen können verschiedene Nuancen des verbalen Aspekts ausgedrückt werden, beispielsweise der Anfang, die Wiederholung, die Dauer und das Ende einer Handlung. Im Deutschen übernimmt meist ein Adverb diese Funktion.

Einige verbale Umschreibungen dienen auch zum Ausdruck der Modalität. Sie zeigen eine Pflicht oder eine Wahrscheinlichkeit an.

Ausdruck von Pflicht, Notwendigkeit, Zwang

A2
- deber + Infinitiv; moralische Verpflichtung:

  Debes cuidar a tus padres. *Du sollst für deine Eltern sorgen.*

  Debemos respetar a nuestros profesores. *Wir sollen unsere Lehrer respektieren.*

  Hiermit können auch Empfehlungen gemacht werden:

  Deberías pensártelo mejor. *Du solltest es dir besser überlegen.*

- haber de + Infinitiv; objektive Notwendigkeit; wird überwiegend in formeller Sprache benutzt:

  Todos los ciudadanos **han de cumplir** con su deber. *Alle Bürger müssen ihre Pflicht tun.*

  Las puertas **han de cerrarse** con llave. *Die Türen müssen abgeschlossen werden.*

A1
- hay que + Infinitiv; objektive Notwendigkeit, unpersönliche Konstruktion:

  Hay que estudiar mucho para aprobar el examen. *Man muss viel lernen, um die Prüfung zu bestehen.*

  No **hay que ponerse** nervioso sin motivo. *Man muss nicht ohne Grund nervös werden.*

A1
- tener que + Infinitiv; objektive Notwendigkeit oder äußerer Zwang:

  Tenemos que marcharnos ya. *Wir müssen (jetzt) schon gehen.*

  Tú no **tienes que hacerlo** si no quieres. *Du musst es nicht machen, wenn du nicht willst.*

Ausdruck einer Wahrscheinlichkeit

- deber de + Infinitiv; Wahrscheinlichkeit oder Vermutung:

  Debe de tener unos 40 años. *Er/Sie muss ungefähr 40 Jahre alt sein.*

  Debe de haber pasado algo. *Wahrscheinlich ist etwas geschehen.*

- venir a + Infinitiv; ungenaue Angabe:
  El autobús **viene a tardar** (unas) tres horas. *Der Bus braucht ungefähr drei Stunden.*
  El abrigo **viene a costar** (unos) 300 euros. *Der Mantel kostet circa 300 Euro.*

Beginn der Handlung
- ir a + Infinitiv; unmittelbar bevorstehende Handlung: **A1**
  Vamos a comer ahora mismo. *Wir werden gleich essen.*
  Ahora **voy a tumbarme** un rato. *Jetzt werde ich mich ein bisschen hinlegen.*
  Auf die Zukunft bezogen zum Ausdruck fester Pläne oder Absichten:
  Mañana **voy a ir** al cine. *Morgen werde ich ins Kino gehen.*
  El año que viene **voy a hacer** un viaje a México. *Nächstes Jahr werde ich eine Reise nach Mexiko machen.*
  Im Imperfekt zum Ausdruck der Nachzeitigkeit in der Vergangenheit: **B1**
  No sabía cuándo **ibas a llegar**, así que no te esperé. *Ich wusste nicht, wann du ankommen würdest, deswegen habe ich nicht auf dich gewartet.*
  ⚡ Wird ir a + Infinitiv mit zusammengesetzten Zeitformen oder dem Indefinido benutzt, liegt keine verbale Umschreibung vor. Das Verb ir übernimmt seine ursprüngliche Bedeutung:
  Hemos ido a visitarla al hospital. *Wir sind ins Krankenhaus gegangen und haben sie dort besucht.*
  ¿Fuiste a comprar leche al supermercado ayer? *Bist du gestern zum Supermarkt gegangen, um Milch zu kaufen?*
- echar(se) a + Infinitiv; plötzlicher Handlungsbeginn; meist verwendet mit andar *gehen*, reír *lachen*, llorar *weinen*, correr *rennen*, nadar *schwimmen*, volar *fliegen*, temblar *zittern*:
  Cuando se lo dije **se echó a llorar**. *Als ich es ihm/ihr sagte, brach er/sie in Tränen aus.*
  Se echó a reír y nadie sabía por qué. *Plötzlich fing er/sie zu lachen an und niemand wusste warum.*
- empezar a + Infinitiv; Beginn einer Handlung; keine verbale   **A1**
  Umschreibung im eigentlichen Sinn, da empezar selbst anfangen bedeutet:

He empezado a trabajar en una oficina. *Ich habe angefangen, in einem Büro zu arbeiten.*
Todavía **no hemos empezado a estudiar.** *Wir haben noch nicht angefangen zu lernen.*

- **romper a** + Infinitiv; plötzlicher Handlungsbeginn; wird benutzt mit den Verben **llorar** *weinen*, **escribir** *schreiben*, **leer** *lesen*, **sollozar** *schluchzen*, **hablar** *sprechen*, **gritar** *schreien*, **aplaudir** *klatschen*, **reír** *lachen*, **tocar** *(ein Musikinstrument) spielen*, **cantar** *singen*, **hervir** *aufkochen*:
  Rompió a cantar y todos nos quedamos sorprendidos. *Plötzlich fing er/sie an zu singen und wir alle waren verwundert.*
  El público **rompió a aplaudir** durante el espectáculo. *Die Zuschauer fingen plötzlich während der Vorstellung an zu klatschen.*

Dauer der Handlung

- **andar** + Gerund; Fortbestehen einer Handlung (mit abwertender oder kritischer Nuance):
  ¿Qué **andas murmurando?** *Was murmelst du da?*
  Ella **andaba diciendo** por ahí que no tenía ganas de verme. *Sie erzählte herum, dass sie keine Lust hatte, mich zu sehen.*
- **andar** + Partizip; Gemütszustand (des Subjekts des Satzes); Partizip stimmt mit dem Subjekt des Satzes in Genus und Numerus überein:
  Anda locamente **enamorada** de ese hombre. *Sie ist in diesen Mann total verliebt.*
  No sé qué te pasa: **andas** siempre **enfadada** últimamente. *Ich weiß nicht, was mit dir los ist: in letzter Zeit bist du immer verärgert.*
- **estar** + Gerund; unmittelbar stattfindende Handlung:
  Estaba duchándome cuando sonó el teléfono. *Ich war gerade beim Duschen, als das Telefon klingelte.*
- **ir** + Partizip; Handlungsbeginn in der Vergangenheit und -fortdauer bis zu einem gewissen Zeitpunkt; entspricht einer passivischen Konstruktion; Partizip stimmt mit dem direkten Objekt in Genus und Numerus überein:
  Hasta ayer **iban vendidos** 200 libros. *Bis gestern waren 200 Bücher verkauft worden.*

seguir + Gerund; Handlung besteht bis zum Sprechzeitpunkt fort:
Sigo viviendo en la misma casa. *Ich **wohne immer noch** in derselben Wohnung.*
Sigo yendo a bailar todos los fines de semana. *Ich **gehe immer noch** jedes Wochenende tanzen.*

- ir + Gerund; allmählich stattfindende Handlung:
Mi hermano **va mejorando**. *Meinem Bruder **geht es inzwischen besser**.*
Voy aprendiendo español. *Langsam lerne ich Spanisch.*

- llevar + Gerund; Handlung, die seit einer gewissen Zeit fortbesteht; immer zusammen mit einer Zeitangabe verwendet:

B1

Llevo trabajando con tu hermano **desde 2006**. *Ich arbeite mit deinem Bruder **seit 2006**.*
Llevo tres semanas viviendo en esta ciudad. *Ich wohne **seit drei Wochen** in dieser Stadt.*

- llevar sin + Infinitiv; Handlung, die nicht vollzogen wird; immer zusammen mit einer Zeitangabe verwendet:
Llevo desde enero **sin trabajar**. *Ich **habe** seit Januar **keine** Arbeit mehr.*
Llevo sin dormir dos días. *Ich **habe** seit zwei Tagen **nicht mehr** geschlafen.*

- quedarse + Gerund; Weiterbestehen einer Handlung:
Yo me fui a dormir y ella se **quedó viendo** la televisión. *Ich ging schlafen und sie **sah weiter fern**.*
Se **ha quedado contemplando** las estrellas un rato. *Er/Sie **hat noch eine Weile** die Sterne **beobachtet**.*

- venir + Gerund; bis zum Sprechzeitpunkt fortdauernde Handlung:
Según **viene trabajando**, le ascenderán dentro de poco. *So wie er **bis jetzt gearbeitet hat**, wird er bald befördert werden.*
Nos **vienen siguiendo** desde hace un rato. *Man **folgt** uns seit einer Weile.*

Wiederholung der Handlung

- volver a + Infinitiv; sich wiederholende Handlung:

A2

Si no lo conseguimos esta vez, **volveremos a intentarlo**. *Wenn wir es diesmal nicht schaffen, werden wir es **nochmals versuchen**.*
No **hemos vuelto a verla**. *Wir haben sie nicht **wieder gesehen**.*

Ende der Handlung

B1
- acabar de + Infinitiv; unmittelbar beendete Handlung:
  Yo **acababa de come**r cuando llamó. *Ich hatte gerade (zu Ende) gegessen, als er/sie anrief.*
  ¿Estás ocupado? – No, **acabo de terminar.** *Bist du beschäftigt? – Nein, ich bin gerade fertig geworden.*
  Wird acabar de + Infinitiv mit zusammengesetzten Zeiten oder Indefinido benutzt, übernimmt acabar seine ursprüngliche Bedeutung *beenden*. Es handelt sich dann nicht um eine verbale Umschreibung:
  He acabado de comer. *Ich bin mit dem Essen fertig.*
  Acabé de limpiar mi habitación a las 5. *Um 5 Uhr hatte ich mein Zimmer zu Ende geputzt.*
- acabar/terminar + Gerund: Handlung findet am Ende eines Verlaufs statt:
  Acabará aceptanto el trabajo. *Am Ende wird er/sie die Arbeit annehmen.*
  Terminamos diciendo que sí. *Am Ende haben wir zugesagt.*
- dar(se) por + Partizip; Handlung ist zu einem bestimmten Zeitpunkt beendet; Partizip stimmt in Genus und Numerus mit dem direkten Objekt überein:
  A las cinco **dieron** la reunión **por concluida.** *Um fünf Uhr erklärten sie die Sitzung für beendet.*
  No **se da** nunca **por vencido.** *Er gibt nie auf.*
- dejar + Partizip; Folge eines vorherigen Ereignisses; Partizip wird an das direkte Objekt in Genus und Numerus angepasst:
  La caída la **dejó aturdida.** *Sie war vom Sturz benommen.*
  La noticia nos **ha dejado desconcertados.** *Die Nachricht hat uns geschockt.*

A1
- dejar de + Infinitiv: unterlassene Handlung:
  Deja de quejarte y ayúdame. *Hör auf dich zu beklagen und hilf mir.*
  Ha dejado de llamarme todos los días. *Er/Sie ruft mich nicht mehr jeden Tag an.*
- parar de + Infinitiv; Beenden einer Handlung:
  Ha parado de llover. *Es hat aufgehört zu regnen.*
  No paraba de hablar. *Er/Sie hörte nicht auf zu reden.*

Übungen

1 **Verbale Umschreibung: Pflicht, Notwendigkeit, Zwang** `A2`
Wählen Sie die richtige Form.

a. Mi hermano me acompañará, así que tú no has que / tienes que venir.

b. Hay que / tienes que ir al supermercado. ¿Vas tú o voy yo?

c. Se nos estropeó el coche, así que hubo que / tuvimos que volver en tren.

d. Me he vuelto a resfriar. He / Tendré que abrigarme más.

e. Hemos que / Deberías avisarles de tu visita.

f. Todos los alumnos han de / han que participar en la excursión.

2 **Verbale Umschreibung: Wahrscheinlichkeit, ungenaue Angabe** `A2`
Formen Sie die Sätze um mit deber de und venir a.

a. Probablemente eran las 3.

   ....

b. El viaje durará más o menos 5 horas.

   ....

c. Es muy probable que llegue mañana.

   ....

d. ¿Ese coche cuánto cuesta aproximadamente?

   ....

e. Probablemente tiene más de dos hijos.

   ....

f. Tal vez no lo sepa.

   ....

❸ Verbale Umschreibung: Handlungsbeginn
Ergänzen Sie die Sätze mit den angegebenen Formen.

> ir a / empezar a / echar a / romper a

a. En cuanto la vio .... correr hacia ella con los brazos abiertos.

b. ¿Qué me .... regalar por mi cumpleaños? (tú)

c. Cuando se enteró .... llorar desconsoladamente.

d. ¿Cuándo .... trabajar en el despacho del abogado Ciscar? (tú)

❹ Verbale Umschreibung: Dauer der Handlung
Verbinden Sie die Satzteile.

a. ¿Qué ————————— estás leyendo con nosotros?

b. ¿Cuánto tiempo irás entendiendo tan concentrado?

c. Ya lo llevas trabajando a los abuelos?

d. ¿Cuánto tiempo sigue teniendo durante el curso.

e. Me ha dicho que llevas sin visitar amigos aquí.

❺ Verbale Umschreibung: Handlungsende
Ergänzen Sie die Dialoge mithilfe der in Klammern
angegebenen Verben mit einer verbalen Umschreibung.

a. ● ¿Llevas mucho tiempo aquí?

   ■ No, (llegar) ....

b. ● ¿Tú crees que lo aceptará algún día?

   ■ Sí, estoy seguro de que (aceptar) ....

c. ● ¿Cuánto tiempo hace que no trabajas en el banco?

   ■ Hace dos meses que (trabajar) .... en el banco.

d. ● ¿Qué tal con tu hermana?

   ■ Fatal, en toda la tarde (criticarme) ....

3. Verbale Umschreibung: Handlungsbeginn

a. En cuanto la vio echó a correr hacia ella con los brazos abiertos.

b. ¿Qué me vas a regalar por mi cumpleaños?

c. Cuando se enteró rompió a llorar desconsoladamente.

d. ¿Cuándo empiezas a trabajar en el despacho del abogado Ciscar?

> **G** Ir a + Infinitiv gibt eine unmittelbar beginnende Handlung an.
> **Empezar a** + Infinitiv ist die häufigste Konstruktion zur Wiedergabe eines Handlungsbeginns. **Echarse a** + Infinitiv und **romper a** + Infinitiv betonen den plötzlichen Beginn einer Handlung.

4. Verbale Umschreibung: Dauer der Handlung

a. ¿Qué estás leyendo tan concentrado?

b. ¿Cuánto tiempo llevas trabajando con nosotros?

c. Ya lo irás entendiendo durante el curso.

d. ¿Cuánto tiempo llevas sin visitar a los abuelos?

e. Me ha dicho que sigue teniendo amigos aquí.

> **G** Estar + Gerund gibt eine Handlung an, die gerade stattfindet.
> **Llevar** + Gerund drückt das Fortbestehen einer Handlung aus, **llevar sin** + Infinitiv deutet hingegen an, dass eine Handlung seit einer gewissen Zeit nicht mehr fortdauert. **Ir** + Gerund drückt das allmähliche Stattfinden einer Handlung aus. **Seguir** + Gerund gibt das Fortdauern einer Handlung bis zum Spechzeitpunkt an.

5. Verbale Umschreibung: Handlungsende

a. ● ¿Llevas mucho tiempo aquí?
   ■ No, acabo de llegar.

b. ● ¿Tú crees que lo aceptará algún día?
   ■ Sí, estoy seguro de que acabará aceptándolo.

c. ● ¿Cuánto tiempo hace que no trabajas en el banco?
   ■ Hace dos meses que dejé de trabajar en el banco.

d. ● ¿Qué tal con tu hermana?
   ■ Fatal, en toda la tarde no paró de criticarme.

> **G** Acabar de + Infinitiv gibt an, dass die Handlung kurz vorher beendet wurde. **Acabar** + Gerund deutet eine am Ende eines Verlaufs stattfindende Handlung an. **Dejar de** + Infinitiv drückt das Unterlassen einer Handlung aus. **No parar de** + Infinitiv zeigt an, dass die Handlung nicht unterlassen wird und daher fortbesteht.

Lösungen

✎ 1. Verbale Umschreibung: Pflicht, Notwendigkeit, Zwang

a. Mi hermano me acompañará, así que tú no tienes que venir.

b. Hay que ir al supermercado. ¿Vas tú o voy yo?

c. Se nos estropeó el coche, así que tuvimos que volver en tren.

d. Me he vuelto a resfriar. Tendré que abrigarme más.

e. Deberías avisarles de tu visita.

f. Todos los alumnos han de participar en la excursión.

G Eine objektive Notwendigkeit kann sowohl mit tener que als auch mit der unpersönlichen Form hay que ausgedrückt werden. Mit deber wird eine moralische Verpflichtung oder eine Empfehlung angegeben.

✎ 2. Verbale Umschreibung: Wahrscheinlichkeit, ungenaue Angabe

a. Debían de ser las 3.

b. El viaje vendrá a durar (unas) 5 horas.

c. Debe de llegar mañana.

d. ¿Ese coche cuánto viene a costar?

e. Debe de tener más de dos hijos.

f. No debe de saberlo.

G Mit deber de + Infinitiv wird die Wahrscheinlichkeit angegeben. Mit venir a + Infinitiv werden hingegen ungefähre Angaben ausgedrückt.

16 Die Präposition

¿Tú sabes qué hay en el centro del sol?

¡Claro! Una o.

Weißt du, was im Zentrum der Sonne ist? – Na klar! Ein O.

Präpositionen kennzeichnen das Verhältnis zwischen Personen oder Sachen im Satz. Sie sind unveränderlich.

Die Präposition a *an, in, nach, um, zu*

Mit der Präposition **a** werden angegeben:
* der Zielpunkt:

¿Te llevo **a** casa? *Soll ich dich **nach** Hause bringen?*
Voy **al** mar. *Ich fahre **ans** Meer.*
¿Me acompañas **a** la estación? *Begleitest du mich **zum** Bahnhof?*
* bestimmte Ortsangaben:

> **B1** al fondo *hinten*   junto a *neben*   **B1** frente a *gegenüber*
> **A2** a la derecha (de) *rechts (von)*   **A2** a la izquierda (de) *links (von)*
> al sur/al norte/al oeste/al este de *südlich/nördlich/östlich/westlich von*

¿Dónde está el cuarto de baño? **– A la derecha**. *Wo ist die Toilette? – Rechts.*
Portugal está **al oeste** de España. *Portugal liegt **westlich** von Spanien.*
* die Entfernung:

Mi pueblo está **a 50 kilómetros** de aquí. *Mein Dorf befindet sich 50 Kilometer von hier.*
Vivimos **a dos calles** de aquí. *Wir wohnen **zwei Straßen** von hier (entfernt).*

- die Uhrzeit:
  Nos vemos **a** las 7. *Wir treffen uns* **um** *7 Uhr.*
  ¿**A** qué hora empieza el concierto? *Um wie viel Uhr fängt das Konzert an?*
- das indirekte Objekt mit bestimmten Personen:
  Se lo he dicho **a tu marido**. *Ich habe es* **deinem Mann** *gesagt.*
  He dado los papeles **al jefe**. *Ich habe* **dem Chef** *die Papiere gegeben.*
- ⚡ das direkte Objekt mit bestimmten Personen:
  He visto **a tu marido** esta mañana. *Ich habe* **deinen Mann** *heute Vormittag gesehen.*
  He saludado **al jefe** antes. *Ich habe* **den Chef** *vorher begrüßt.*
- die Art und Weise:
  Me lo dijo **a gritos**. *Er/Sie sagte es mir* **schreiend**.
  Hemos venido **a pie**. *Wir sind* **zu Fuß** *gekommen.*
- die Häufigkeit:
  Vamos al restaurante dos veces **a la semana**. *Wir gehen zweimal in der Woche ins Restaurant.*
  Nos reunimos una vez **al mes**. *Wie treffen uns einmal* **im Monat**.
  ⚡ Die Präposition a verschmilzt mit dem bestimmten Artikel (▷ **1.1**):

| a + el → al | ¿Vienes **al** cine? *Kommst du mit* **ins** *Kino?* |

A1 **Die Präposition** con *mit*
Mit der Präposition con *werden* ausgedrückt:
- die Begleitung:
  He venido **con** mis amigos. *Ich bin* **mit** *meinen Freunden gekommen.*
  ¿Quieres desayunar **con** nosotras? *Willst du* **mit** *uns frühstücken?*
- das Mittel, mit dem etwas ausgeführt wird:
  La sopa se come **con** cuchara. *Die Suppe wird* **mit** *dem Löffel gegessen.*
  Escriban **con** bolígrafo. *Schreiben Sie* **mit** *Kugelschreiber.*
- die Art und Weise:
  Trabaja **con** entusiasmo. *Er/Sie arbeitet* **mit** *Begeisterung.*
  Nos lo contaron **con** lágrimas en los ojos. *Sie erzählten es uns* **mit** *Tränen in den Augen.*

Die Präposition de *aus, von* A1

Die Präposition de gibt an:
- die Herkunft (lokal und übertragen):
  Es **de** Argentina. *Er/Sie kommt **aus** Argentinien.*
  Vengo **de** la escuela. *Ich komme **aus** der Schule.*
- bestimmte Ortsangaben:

al lado de *neben*, encima de *auf*, debajo de *unter*, delante de *vor*, detrás de *hinter*, enfrente de *gegenüber*, cerca de *in der Nähe (von)*, lejos de *weit von*, al principio de *am Anfang (von)*, al final de *am Ende (von)*, dentro de *in, im Innern von*

  La playa está **cerca del** hotel. *Der Strand liegt **in der Nähe** des Hotels.*
  Las llaves están **dentro del** cajón. *Die Schlüssel sind **in der** Schublade.*
- den Stoff oder das Material:
  una camiseta **de** algodón *ein T-Shirt **aus** Baumwolle*
  un anillo **de** oro *ein Goldring*
- den Besitz:
  El coche es **de** María. *Das Auto gehört Maria.*
  El bolso es **de** mi madre. *Die Tasche gehört meiner Mutter.*
- die Zeit- und Ortsangabe de … a … *von … bis …*:
  No tengo clase **de** julio **a** septiembre. *Ich habe **von** Juni **bis** September keinen Unterricht.*
  Viajaba **de** Madrid **a** Barcelona. *Er/Sie reiste **von** Madrid **bis** Barcelona.*
- den Genitiv:
  la casa **de mi** hermana *die Wohnung **meiner** Schwester*
  el jardín **del** castillo *der Garten **des** Schlosses*

❶ Viele zusammengesetzte Wörter werden im Spanischen mit de wiedergegeben:
la puerta **de** la casa *die Haustür* – el traje **de** baño *der Badeanzug*
⚡ Die Präposition de verschmilzt mit dem bestimmten Artikel
(▷ **1.1**):

de + el → del   ¿Vienes **del** cine? *Kommst du **aus dem** Kino?*

A1 **Die Präposition desde** *von … aus/bis, seit*
Desde bezeichnet den räumlichen oder zeitlichen Anfangspunkt,
von dem aus ein Zustand oder ein Vorgang beginnt:
Desde aquí se ve mejor. *Von hier **aus** sieht man es besser.*
No la veo **desde** anoche. *Ich habe sie **seit** gestern Abend nicht
mehr gesehen.*

Desde hace bezeichnet die Zeitspanne, die von der Vergangenheit
bis zum Sprechzeitpunkt vergangen ist:

desde – Zeitpunkt	desde hace – Zeitdauer
No la veo **desde** el miércoles. *Ich habe sie **seit** Mittwoch nicht mehr gesehen.* Estamos casados **desde** 2003. *Wir sind **seit** 2003 verheiratet.*	No la veo **desde hace** 3 días. *Ich habe sie **seit** 3 Tagen nicht mehr gesehen.* Estamos casados **desde hace** 5 años. *Wir sind **seit** 5 Jahren verheiratet.*

Die Zeit- und Ortsangabe desde … hasta … ist gleichbedeutend wie
de … a … *von … bis …*:
Viajaba **desde** Madrid **hasta** Barcelona. *Er/Sie reiste **von** Madrid
bis Barcelona.*
No tengo clase **desde** julio **hasta** septiembre. *Ich habe keinen
Unterricht **von** Juni **bis** September.*

A1 **Die Präposition en** *an, auf, in, mit, zu*
Mit der Präposition en werden angegeben:
• der Ort, an dem sich jemand oder etwas befindet:
  Te estoy esperando **en** la **B1** esquina. *Ich warte **an** der Ecke auf
  dich.*
  Mario no está **en** casa. *Mario ist nicht **zu** Hause.*
  Santander está **en** el norte de España. *Santander liegt **in**
  Nordspanien.*
  El libro está **en** el suelo. *Das Buch liegt **auf** dem Boden.*
• das Verkehrsmittel:
  Iré **en** coche. *Ich werde **mit** dem Auto fahren.*
  ¿Vais **a** venir **en** tren? *Werdet ihr **mit** dem Zug kommen?*
• die Art und Weise:
  Lo digo **en** serio. *Ich meine es **im** Ernst.*
  Se casaron **en** secreto. *Sie heirateten heimlich.*

- Zeitangaben (mit Monaten, Jahren, Festtagen):
  Volveremos en mayo. *Wir werden im Mai zurückkommen.*
  Mi hijo nació en 1999. *Mein Sohn ist 1999 geboren.*
  ¿Nos veremos en Navidad? *Werden wir uns an Weihnachten sehen?*
- die Zeitdauer:
  En dos horas habremos terminado. *In zwei Stunden werden wir fertig sein.*
  He hecho las compras en menos de media hora. *Ich habe die Einkäufe in einer knappen halben Stunde erledigt.*

Die Präposition por *an, durch, für, per* u. a.   A1

Mit der Präposition por werden ausgedrückt:
- ein unbestimmter Ort:
  ¿El hotel está por aquí? *Das Hotel liegt hier in der Nähe?*
  Ayer estuve paseando por la ciudad. *Ich war gestern durch die Stadt spazieren.*
- eine „Zwischenstation":
  Iremos a Sevilla por Madrid. *Wir fahren über Madrid nach Sevilla.*
- Tageszeiten:
  por la mañana *morgens, vormittags*
  por la tarde *nachmittags, abends*
  por la noche *abends, nachts*
- ein ungefährer Zeitpunkt:
  Volveremos por Navidad. *Wir kommen um Weihnachten zurück.*
- der Grund:
  Castigaron a los niños por mentir. *Die Kinder wurden bestraft, weil sie gelogen hatten.*
  No salimos por la lluvia. *Wir sind wegen des Regens nicht ausgegangen.*
- der Preis:
  Lo he comprado por 100 euros. *Ich habe es für 100 Euro gekauft.*
- das Kommunikationsmedium:
  Hemos hablado por teléfono. *Wir haben am Telefon gesprochen.*
  Lo he mandado por correo. *Ich habe es per Post geschickt.*
- der Urheber beim Passiv (▷ 14):   B2
  La puerta es abierta por mí. *Die Tür wird von mir geöffnet.*

A1 **Die Präposition para** *bis, für, nach, um … zu*
Mit **para** werden angegeben:
- der Zielpunkt oder die Richtung:
  Salimos **para** Cuenca mañana. *Morgen reisen wir **nach** Cuenca ab.*
  Vamos **para** casa. *Wir gehen **nach** Hause.*

A2 - der Zweck oder die Absicht:
  Estudio español **para** trabajar en Bolivia. *Ich lerne Spanisch, **um** in Bolivien **zu** arbeiten.*
  He venido **para** hablar con él. *Ich bin gekommen, **um** mit ihm **zu** sprechen.*
- der Empfänger:
  Este regalo es **para** ti. *Dieses Geschenk ist **für** dich.*
  La película es **para** adultos. *Der Film ist **für** Erwachsene.*

B1 - ein Termin oder eine Frist:
  El informe tiene que estar terminado **para** el lunes. *Der Bericht soll **bis** Montag fertig sein.*

A1 **Weitere Präpositionen**
- **A2** contra *gegen*:
  ¿**Contra** qué equipo jugáis? *Gegen welche Mannschaft spielt ihr?*
- **A2** entre *zwischen*:
  La frutería está **entre** la panadería y la farmacia. *Der Obstladen liegt **zwischen** der Bäckerei und der Apotheke.*
  Te llamaré **entre** las 8 y las 9. *Ich werde dich **zwischen** 8 und 9 Uhr anrufen.*
- **B1** hacia *auf … zu, gegen*:
  Venía **hacia** mí. *Er/Sie kam **auf** mich **zu**.*
  hacia las 8 *gegen 8 Uhr*
- hasta *bis*:
  ¡**Hasta** mañana! *Bis Morgen!*
- sin *ohne*:
  Lo haré **sin** ti. *Ich werde es **ohne** dich tun.*
  Han contestado **sin** dudar. *Sie haben **ohne** zu zögern geantwortet.*

Übungen

1 **A** oder **en**?

A1

Ergänzen Sie die Sätze mit einer passenden Präposition.

a. ¿Vas a estar .... casa esta tarde?

b. He ido .... tu casa pero no estabas.

c. Cuando estoy de vacaciones .... Barcelona siempre voy a

comer .... el mismo restaurante.

d. Suecia está .... el norte de Europa.

e. Francia está .... el norte de España.

f. .... la isla no hay autobuses.

g. Los juguetes están .... el **B1** suelo.

h. .... la **B1** pared hay dos cuadros.

i. .... agosto vamos a la playa.

j. Estamos .... 15 kilómetros de mi pueblo.

2 **De** oder **desde**?

A1

Sind folgende Präpositionen richtig (✓) oder falsch (✗) benutzt?

a. ✓ Soy de Quito.

b. ✗ Soy desde Venezuela.

c. ■ Este coche es de mi padre.

d. ■ Desde tu casa hasta la oficina hay dos kilómetros.

e. ■ De aquí no se oye nada.

f. ■ Estoy aquí desde hace un mes.

g. ■ No he hablado con ella desde hace el martes.

h. ■ El reloj es de oro.

i. ■ De julio a septiembre no trabajo.

A1 **❸ Por** oder **para?**
Wählen Sie die richtige Präposition.

a. Toma, este videojuego es **por** / **para** ti.

b. Todo lo hago **por** / **para** ti, porque quiero que seas feliz.

c. He comprado todo lo necesario **por** / **para** irnos de vacaciones.

d. Te lo mando **por** / **para** correo.

e. Muchas gracias **por** / **para** todo.

f. Lo habré terminado **por** / **para** el lunes que viene.

g. Me lo ha vendido **por** / **para** 200 euros.

h. Iremos a Madrid **por** / **para** Toledo.

i. Mañana salimos de viaje **por** / **para** Puerto Rico.

A1 **❹ Con** oder **sin?**
Beenden Sie die Sätze.

a. María no pone azúcar en el café.

→ A María le gusta el café ....

b. Carlos siempre va a nadar al mar.

→ A Carlos le gustan las ciudades ....

c. Cuando van de vacaciones siempre les acompañan sus amigos.

→ A ellos les gusta ir de vacaciones ....

d. Hemos trabajado toda la mañana y no hemos hecho ninguna pausa.

→ Hemos trabajado toda la mañana ....

e. Esta mañana he corrido 10 kilómetros y no he parado ni una sola vez.

→ Esta mañana he corrido 10 kilómetros ....

🔑 **3. Por oder para?**

a. Toma, este videojuego es para ti.
b. Todo lo hago por ti, porque quiero que seas feliz.
c. He comprado todo lo necesario para irnos de vacaciones.
d. Te lo mando por correo.
e. Muchas gracias por todo.
f. Lo habré terminado para el lunes que viene.
g. Me lo ha vendido por 200 euros.
h. Iremos a Madrid por Toledo.
i. Mañana salimos de viaje para Puerto Rico.

🄖 Mit **por** wird der Grund ausgedrückt, mit **para** hingegen der Zweck. **Para** wird unter anderem auch benutzt, um den Empfänger zu bezeichnen und Termine anzugeben. Mit **por** wird das Kommunikationsmittel und der Preis genannt.

🔑 **4. Con oder sin?**

a. A María le gusta el café sin azúcar.
b. A Carlos le gustan las ciudades con playa.
c. A ellos les gusta ir de vacaciones con sus amigos.
d. Hemos trabajado toda la mañana sin hacer ninguna pausa.
e. Esta mañana he corrido 10 kilómetros sin parar ni una sola vez.

🄖 **Con** drückt die Begleitung aus. **Sin** gibt das Nichtvorhandensein einer Person oder Sache an. Besteht die Art und Weise etwas zu tun in der Unterlassung einer Handlung, wird die Form **sin** + Infinitiv verwendet.

Lösungen

🔑 **1. A oder en?**

a. ¿Vas a estar en casa esta tarde?
b. He ido a tu casa pero no estabas.
c. Cuando estoy de vacaciones en Barcelona siempre voy a comer al mismo restaurante.
d. Suecia está en el norte de Europa.
e. Francia está al norte de España.

f. En la isla no hay autobuses.
g. Los juguetes están en el suelo.
h. En la pared hay dos cuadros.
i. En agosto vamos a la playa.
j. Estamos a 15 kilómetros de mi pueblo.

G Auf die Frage wohin? antwortet man im Spanischen immer mit der Präposition a, auf die Frage wo? hingegen immer mit en.

🔑 **2. De oder desde?**

a. richtig
b. falsch → Soy de Venezuela.
c. richtig
d. richtig
e. falsch → Desde aquí no se oye nada.

f. richtig
g. falsch → No he hablado con ella desde el martes.
h. richtig
i. richtig

G Mit der Präposition de wird die Herkunft angegeben, mit desde hingegen der zeitliche oder räumliche Punkt, von dem aus ein Ereignis geschieht. Desde hace gibt eine Zeitspanne an. Mit desde ... hasta .. oder auch de ... a ... werden der Anfangs- und der Endpunkt eines Geschehens vermittelt.

17 Die Konjunktion B1

Yo cuando tomo café no puedo dormir.

Yo, en cambio, no puedo tomar café cuando duermo.

Wenn ich Kaffee trinke, kann ich nicht schlafen. – Ich hingegen kann keinen Kaffee trinken, wenn ich schlafe.

Konjunktionen verbinden Satzglieder oder Sätze miteinander. Sie sind unveränderlich. Man unterscheidet nebenordnende und unterordnende Konjunktionen und teilt sie ihrer Funktion nach in Gruppen.

17.1 Die nebenordnende Konjunktion A1

☼ Nebenordnende Konjunktionen verbinden gleichrangige Sätze, Satzglieder oder Wörter miteinander.
Die wichtigsten nebenordnenden Konjunktionen sind:

y *und*	**pero** *aber*	A2 **ni** *auch nicht*
A2 **(ni) ... ni** *weder ... noch*	**o** *oder*	A2 **sino** *sondern*
(o) ... o *entweder ... oder*		

Ayer invité a Carlos **pero** no vino. *Gestern habe ich Carlos eingeladen, **aber** er ist nicht gekommen.*
No tengo **ni** tiempo **ni** ganas de ir. *Ich habe **weder** Zeit **noch** Lust, dahin zu fahren.*

⚡ Besonderheiten im Gebrauch:
• Die Konjunktion **o** kann vor beiden Möglichkeiten einer Wahl stehen oder nur vor der letzten:
   Vamos **o** al cine **o** al teatro. *Wir gehen **entweder** ins Kino **oder** ins Theater.*
   Vamos al cine **o** al teatro. *Wir gehen ins Kino **oder** ins Theater.*

In Fragesätzen steht **o** jedoch nur vor der letzten von zwei Wahlmöglichkeiten:

¿Vamos al cine o al teatro? *Gehen wir ins Kino oder ins Theater?*
Die Konjunktion **o** wird zu **u**, wenn das darauffolgende Wort mit **o-** oder **ho-** anfängt:

siete u ocho caramelos *sieben oder acht Bonbons*
¿Mujer u hombre? *Frau oder Mann?*

- Die Konjunktion **y** wird zu **e**, wenn das auf sie folgende Wort mit **i-** oder **hi-** beginnt:

Hablo español e inglés. *Ich spreche Spanisch und Englisch.*
Estudian ciencias naturales e historia. *Sie lernen Naturwissenschaften und Geschichte.*

- **Pero** drückt eine Einschränkung aus, während **sino** eine vorher verneinte Aussage verbessert:

No lo conozco mucho pero me cae bien. *Ich kenne ihn nicht gut, aber er ist mir sympathisch.*
No tiene 32 años sino 33. *Er/Sie ist nicht 32 Jahre alt, sondern 33.*

- **Sino** wird zu **sino que**, wenn ein Verb folgt:

No vivimos en Viena sino que trabajamos allí. *Wir wohnen nicht in Wien, sondern wir arbeiten dort.*

17.2 Die unterordnende Konjunktion

☀ Unterordnende Konjunktionen leiten Nebensätze ein. Auf sie folgt sowohl der Indikativ als auch der Subjuntivo (▷ ⑪).

Die Konjunktion que

Que ist die häufigste unterordnende Konjunktion. Mit **que** werden eingeleitet:

- Nebensätze, die Subjekt oder Objekt des Hauptsatzes sind:

Creo que tiene 20 años. *Ich glaube, dass er/sie 20 Jahre alt ist.*
Es probable que venga mañana. *Es ist möglich, dass er/sie morgen kommt.*

- Relativsätze:

Tengo un coche que es muy rápido. *Ich habe einen Wagen, der sehr schnell ist.*
Necesito una secretaria que sepa hablar alemán. *Ich brauche eine Sekretärin, die Deutsch kann.*

Kausale Konjunktionen

B1

A1 porque *da, weil, denn*
como *da, weil*
pues *denn*

B2 puesto que *da, weil, denn*
B2 ya que *da ja, da (nämlich), weil*
A2 es que *nämlich*

No hemos salido **porque** llovía. *Wir sind nicht ausgegangen, **weil** es regnete.*
No me extrañó **puesto que** me lo habíais dicho. *Es wunderte mich nicht, **weil** ihr es mir gesagt hattet.*
No sabíamos nada, **ya que** no nos habían llamado. *Wir wussten nichts, **da** sie uns **nämlich** nicht angerufen hatten.*

- **Como** wird in der Regel benutzt, wenn der Nebensatz dem Hauptsatz vorangestellt ist:
  Como tenía prisa, no te esperé. *Weil ich in Eile war, habe ich nicht auf dich gewartet.*
  Como estaban cansados, se quedaron en casa. *Da sie müde waren, blieben sie zu Hause.*
- **Es que** drückt eine leichte Rechtfertigung oder auch eine Entschuldigung aus:
  ¿Por qué no me habéis llamado? – **Es que** no hemos tenido tiempo. *Warum hat ihr mich nicht angerufen? – Wir haben **leider** keine Zeit gehabt.*

Temporale Konjunktionen

B1

A1 cuando *wenn, als*
B2 antes de que *bevor*
después (de) que *nachdem*
siempre que *immer wenn*
B2 conforme/a medida que *in dem Maße wie*

desde que *seit(dem)*
hasta que *bis*
mientras *während*
B2 en cuanto/tan pronto como *sobald*

Cuando llegamos, ella ya no estaba allí. *Als wir ankamen, war sie nicht mehr dort.*
Cuando lleguemos, ella ya no estará allí. *Wenn wir ankommen, wird sie nicht mehr dort sein.*
Yo estudio **mientras** tú trabajas. *Ich lerne, während du arbeitest.*
Te avisaré **en cuanto** sepa algo. *Ich werde dir Bescheid sagen, sobald ich etwas weiß.*

179

Nos esperaron **hasta que** se hizo de noche. *Sie warteten auf uns,* *bis es dunkel wurde.*

Me saluda **siempre que** me ve por la calle. *Er/Sie begrüßt mich* *immer, wenn er/sie mich auf der Straße sieht.*

No las he vuelto a ver **desde que** se cambiaron de casa. *Ich habe* *sie nicht mehr gesehen, seitdem sie umgezogen sind.*

Se sentían más seguras **a medida que** dominaban el idioma. *Sie* *fühlten sich in dem Maße sicherer, wie sie die Sprache beherrschten.*

B2 Nach antes de que steht immer der Subjuntivo:

Te llamaré **antes de que** te **vayas**. *Ich werde dich anrufen, bevor* *du weggehst.*

Te llamé **antes de que** te **fueras**. *Ich habe dich angerufen, bevor* *du weggegangen bist.*

B2 **Finale Konjunktionen**

Die wichtigsten finalen Konjunktionen sind:

para que *damit*	**a fin de que** *damit*

Nach ihnen steht immer der Subjuntivo:

Le he comprado un coche **para que** vaya a trabajar. *Ich habe ihm/* *ihr ein Auto gekauft, damit er/sie zur Arbeit fahren kann.*

Te lo he dicho **a fin de que** puedas tomar medidas. *Ich habe es dir* *gesagt, damit du Maßnahmen treffen kannst.*

B2 **Konditionale Konjunktionen**

A1 **si** *wenn*	**a no ser que** *es sei denn, dass*
como *wenn*	**en caso de que** *falls*
a condición de que *unter der Bedingung, dass*	
con tal (de) que *vorausgesetzt, dass*	
siempre que/siempre y cuando *vorausgesetzt, dass*	

⚡ **Si** steht abhängig vom Kontext entweder mit Indikativ oder mit Subjuntivo (▷ ⑪):

Si no tienes ganas, no vengas. *Wenn du keine Lust hast, komm* *nicht mit.*

Si no tuviéramos ganas, no iríamos. *Wenn wir keine Lust hätten,* *würden wir nicht gehen.*

Alle anderen konditionalen Konjunktionen erfordern immer den Subjuntivo:

Llámame, **en caso de que** no vayas a venir. *Ruf mich an, **falls** du nicht kommen wirst.*

Te presto el coche, **a condición de que** me lo devuelvas mañana mismo. *Ich leihe dir das Auto **unter der Bedingung, dass** du es mir gleich morgen zurückgibst.*

Me marcho ya, **a no ser que** tú quieras que me quede un poco más. *Ich gehe schon, **es sei denn**, du willst, dass ich noch ein bisschen bleibe.*

Puedes venir conmigo, **siempre y cuando** te portes bien. *Du kannst mit mir kommen, **vorausgesetzt, dass** du dich ordentlich benimmst.*

Te lo contaré **con tal de que** no le digas nada. *Ich werde es dir erzählen, **vorausgesetzt, dass** du ihm/ihr nichts sagst.*

Como no te des prisa, vamos a perder el tren. ***Wenn** du dich nicht beeilst, verpassen wir den Zug.*

Konzessive Konjunktionen   B2

aunque	obwohl, selbst wenn
a pesar de que	obwohl
aun cuando	wenn auch, obwohl, selbst wenn
por más que	wie sehr auch
por muy + Adjektiv + que sea	so + Adjektiv + es sein mag

Mañana haremos la excursión **aunque** llueva. *Morgen werden wir den Ausflug machen, **selbst wenn** es regnet.*

Por muy difícil que sea, tienes que intentarlo. *So schwierig es auch sein mag, du sollst es versuchen.*

Por más que os lo he dicho, no me habéis hecho caso. *Wie inständig ich es euch auch gesagt habe, ihr habt nicht auf mich gehört.*

Nos ayudó mucho, **aun cuando** no nos conocía. *Er/Sie hat uns sehr geholfen, **auch wenn** er/sie uns nicht kannte.*

No se han alegrado **a pesar de que** todo ha salido como habíamos planeado. *Sie haben sich nicht gefreut, **obwohl** alles nach Plan gelaufen ist.*

B2 **Konsekutive Konjunktionen**

de modo que *sodass*	así que *daher, sodass*
de manera que *sodass*	tan + Adjektiv + que
	so + Adjektiv + *dass*

No diré nada **de modo que** sea una sorpresa. *Ich werde nichts sagen, sodass es eine Überraschung wird.*
Estaban **tan cansados que** se fueron a dormir inmediatamente. *Sie waren so müde, dass sie sofort schlafen gingen.*
Llévate los libros hoy, **de manera que** no tengas que volver mañana. *Nimm die Bücher heute mit, sodass du morgen nicht zurückkommen musst.*
Me quedé sin batería, **así que** no pude llamarte. *Mein Akku war leer, daher konnte ich dich nicht anrufen.*

B2 **Modale Konjunktionen**

como *wie*	**B2** como si *als ob*

Lo hemos hecho **como** se debe hacer. *Wir haben es gemacht, wie es sich gehört.*

Auf como si folgt immer der Subjuntivo Imperfekt oder Plusquamperfekt:
Me lo dijo **como si** me estuviera haciendo un favor. *Er/Sie sagte es mir, als ob er/sie mir einen Gefallen tun würde.*
Se nos quedó mirando **como si** hubiéramos dicho una tontería. *Er/Sie schaute uns an, als ob wir eine Dummheit gesagt hätten.*

Übungen

1 **Y** oder **e**, **o** oder **u**?   **A1**
Welche Konjunktion passt? Verbinden Sie die Satzteile mithilfe
einer der angegebenen Konjunktionen.

a. Están aquí Aurora   o   Inglaterra.

b. Hemos invitado a setenta   y   siete cantantes.

c. Actúan seis   e   sus amigas.

d. Había gente de Alemania   y   Alemania.

e. Fuimos a Francia   u   ochenta personas.

2 **Pero** oder **sino**?   **A1**
Verbinden Sie die Sätze mit **pero** oder **sino (que)**.

a. No vive en Alemania. Vive en España.

No vive en Alemania sino en España.

b. No tiene hijos. Tiene muchos sobrinos.

c. Le gusta mucho la música. No sabe cantar.

d. No nació en 1980. Nació en 1981.

e. No se llama Vicente. Se apellida Vicente.

f. Viven juntos. No quieren casarse.

g. No te ha llamado a ti. Me ha llamado a mí.

B1 ❸ **Kausale Konjunktionen**
Ergänzen Sie die Sätze mit den Konjunktionen porque, como
oder es que.

a. .... no me llamabas, pensé que estabas enfadada conmigo.

b. No hicimos la cena .... no tuvimos tiempo.

c. Tú no sabes por qué no te dije nada ¿verdad? Verás, ... se lo
prometí a tu madre.

d. No te explico cómo se hace .... ya lo has hecho muchas
veces.

e. .... estaba enfermo, tuvo que quedarse en casa.

B1 ❹ **Temporale Konjunktionen**
Wählen Sie die richtige temporale Konjunktion.

a. Estuve esperando antes de que / hasta que llegó.

b. No has cambiado nada después de que / desde que te conozco.

c. Pasa a despedirte antes de que / después de que nos vayamos.

d. Quedamos siempre que / a medida que voy a la ciudad.

e. Voy a la piscina cuando / antes de que tengo un rato libre.

B2 ❺ **Konditionale Konjunktionen**
Sind folgende Sätze richtig (✓) oder falsch (✗)?

a. ✓ Te acompaño a condición de que me compres un helado.

b. ✗ Puedes hacerlo si sepas cómo.

c. ▨ Puedes salir esta noche siempre y cuando no vuelvas muy
tarde.

d. ▨ Haremos un viaje a no ser que prefieres quedarte aquí.

e. ▨ En caso de quieras comprarlo, tendrás que ir hoy mismo.

f. ▨ Si quisieras, lo harías.

3. Kausale Konjunktionen

a. Como no me llamabas, pensé que estabas enfadada conmigo.
b. No hicimos la cena porque no tuvimos tiempo.
c. Tú no sabes por qué no te dije nada, ¿verdad? Verás, es que se lo prometí a tu madre.
d. No te explico cómo se hace porque ya lo has hecho muchas veces.
e. Como estaba enfermo, tuvo que quedarse en casa.

> **G** Porque *da, weil* ist die häufigste Kausalkonjunktion. Como *da, weil* steht bei vorangestelltem Nebensatz. Es que *nämlich* gibt einen Grund an, der Rechtfertigung oder Entschuldigung sein kann.

4. Temporale Konjunktionen

a. Estuve esperando hasta que llegó.
b. No has cambiado nada desde que te conozco.
c. Pasa a despedirte antes de que nos vayamos.
d. Quedamos siempre que voy a la ciudad.
e. Voy a la piscina cuando tengo un rato libre.

> **G** Cuando *wenn, als* ist die häufigste Temporalkonjunktion. Hasta que *bis* leitet Nebensätze ein, die den Endpunkt der im Hauptsatz angegebenen Handlung ausdrücken; desde que *seit(dem)* hingegen bezeichnet den Beginn der im Hauptsatz dargestellten Handlung, die bis zum Sprechzeitpunkt dauert. Antes de que *bevor* wird immer mit dem Subjuntivo verwendet. Siempre que *immer wenn* gibt die Wiederholung einer Handlung an.

5. Konditionale Konjunktionen

a. richtig
b. falsch → Puedes hacerlo si sabes cómo.
c. richtig
d. falsch → Haremos un viaje a no ser que prefieras quedarte aquí.
e. falsch → En caso de que quieras comprarlo, tendrás que ir hoy mismo.
f. richtig

> **G** Mit Ausnahme von si *wenn*, das den Indikativ verwendet und nur in irrealen Bedingungssätzen mit Subjuntivo steht, wird nach konditionalen Konjunktionen immer der Subjuntivo gebraucht.

Lösungen

🖉 1. Y oder e, o oder u?

a. Están aquí Aurora y sus amigas.

b. Hemos invitado a setenta u ochenta personas.

c. Actúan seis o siete cantantes.

d. Había gente de Alemania e Inglaterra.

e. Fuimos a Francia y Alemania.

G Die Konjunktion y *und* verbindet gleichrangige Satzteile oder Sätze miteinander. Folgt der Konjunktion y ein Wort, das mit i- oder hi- anfängt, wird y zu e. Die Konjunktion o *oder* drückt eine Auswahl aus. Die Konjunktion o wird zu u, wenn das darauffolgende Wort mit o- oder ho- beginnt.

🖉 2. Pero oder sino?

b. No tiene hijos pero tiene muchos sobrinos.

c. Le gusta mucho la música pero no sabe cantar.

d. No nació en 1980 sino en 1981.

e. No se llama Vicente sino que se apellida Vicente.

f. Viven juntos pero no quieren casarse.

g. No te ha llamado a ti sino a mí.

G Mit pero *aber* wird eine Einschränkung ausgedrückt, mit sino *sondern* hingegen die Verbesserung einer vorher verneinten Aussage. Sino que wird anstelle von sino benutzt, wenn ein Verb folgt.

18 Die Wortfolge im Satz A1

¿Qué haría usted sin mí, señor director?

No lo sé, pero a partir de mañana lo sabré.

Herr Direktor, was würden Sie ohne mich tun? – Das weiß ich nicht, aber ab morgen werde ich es wissen.

ℹ️ Im Gegensatz zum Deutschen ist die Wortstellung im Satz im Spanischen frei und kaum reglementiert.

18.1 Der Aussagesatz A1

☼ Der typische Aussagesatz hat im Spanischen die Struktur:

> **Subjekt + Verb + direktes Objekt + indirektes Objekt + präpositionale und adverbiale Bestimmungen**

Yo como una manzana por la mañana. *Ich esse am Vormittag einen Apfel.*
Tú das los regalos a tus amigos en casa. *Du gibst deinen Freunden die Geschenke zu Hause.*

Personalpronomen als Subjekt lässt man in der Regel weg:
Hemos comido en un restaurante muy bueno. *Wir haben in einem sehr guten Restaurant gegessen.*
Habéis llegado muy pronto. *Ihr seid sehr früh angekommen.*

Steht eine adverbiale Bestimmung an erster Stelle des Satzes, kann das Subjekt vor oder nach dem Verb sowie auch nach der Ergänzung stehen:
Ayer Rosaura preguntó por ti.
Ayer preguntó Rosaura por ti.
Ayer preguntó por ti Rosaura. *Gestern hat Rosaura nach dir gefragt.*

Hat ein Satz keine weitere Ergänzung, wird das Subjekt in der Regel nachgestellt:

Ayer llamó **Rosaura.** *Gestern hat* **Rosaura** *angerufen.*
Anoche vino **tu hermano** de Madrid. *Gestern Abend ist* **dein Bruder** *aus Madrid gekommen.*

⚡ Im Unterschied zum Deutschen stehen die finite Form des Hilfsverbs und das Partizip bei den zusammengesetzten Zeiten immer zusammen:

Este año no **he hecho** ningún viaje. *Dieses Jahr* **habe** *ich keine Reise* **gemacht.**
Ya **hemos estado** antes en esa ciudad. *Wie* **sind** *schon früher in dieser Stadt* **gewesen.**

Objekte können dem Verb zur Hervorhebung vorangestellt werden. In diesem Fall werden sie durch ein unbetontes Pronomen (▶ **6.2**) wiederholt:

He comprado la moto esta mañana. *Ich habe das Motorrad heute Vormittag gekauft.*
La moto la he comprado esta mañana. *Das Motorrad habe ich heute Vormittag gekauft.*
He dado el libro a tu hermano. *Ich habe deinem Bruder das Buch gegeben.*
A tu hermano le he dado el libro. *Deinem Bruder habe ich das Buch gegeben.*

⚡ Unbetonte Pronomen haben eine feste Stellung im Satz, sie stehen immer vor dem Verb:

La he visto esta semana. *Ich habe* **sie** *diese Woche gesehen.*
Me he duchado. *Ich habe* **(mich)** *geduscht.*
◗ Ausnahme: Beim bejahten Imperativ (▶ ⑫) werden die Pronomen an das Verb angehängt:
¡**Dámelo**! *Gib* **es mir**! ¡**Piénsatelo**! *Überleg* **es dir**!

Treten verbale Umschreibungen auf, können sie entweder vor der finiten Verbform stehen oder an ein Gerund bzw. einen Infinitiv angehängt werden:

Le voy a decir la verdad. *Ich werde* **ihm/ihr** *die Wahrheit sagen.*
Voy a decir**le** la verdad. *Ich werde* **ihm/ihr** *die Wahrheit sagen.*

Bei zwei unbetonten Objektpronomen steht das indirekte vor dem direkten Objekt:
Te lo he dado antes. *Ich habe es dir vorher gegeben.*
Nos lo dijeron al llegar. *Man sagte es uns, als wir kamen.*

Werden betonte Pronomen vorangestellt, stehen sie vor unbetonten Pronomen:
A mí me lo han mostrado. *Mir haben sie es gezeigt.*
A vosotros os lo digo. *Euch sage ich es.*

⚡ Im Unterschied zum Deutschen steht das Verb bei Nebensätzen nicht am Ende des Satzes:
La he invitado porque me **parece** muy simpática. *Ich habe sie eingeladen, weil ich sie sehr nett finde.*
Creo que todo **saldrá** bien. *Ich glaube, dass alles gut gehen wird.*

Die Verneinung no (▷ ⑲) steht immer vor dem Verb:
No salgo todos los días a cenar. *Ich gehe nicht jeden Tag zum Abendessen aus.*
No oigo la radio muy a menudo. *Ich höre nicht sehr oft Radio.*

Bei zusammengesetzten Zeiten und verbalen Umschreibungen steht die Verneinung vor der finiten Verbform:
No he comprado el libro que me recomendaste. *Ich habe das Buch nicht gekauft, das du mir empfohlen hast.*
No he dejado de pensar en ti. *Ich habe nicht aufgehört, an dich zu denken.*

Unpersönliche Verben und Konstruktionen haben im Spanischen kein Subjekt:
Llueve. *Es regnet.*
Hace frío. *Es ist kalt.*

Satzteile, die hervorgehoben werden sollen, stehen in der Regel am Satzanfang:
En Panamá no hemos estado nunca. *In Panama sind wir nie gewesen.*
Contigo quería hablar yo de este tema. *Mit dir wollte ich über dieses Thema sprechen.*

A1 18.2 **Der Fragesatz**

☀ Fragesätze beginnen im Spanischen immer mit einem auf dem Kopf stehenden Fragezeichen:

¿Cómo te llamas? *Wie heißt du?*
¿Está libre este asiento? *Ist dieser Platz frei?*

A1 18.2.1 **Die Gesamtfrage**

☀ Die Gesamtfrage wird ohne Fragewort gestellt. Die Antwort darauf lautet entweder **sí** oder **no**:

¿Vienes conmigo? – No, no voy contigo. *Kommst du mit mir? –* ***Nein****, ich komme nicht mit dir.*

¿Vienes conmigo? – Sí, voy contigo. *Kommst du mit mir? –* ***Ja****, ich komme mit dir.*

¿No vienes conmigo? – Sí, voy contigo. *Kommst du nicht mit mir? –* ***Doch****, ich komme mit dir.*

¿No vienes conmigo? – No, no voy contigo. *Kommst du nicht mit mir? –* ***Nein****, ich komme nicht mit dir.*

ℹ Die Bestätigungspartikeln **¿no?** und **¿verdad?** werden im Spanischen häufig ans Ende eines Aussagesatzes gehängt:

Vas a venir, ¿no? *Du kommst mit,* ***oder?***
Es muy bonito, ¿verdad? *Es ist sehr schön,* ***nicht wahr?***

A1 18.2.2 **Die Teilfrage**

☀ Die Teilfrage wird immer durch ein Fragewort eingeleitet. Sie bezieht sich auf einen Teil des Satzes.

Bei Teilfragen steht das Subjekt in der Regel nach dem Verb:

¿Cuántos años tiene tu hija? *Wie alt ist* ***deine Tochter****?*
¿Con quién está hablando el jefe? *Mit wem spricht* ***der Chef*** *gerade?*

➡ In einigen lateinamerikanischen Ländern stellt man das Subjekt dem Verb voran:

¿Cómo tú te llamas? *Wie heißt* ***du****?*
¿Qué tú haces? *Was machst* ***du****?*

Fragewörter tragen immer einen Akzent (▶ **22.2**):

¿Qué han dicho? ***Was*** *haben sie gesagt?*
¿Quién es ese señor? ***Wer*** *ist dieser Herr?*

Die wichtigsten Fragewörter sind:

qué *was, welche/r/s, was für ein(e)*	cuál(es) *was, welche/r/s*
quién/quiénes *wer*	cómo *wie*
adónde *wohin*	dónde *wo*
cuándo *wann*	por qué *warum*

¿**Adónde** vas? *Wo gehst du hin?*
¿**Dónde** estás? *Wo bist du?*
¿**Cuándo** habéis preguntado? *Wann habt ihr gefragt?*
¿**Por qué** lo has hecho? *Warum hast du es getan?*

Mit qué wird nach Sachen gefragt:
¿**Qué** me has traído? *Was hast du mir mitgebracht?*
¿**Qué** CD has comprado? *Welche CD hast du gekauft?*

Mit cuál wird nach Sachen gefragt, wenn eine Auswahl zu treffen ist:
¿**Cuál** de los dos te gusta? *Welcher von beiden gefällt dir?*
¿**Cuáles** son tus platos preferidos? *Welche sind deine Lieblings-gerichte?*

Cuál steht im Unterschied zu qué nie unmittelbar vor dem Substantiv:

qué	cuál
¿**Qué libro** te gusta más? *Welches Buch gefällt dir am besten?*	¿**Cuál de estos libros** te gusta más? *Welches von diesen Büchern gefällt dir am besten?*
¿**Qué** chaqueta te parece mejor? *Welche Jacke findest du besser?*	De estas chaquetas, ¿**cuál** te parece mejor? *Welche von diesen Jacken findest du besser?*

Quién fragt nach Personen. Quiénes ist die Pluralform von quién:
¿**Quién** te ha visto? *Wer hat dich gesehen?*
¿**Quiénes** son esos señores? *Wer sind diese Herren?*
Quién/quiénes wird nur substantivisch verwendet. Soll ein Substantiv auf das Fragewort folgen, muss qué benutzt werden.
¿A **qué chica** te refieres? *Welches Mädchen meinst du?*

Mit cómo wird nach der Art und Weise gefragt:
¿**Cómo** lo has hecho? *Wie hast du es gemacht?*

Wird nach einer Bewertung gefragt, kann anstelle von cómo qué tal benutzt werden:

¿**Qué tal** estuvo la película? *Wie war der Film?*

¿**Qué tal** está tu familia? *Wie geht's deiner Familie?*

Qué tal kann auch ohne Verb benutzt werden:

¿**Qué tal** la película? *Wie war der Film?*

¿**Qué tal** tu familia? *Wie geht's deiner Familie?*

Nach einer Menge fragt man mit cuánto:

- cuánto + Verb:

   ¿**Cuánto** cuesta este libro? *Wie viel kostet dieses Buch?*

   ¿**Cuánto** cuestan estos libros? *Wie viel kosten diese Bücher?*

- cuánto/-a + unzählbares Substantiv:

   ¿**Cuánto** tiempo nos queda? *Wie viel Zeit haben wir noch?*

   ¿**Cuánta** fruta compro? *Wie viel Obst soll ich kaufen?*

- cuántos/-as + zählbares Substantiv:

   ¿**Cuántos** amigos tienes? *Wie viele Freunde hast du?*

   ¿**Cuántas** amigas tienes? *Wie viele Freundinnen hast du?*

B1   18.2.3   **Die indirekte Frage**

Auch bei der indirekten Teilfrage werden Fragewörter verwendet. Sie stehen am Anfang des Nebensatzes. Das Subjekt des Nebensatzes folgt dem Verb:

No sé **por qué** no ha venido **Carmela**. *Ich weiß nicht, **warum Carmela** nicht gekommen ist.*

No me han dicho **cuándo** va a llamar **tu hermano**. *Sie haben mir nicht gesagt, **wann dein Bruder** anrufen wird.*

Die indirekte Gesamtfrage wird durch si eingeleitet. Die Satzstellung ist wie im Aussagesatz:

No sabemos **si** tus padres estarán de acuerdo. *Wir wissen nicht, **ob** deine Eltern einverstanden sein werden.*

Me han preguntado **si** tu novia nació en Honduras. *Sie haben mich gefragt, **ob** deine Freundin in Honduras geboren ist.*

Übungen

1 **Der Aussagesatz** A1
Korrigieren Sie die Wortstellung in den Sätzen.

a. He le preguntado por su familia.

   ....

b. No hemos contestado porque la respuesta no sabíamos.

   ....

c. Habíamos no salido de casa aún cuando nos llamó.

   ....

d. Hemos a la playa ido.

   ....

e. Creo que Isabel en Paraguay ha un mes pasado.

   ....

f. Mañana voy una fiesta a dar.

   ....

2 **Die Stellung der Personalpronomen** A1
Sind folgende Sätze richtig (✓) oder falsch (✗)?

a. ☑ Lo he visto esta mañana.

b. ☒ Ha acompañado nos al gimnasio.

c. ◻ He regalado le un bolso.

d. ◻ Nos ha contado todo.

e. ◻ Os lo hemos advertido.

f. ◻ Voy a os visitar.

g. ◻ Ha traídolo para ti.

h. ◻ Lo nos ha dado después de cenar.

A1 ❸ **Qué** oder **cuál**?
Ergänzen Sie qué oder cuál in den Sätzen.

a. ¿........... prefieres, el rojo o el amarillo?

b. ¿........... color te gusta más?

c. ¿........... días no trabajas?

d. ¿........... son tus canciones preferidas?

e. ¿........... de esos te parece más bonito?

f. ¿De .... me estás hablando? Tienes muchos.

g. ¿........... dices? No te oigo.

A1 ❹ **Cuánto, cuánta, cuántos, cuántas**
Verbinden Sie passende Satzteile.

a. ¿Cuánto   días te quedas?

b. ¿Cuánta   tiempo tenemos?

c. ¿Cuántos   gente hay?

d. ¿Cuántas   cuestan estos tomates?

e. ¿Cuánto   personas han venido?

B1 ❺ **Die indirekte Frage**
Ergänzen Sie den Text.

Sueño con una chica fantástica que vi ayer, pero no sé nada de

ella: no sé .... se llama, ... años tiene, ... vive, ...

trabaja o .... estudia, ... hace en su tiempo libre, ...

le gusta ir al cine, ... libros lee, ... tiene novio, ... es

simpática, ... hace deporte, ... es su música preferida,

.... idiomas habla, ... tiene hermanos, ... le gustaría

conocerme.

3. Qué oder cuál?

a. ¿Cuál prefieres, el rojo o el amarillo?
b. ¿Qué color te gusta más?
c. ¿Qué días no trabajas?
d. ¿Cuáles son tus canciones preferidas?
e. ¿Cuál de esos te parece más bonito?
f. ¿De cuál me estás hablando? Tienes muchos.
g. ¿Qué dices? No te oigo.

> **G** Mit qué *was (für ein)/welche(r/s)* und cuál *was/welche(r/s)* wird nach Sachen gefragt. Cuál wird bei der Auswahl innerhalb einer Gruppe verwendet. Während qué unveränderlich ist, hat cuál eine Pluralform: cuáles.

4. Cuánto, cuánta, cuántos, cuántas

a. ¿Cuánto tiempo tenemos?
b. ¿Cuánta gente hay?
c. ¿Cuántos días te quedas?
d. ¿Cuántas personas han venido?
e. ¿Cuánto cuestan estos tomates?

> **G** Mit cuánto *wie viel* wird nach der Menge gefragt. Cuánto + Verb ist unveränderlich. Cuánto/-a wird mit unzählbaren Substantiven verwendet, cuántos/-as hingegen mit zählbaren Substantiven.

5. Die indirekte Frage

Sueño con una chica fantástica que vi ayer, pero no sé nada de ella: no sé cómo se llama, cuántos años tiene, dónde vive, si trabaja o si estudia, qué hace en su tiempo libre, si le gusta ir al cine, qué libros lee, si tiene novio, si es simpática, si hace deporte, cuál es su música preferida, qué idiomas habla, si tiene hermanos, si le gustaría conocerme.

> **G** Die indirekte Teilfrage wird mit einem Fragewort eingeleitet, die indirekte Gesamtfrage hingegen mit si *ob*. Bei der indirekten Gesamtfrage bleibt die Satzstellung des Aussagesatzes erhalten.

Lösungen

🔖 1. Der Aussagesatz

a. Le he preguntado por su familia.
b. No hemos contestado porque no sabíamos la respuesta.
c. No habíamos salido de casa aún cuando nos llamó.

d. Hemos ido a la playa.
e. Creo que Isabel ha pasado un mes en Paraguay.
f. Mañana voy a dar una fiesta.

G Bei zusammengesetzten Zeiten stehen die finite Form des Hilfsverbs und das Partizip unmittelbar zusammen. Bei Nebensätzen steht das Verb nicht am Satzende.

🔖 2. Die Stellung der Personalpronomen

a. richtig
b. falsch → Nos ha acompañado al gimnasio.
c. falsch → Le he regalado un bolso.
d. richtig
e. richtig

f. falsch → Os voy a visitar./ Voy a visitaros.
g. falsch → Lo ha traído para ti.
h. falsch → Nos lo ha dado después de cenar.

G Unbetonte Personalpronomen stehen immer vor dem Verb. Bei verbalen Umschreibungen können sie entweder vor die finite Verbform gesetzt oder an den Infinitiv bzw. das Gerund angehängt werden. Das indirekte Objekt steht vor dem direkten Objekt.

19 Die Verneinung A1

Sie dürfen nicht privat telefonieren, wenn Sie arbeiten. – Ach, kein Problem, ich arbeite gerade nicht.

19.1 Die einfache Verneinung A1

Aussagen werden mit **no** verneint:
No están en casa. *Sie sind **nicht** zu Hause.*
No quiero comer. *Ich will **nicht** essen.*

Auf Gesamtfragen wird ebenfalls mit **no** geantwortet:
¿Tienes que trabajar? – **No**. *Musst du arbeiten? – **Nein**.*
¿Tienes que trabajar? – **No**, **no** tengo que trabajar. *Musst du arbeiten? – **Nein**, ich muss **nicht** arbeiten.*

Im Spanischen wird in der Regel das Verb und damit der ganze Satz verneint. Anders als im Deutschen wird nicht der Artikel bzw. das Substantiv verneint. Das ist z. B. bei unzählbaren Substantiven der Fall:
No nos queda fruta. *Wir haben **kein** Obst mehr.*
No tengo hambre. *Ich habe **keinen** Hunger.*

Da das Indefinitpronomen **ninguno** *kein(e)* nur im Singular benutzt werden kann, wird das Verb verneint, wenn das Substantiv im Plural steht:
No tengo hijos. *Ich habe **keine** Kinder.*
No tengo amigos franceses. *Ich habe **keine** französischen Freunde.*

No steht immer vor dem Verb:
No cocino todos los días. *Ich koche **nicht** jeden Tag.*

El año pasado **no** fui a la montaña. *Letztes Jahr bin ich **nicht** in die Berge gefahren.*

Eso **no** está bien hecho. *Das ist **nicht** gut gemacht.*

Bei zusammengesetzten Zeiten steht no immer vor der finiten Form des Hilfsverbs:

Hoy **no** he cocinado. *Heute habe ich **nicht** gekocht.*

Esta semana **no** he ido a (A2) nadar. *Diese Woche bin ich **nicht** schwimmen gegangen.*

Bei verbalen Umschreibungen steht no ebenfalls vor der finiten Verbform:

No voy a ir al cine. *Ich werde **nicht** ins Kino gehen.*

No deberías decírselo a ella. *Du solltest es ihr **nicht** sagen.*

⚡ Kommen im Satz unbetonte Personalpronomen vor, tritt no seine Stellung vor dem Verb an diese ab. Es steht dann an zweiter Stelle vor dem Verb:

No te lo voy a repetir. *Ich werde **es dir nicht** wiederholen.*

No nos lo quiere contar. *Er/Sie will **es uns nicht** erzählen.*

(A2) Werden im Satz sowohl unbetonte als auch betonte Personalpronomen verwendet, steht no nach den betonten und vor den unbetonten Pronomen:

A mí **no** me lo ha dicho. *Mir hat er/sie es **nicht** gesagt.*

A nosotros **no** nos interesa ese tema. *Uns interessiert dieses Thema **nicht**.*

A ti **no** te hemos llamado. *Dich haben wir **nicht** angerufen.*

(B2) Beim Verb poder *können* bestimmt die Stellung der Verneinung über die Bedeutung des Satzes:

Ella puede **no** llamar. ***Es ist möglich**, dass sie **nicht** anruft.*

Aber: Ella **no** puede llamar. *Sie kann **nicht** anrufen.*

Podemos **no** decir nada. *Wir haben die **Möglichkeit, nichts** zu sagen.*

Aber: **No** podemos decir nada. *Wir können **nichts** sagen.*

No kann wie im Deutschen in Fragesätzen auch statt in verneinender Funktion zur Bekräftigung oder Bestätigung benutzt werden:

¡Qué bonito! ¿**no**? *Wie schön! **Nicht wahr**?*

¿**No** es maravilloso? *Ist es **nicht** wunderbar?*

no ... sino *nicht ... sondern* todavía no/no ... todavía *noch nicht*	ya no ... *nicht mehr* en absoluto *überhaupt nicht,* *überhaupt kein*

- No ... sino *nicht ... sondern ...* wird zum Anschluss einer positiven Aussage auf eine verneinte Aussage verwendet:
  No vive en España **sino** en Alemania. *Er/Sie wohnt **nicht** in Spanien, **sondern** in Deutschland.*
  No tenemos hambre **sino** sueño. *Wir sind **nicht** hungrig, **sondern** müde.*
  No ... sino wird zu no ... sino que, wenn ein Verb folgt:
  No trabaja **sino que** estudia en la universidad. *Er/Sie arbeitet **nicht**, **sondern** studiert an der Universität.*
  No fui a la fiesta **sino que** me quedé en casa. *Ich bin **nicht** auf die Party gegangen, **sondern** ich bin zu Hause geblieben.*
- Ya no ... gibt an, dass eine Handlung oder ein Zustand nicht mehr besteht:
  ¿Ya no quieres venir? *Willst du **nicht mehr** mitkommen?*
  Ya no me gusta. *Es gefällt mir **nicht mehr**.*
- Todavía no .../no ... todavía drückt aus, dass die Handlung noch nicht stattgefunden hat:
  Marisa **no** ha llegado **todavía**. *Marisa ist **noch nicht** gekommen.*
  Marcelo **todavía no** ha vuelto. *Marcelo ist **noch nicht** zurückgekommen.*
- En absoluto kann als verneinende Antwort auf eine Frage oder zur **B1**
  Bekräftigung einer Verneinung verwendet werden:
  ¿Te **B2** arrepientes? – **En absoluto**. *Bereust du es? – Überhaupt nicht.*
  No me **B2** apetece **en absoluto** salir a cenar con él. *Ich habe überhaupt keine Lust, mit ihm zum Abendessen auszugehen.*

No kann in Fragesätzen auch benutzt werden, um Vorschläge zu machen:
Esta tarde vamos al cine, **¿no** quieres venir? *Heute Nachmittag gehen wir ins Kino, willst du **nicht** mitkommen?*
¿Qué hacemos este verano? – ¿Por qué **no** hacemos un viaje? *Was machen wir diesen Sommer? – Warum machen wir **nicht** eine Reise?*

B2 ⚡ **No** steht ohne negative Bedeutung:
- in Nebensätzen mit **hasta que** *bis*:
  No me marcharé hasta que no me des una respuesta. *Ich werde nicht weggehen bis du mir eine Antwort gibst.*
  No dejaré de buscarlo hasta que no lo encuentre. *Ich werde nicht aufhören, es zu suchen, bis ich es gefunden habe.*
- bei einigen Komparativsätzen nach **que**:
  Me parece más bonita esta camisa que no esa otra. *Ich finde dieses Hemd schöner als das andere.*
  Me gusta más la música clásica que no la pop. *Ich mag klassische Musik lieber als Pop.*
- bei manchen Ausrufesätzen:
  ¡Qué no habría hecho yo por ti! *Was hätte ich nicht für dich getan!*
  ¡Qué no dirán! *Was Sie (nicht) alles sagen werden!*
- mit Verben, die Angst oder Zweifel ausdrücken:
  Temo no vaya a enfadarse conmigo. *Ich befürchte, er wird mir böse sein.*
  No sé si no he perdido las llaves. *Ich glaube, ich habe die Schlüssel verloren.*

Das Hinzufügen von **no** in den genannten Fällen und Sätzen ist jedoch fakultativ, alle Sätze können auch ohne **no** gebildet werden:
No dejaré de buscarlo hasta que lo encuentre. *Ich werde nicht aufhören, es zu suchen, bis ich es gefunden habe.*
Me gusta más la música clásica que la pop. *Ich mag klassische Musik lieber als Pop.*
¡Qué dirán! *Was Sie alles sagen werden!*
Temo (que) vaya a enfadarse conmigo. *Ich befürchte, er wird mir böse sein.*

Auch andere Negationswörter können mit positiver Bedeutung verwendet werden:
Es más rápido que nadie. *Er ist schneller als sonst jemand.*
Me gusta más que nada. *Es gefällt mir besser als sonst etwas.*

B2 Im Spanischen gibt es Konstruktionen, die ohne die Zuhilfenahme eines Negationsworts Sätze mit negativer Bedeutung hervorbringen können:

En mi vida he visto algo igual. *Ich habe in meinem ganzen Leben* **noch nicht** *so etwas gesehen.*
En todo el día he hablado con él. *Ich habe den ganzen Tag* **nicht** *mit ihm gesprochen.*

19.2 Die doppelte Verneinung

A1

❶ Im Spanischen kommt die doppelte Verneinung (durch zwei verneinende Elemente) häufig vor. Das Deutsche dagegen kennt keine doppelte Verneinung.

Neben **no** gibt es im Spanischen folgende verneinenden Adverbien, Konjunktionen und Indefinitpronomen:

no ... ni ... *weder ... noch ...*	**(no ...) nadie** *niemand*
(no ...) ni siquiera *nicht einmal*	**(no ...) ninguno/-a** *keine/r/s, niemand*
(no ...) nunca *nie*	**(no ...) tampoco** *auch nicht*
(no ...) nada *nichts*	**(no ...) jamás** *nie*

Diese Verneinungsformen können dem Verb sowohl voran- als auch nachgestellt werden.

Bei der einfachen Verneinung stehen sie vor dem Verb:
Nunca antes había estado allí. *Ich war* **nie** *vorher dort gewesen.*
Jamás he sido tan feliz. *Ich bin* **nie** *vorher so glücklich gewesen.*
Nada ha pasado. *Nichts ist passiert.*
Nadie lo sabe. *Niemand weiß es.*
Ninguno de ellos ha hablado. *Keiner von ihnen hat gesprochen.*
Tampoco nosotros lo hemos visto. *Wir haben es* **auch nicht** *gesehen.*

⚡ Treten diese Adverbien, Konjunktionen und Pronomen im Satzgefüge nach dem Verb auf, muss **no** als doppelte Verneinung vor dem Verb stehen:
No había estado allí **nunca** antes. *Ich war* **nie** *vorher dort gewesen.*
No he sido **jamás** tan feliz. *Ich bin* **nie** *vorher so glücklich gewesen.*
No ha pasado **nada**. *Es ist* **nichts** *passiert.*
No lo sabe **nadie**. *Niemand weiß es.*
No ha hablado **ninguno** de ellos. *Keiner von ihnen hat gesprochen.*
Nosotros **no** lo hemos visto **tampoco**. *Wir haben es* **auch nicht** *gesehen.*

L! Zwar ist sowohl die Voranstellung als auch die Nachstellung grundsätzlich grammatikalisch korrekt. Die Voranstellung ist jedoch stilistisch nicht immer akzeptabel. Im Zweifelsfall ist die doppelte Verneinung, d. h. die Nachstellung zu empfehlen.

Ninguno wird vor maskulinen Substantiven zu **ningún**:
No he leído **ningún** periódico. *Ich habe **keine** Zeitung gelesen.*
No sé tocar **ningún** instrumento. *Ich kann **kein** Musikinstrument spielen.*
No practico **ningún** deporte. *Ich treibe **keinen** Sport.*

B2 In verneinten Sätzen kann **alguno/-a** anstelle von **ninguno/-a** benutzt werden. Es wird dem Substantiv nachgestellt.
No he leído novela **alguna**. *Ich habe **keinen** Roman gelesen.*
No tuvimos posibilidad **alguna**. *Wir hatten **keine** Chance.*
No recibieron regalo **alguno**. *Sie bekamen **kein** Geschenk.*

Mit **ni** werden weitere Substantive, Satzteile u. a. verneint. Es kann vor allen verneinten Elementen stehen:
No quiero agua **ni** zumo. *Ich möchte **weder** Wasser **noch** Saft.*
No es alto **ni** bajo. *Er ist **weder** groß **noch** klein.*
Ni es guapo **ni** es simpático **ni** es amable. *Er ist **weder** hübsch **noch** sympathisch **noch** freundlich.*

Ni siquiera *nicht einmal* wird zur Bekräftigung einer Verneinung verwendet:
No tengo **ni siquiera** coche. *Ich habe **nicht einmal** ein Auto.*
Ni siquiera sé qué voy a decirle. *Ich weiß **nicht einmal**, was ich ihm/ihr sagen werde.*

⚡ Im Spanischen können mehrere Negationswörter in einem Satz – selbst in Reihe hintereinander – verwendet werden:
Yo **no** he visto **tampoco nunca nada** igual. *Ich habe (**auch**) **noch niemals** etwas Vergleichbares gesehen.*
No hemos dicho **nunca nada a nadie**. *Wir haben **niemals jemandem** etwas gesagt. (... **keiner Menschenseele ein Sterbenswörtchen** gesagt.)*

Übungen

1 Die Verneinung A1
Antworten Sie auf die Fragen mit einer verneinten Antwort.

a. ¿Has comprado jamón?

....

b. ¿Has venido con ellas?

....

c. ¿Vosotras tenéis sed?

....

d. ¿Su amigo es alemán?

....

e. ¿Tu hermana es alta?

....

2 Die Wortstellung bei der Verneinung A1
Ordnen Sie die Wörter zu sinnvollen Sätzen.

a. visto / no / he / te

....

b. me / no / saludado / a mí / ha

....

c. limpiar / voy a / lo / no

....

d. bien / eso / me / no / parece

....

e. en ello / habéis / no / pensado

....

❸ Ya no oder todavía no?
Ergänzen Sie die folgenden Sätze mit den Verneinungen ya no oder todavía no.

a. .... ha empezado la película.

b. Estudio chino desde hace poco y .... hablo muy bien.

c. No sé nada de él: .... vamos a la misma escuela de idiomas.

d. ¿........... te has levantado?

❹ Die doppelte Verneinung
Sind folgende Sätze richtig (✓) oder falsch (✗)?

a. ✓ No he visto a nadie.

b. ✗ He hablado con ninguno.

c. ▢ Yo lo he hecho tampoco.

d. ▢ Voy a verla nunca.

e. ▢ Nunca he estado allí.

f. ▢ Ni siquiera sabemos qué ha pasado.

❺ Die mehrfache Verneinung
Sagen Sie das Gegenteil.

a. Te cuento todo.

No te cuento nada.

b. Nos vemos siempre.

c. A ti también te gusta siempre.

d. Veo todas las películas de acción siempre.

🔑 **3. Ya no oder todavía no?**

a. Todavía no ha empezado la película.

b. Estudio chino desde hace poco y todavía no hablo muy bien.

c. No sé nada de él: ya no vamos a la misma escuela de idiomas.

d. ¿Todavía no te has levantado?

G Todavía no *noch nicht* drückt aus, dass eine Handlung noch nicht stattgefunden hat, ya no *nicht mehr* hingegen, dass eine Handlung/ein Zustand schon aufgehört hat.

🔑 **4. Die doppelte Verneinung**

a. richtig

b. falsch → No he hablado con ninguno.

c. falsch → Yo no lo he hecho tampoco.

d. falsch → No voy a verla nunca.

e. richtig

f. richtig

G Die Negationswörter nadie *niemand*, nunca *nie*, nada *nichts*, ninguno *niemand/keiner*, jamás *nie*, ni siquiera *nicht einmal* und tampoco *auch nicht* können vor oder nach dem Verb stehen. Stehen sie nach dem Verb, muss die Verneinung no (vor dem Verb) hinzugefügt werden.

🔑 **5. Die mehrfache Verneinung**

b. No nos vemos nunca.

c. A ti tampoco te gusta nunca.

d. No veo ninguna película de acción nunca.

G Eine doppelte Verneinung bedeutet im Spanischen keine Bejahung. Aus diesem Grund können im Spanischen zwei und mehrere Negationswörter in einem Satz benutzt werden.

Lösungen

🔑 1. Die Verneinung

a. No, no he comprado jamón.

b. No, no he venido con ellas.

c. No, nosotras no tenemos sed.

d. No, su amigo no es alemán.

e. No, mi hermana no es alta.

G No wird sowohl zur Verneinung einer Aussage als auch als Antwort auf eine Gesamtfrage verwendet. Im Spanischen wird in der Regel das Verb verneint.

🔑 2. Die Wortstellung bei der Verneinung

a. No te he visto.

b. A mí no me ha saludado./No me ha saludado a mí.

c. No voy a limpiarlo./No lo voy a limpiar.

d. Eso no me parece bien.

e. No habéis pensado en ello.

G Die Verneinung no steht vor dem Verb oder vor den unbetonten Personalpronomen. Bei verbalen Umschreibungen und zusammen-gesetzten Zeiten steht no vor der finiten Verbform.

20 Die indirekte Rede

Me caso con tu ex novio.

No me sorprende: cuando le dejé me dijo que haría una tontería.

Ich heirate deinen Ex. – Das wundert mich nicht: Als ich ihn verlassen habe, sagte er, dass er eine Dummheit machen würde.

ℹ️ Mit der indirekten Rede wird das wiedergegeben, was eine andere Person gesagt hat. Im einleitenden Haupsatz stehen meist Verben wie **decir** *sagen*, **contar** *erzählen*, **afirmar** *behaupten*, **preguntar** *fragen*, **contestar** *antworten*, **responder** *antworten*, **asegurar** *versichern*:
Dicen que tienen sueño. *Sie sagen, dass sie müde seien.*
Han contestado que no saben nada. *Sie haben geantwortet, dass sie nichts wüssten.*
Afirma que no estaba allí. *Er/Sie behauptet, dass er/sie nicht dort gewesen sei.*

⚡ Die indirekte Rede wird mit der Konjunktion que *dass* eingeleitet. Im Unterschied zur Konjunktion *dass* im Deutschen kann que nicht entfallen:
Asegura que no tiene nada **que** ver en el asunto. *Er/Sie versichert, dass er/sie nichts mit der Sache zu tun habe. Er/Sie versichert, er/sie habe nichts mit der Sache zu tun.*

◑ Ausnahme: Bei der Wiedergabe von Fragen kann die Konjunktion que weggelassen werden. Das Fragepronomen muss immer wiederholt werden:
Pregunta (que) dónde vives. *Er/Sie fragt, wo du wohnst.*

Die Wiedergabe von Gesamtfragen wird mit si eingeleitet:
Pregunta (que) **si** vas a volver. *Er/Sie fragt, **ob** du zurückkommen wirst.*

⚡ Anders als im Deutschen findet im Spanischen in der indirekten Rede in der Regel keine Modusänderung statt.

In der indirekten Rede steht der Modus, der auch in der direkten Rede verwendet wurde:

Direkte Rede: Indikativ → Indirekte Rede: Indikativ
"He estado de vacaciones en España." *„Ich bin im Urlaub in Spanien gewesen."* **Dice que ha estado** de vacaciones en España. *Er/Sie sagt, dass er/sie im Urlaub in Spanien gewesen sei.*

Direkte Rede: Subjuntivo → Indirekte Rede: Subjuntivo
"No creo que llueva." *„Ich glaube nicht, dass es regnen wird."* **Dice que no cree que llueva.** *Er/Sie sagt, dass er/sie nicht glaube, dass es regnen werde.*

B2 20.1 Die Zeitenfolge

☀ Die Zeitenfolge in der indirekten Rede, d. h. der Wechsel der Zeit bei der Umwandlung der direkten Rede in die indirekte, ist vom einleitenden Verb abhängig.

- Steht das einleitende Verb im Hauptsatz im Präsens, Perfekt oder Futur, bleiben die Zeiten der direkten Rede erhalten:

Direkte Rede	Indirekte Rede
	Ella **dice/ha dicho/dirá** que *Sie sagt/hat gesagt/wird sagen, dass*
"Jaime **está** en casa." *„Jaime ist zu Hause."*	… Jaime **está** en casa. … *Jaime zu Hause sei.*
"Jaime **había estado** en casa." *„Jaime war zu Hause gewesen."*	… Jaime **había estado** en casa. … *Jaime zu Hause gewesen sei.*
"Jaime **estará** en casa." *„Jaime wird zu Hause sein."*	… Jaime **estará** en casa. … *Jaime zu Hause sein werde.*
"Jaime **estaría** en casa." *„Jaime war wahrscheinlich zu Hause."*	… Jaime **estaría** en casa. … *Jaime wahrscheinlich zu Hause gewesen sei.*
"Lo haré cuando **tenga** tiempo." *„Ich werde es tun, wenn ich Zeit habe."*	… lo hará cuando **tenga** tiempo. … *er/sie es tun werde, wenn er/sie Zeit habe.*

⚡ Der Imperativ wird in der indirekten Rede mit dem Subjuntivo Präsens wiedergegeben, wenn das einleitende Verb im Präsens, Perfekt oder Futur steht:

Direkte Rede	Indirekte Rede
"¡Levántate!" „Steh auf!"	Ha dicho que te levantes. Er/Sie hat gesagt, dass du aufstehen soll(e)st.
"¡Ponte el abrigo!" „Ziehe den Mantel an!"	Dice que te pongas el abrigo. Er/Sie sagt, du soll(e)st den Mantel anziehen.

• Steht das einleitende Verb im Hauptsatz im Indefinido, Imperfekt oder Plusquamperfekt, verändern sich die Zeiten in der indirekten Rede wie folgt:

Direkte Rede	Indirekte Rede
	Él dijo/decía/había dicho que Er sagte/hatte gesagt, dass
Präsens →	Imperfekt
"María está en casa." „María ist zu Hause."	… Maria estaba en casa. … María zu Hause sei.
Imperfekt →	Imperfekt
"María estaba en casa." „María war zu Hause."	… María estaba en casa. … María zu Hause gewesen sei.
Perfekt →	Plusquamperfekt
"María ha estado en casa." „María ist zu Hause gewesen."	… María había estado en casa. … María zu Hause gewesen sei.
Indefinido →	Plusquamperfekt
"María estuvo en casa." „María war zu Hause."	… María había estado en casa. … María zu Hause gewesen sei.
Plusquamperfekt →	Plusquamperfekt
"María había estado en casa." „María war zu Hause gewesen."	… María había estado en casa. … María zu Hause gewesen sei.

| Futur I | → | Konditional I |

"María estará en casa."
*„María **wird** zu Hause **sein**."*

... María estaría en casa.
*... María zu Hause **sein werde**.*

| Futur II | → | Konditional II |

"María **habrá estado** en casa." *„María* **wird** wohl zu Hause **gewesen sein**."*

... María **habría estado** en casa. *... María wohl zu Hause **gewesen sein werde**.*

| Konditional I | → | Konditional I |

"María **estaría** en casa."
*„María **war** wahrscheinlich zu Hause."*

... María **estaría** en casa. *... María wahrscheinlich zu Hause **gewesen sei**.*

| Konditional II | → | Konditional II |

"María **habría estado** en casa." *„María* **war** wahrscheinlich zu Hause **gewesen**."*

... María **habría estado** en casa. *... María wahrscheinlich zu Hause **gewesen sei**.*

| Subjuntivo Präsens | → | Subjuntivo Imperfekt |

"Lo haré cuando **tenga** tiempo."
*„Ich werde es tun, wenn ich Zeit **habe**."*

Dijo que lo haría cuando **tuviera** tiempo. *Er/Sie sagte, er/sie werde es machen, wenn er/sie Zeit **habe**.*

| Subjuntivo Imperfekt | → | Subjuntivo Imperfekt |

"Lo haría si **tuviera** tiempo."
*„Ich würde es tun, wenn ich Zeit **hätte**."*

... lo haría si **tuviera** tiempo. *... er/sie es machen würde, wenn er/sie Zeit **hätte**.*

| Subjuntivo Plusquamperfekt | → | Subjuntivo Plusquamperfekt |

"Lo habría hecho si **hubiera tenido** tiempo." *„Ich hätte es getan, wenn ich Zeit **gehabt hätte**."*

... lo habría hecho si **hubiera tenido** tiempo. *... er/sie hätte es gemacht, wenn er/sie Zeit **gehabt hätte**.*

⚡ Der Imperativ wird mit dem Subjuntivo Imperfekt wiedergegeben, wenn das einleitende Verb im Indefinido, Imperfekt oder Plusquamperfekt steht:

Direkte Rede	Indirekte Rede
"¡**Levánta**te!" *„**Steh auf!**"*	Dijo que te **levantaras**. *Er/Sie sagte, dass du **aufstehen soll(e)st**.*
"¡**Ponte** el abrigo!" *„**Zieh(e) den Mantel an!**"*	Decía que te **pusieras** el abrigo. *Er/Sie sagte, du **soll(e)st** den Mantel **anziehen**.*

20.2 Die Änderung von Personen-, Orts- und Zeitangaben B1

Beim Wechsel von der direkten in die indirekte Rede muss in erster Linie die Person des Subjektpronomens und damit einhergehend die Personalendung des Verbs angepasst werden:

"**(Yo)** no **voy** a hacerlo." | Dijo que **(él/ella)** no **iba** a hacerlo.
„Ich werde es nicht machen." | *Er/Sie sagte, dass er/sie es nicht machen werde.*
| Oder: Dijiste que **(tú)** no ibas a hacerlo.
| *Du sagtest, du werdest es nicht machen.*

Die Personal- und Possesivpronomen der 1. und 2. Person ändern sich gegebenenfalls wie folgt:

"**Escríbeme** un correo electrónico." *„Schreib mir eine E-Mail."* | Dijiste que **te** escribiera un correo electrónico. *Du sagtest, ich solle dir eine E-Mail schreiben.*
| Oder: Dijo que **le** escribiera un correo electrónico. *Er/Sie sagte, dass ich ihm/ihr eine E-Mail schreiben solle.*

"**Mi** hija estudia Medicina." | Dijiste que **tu** hija estudiaba Medicina.
„Meine Tochter studiert Medizin." | *Du sagtest, dass deine Tochter Medizin studiere.*
| Oder: **(Él/Ella)** dijo que **su** hija estudiaba Medicina. *Er/Sie sagte, das seine/ihre Tochter Medizin studiere.*

Orts- und Zeitangaben ändern sich folgendermaßen:

direkte Rede		indirekte Rede
aquí/acá *hier*	→	allí/allá *dort*
allí/allá *dort*	→	aquí/acá *hier*
ahora *jetzt*	→	entonces *damals*
		en aquel/ese momento *in jenem/diesem Moment*
hoy *heute*	→	ayer *gestern*
		aquel/ese día *an jenem/diesem Tag*

ayer *gestern*	→	anteayer *vorgestern*
		el día anterior *am Tag zuvor*
mañana *morgen*	→	hoy *heute*
		al día siguiente *am Tag darauf*
esta mañana usw. *heute Vormittag*	→	ayer por la mañana *gestern Vormittag*
		aquella/esa mañana *an jenem/ diesem Vormittag*
la próxima semana usw. *nächste Woche*	→	esta semana *diese Woche*
		a la semana siguiente *in der Woche darauf*
la semana pasada usw. *letzte Woche*	→	la semana anterior *in der Woche zuvor*

"Nos veremos **la próxima semana.**"	Dijo que nos veríamos **a la semana siguiente.**
*„Wir werden uns **nächste Woche** sehen."*	*Er/Sie sagte, dass wir uns **in der Woche darauf** sehen würden.*

Einige Verben, die auf den Raum verweisen, ändern sich beim Wechsel in die indirekte Rede ebenfalls:

direkte Rede		indirekte Rede
ir *gehen*	→	venir *(her)kommen*
llevar *bringen*	→	traer *(her)bringen*
venir *(her)kommen*	→	ir *gehen*
traer *(her)bringen*	→	llevar *bringen*

"Mañana te **llevaré** el vestido."	Ayer dijo que hoy me **traería** el vestido.
*„Morgen werde ich dir das Kleid **bringen**."*	*Gestern sagte er/sie, dass er/sie mir heute das Kleid **bringen** werde.*
"Mañana **iré** a verte." *„Morgen werde ich dich besuchen **gehen**."*	Me dijo que al día siguiente **vendría** a verme. *Er/Sie sagte, dass er/sie mich am Tag darauf besuchen **kommen** werde.*

Übungen

1 Das einleitende Verb B1
Formen Sie die Sätze in indirekte Rede um. Verwenden Sie dabei folgende einleitenden Verben im Perfekt.

contestar / decir / preguntar / asegurar

a. Tengo que salir de viaje.

....

b. De verdad, no tienes nada de que preocuparte, todo está controlado.

....

c. ¿Estas esperando un hijo?

....

d. No, no estoy embarazada.

....

2 Hauptsatz im Präsens, Perfekt oder Futur B2
Wählen Sie die richtige Form.

a. "No sé cuándo voy a poder volver a mi país."
Me ha dicho que no sabe / sabría cuándo va / iba a poder volver a su país.

b. "¿Cuánto tiempo hace que no te tomas unas vacaciones?"
Me ha preguntado que cuánto tiempo hace / había hecho que no me tomo / tomaba unas vacaciones.

c. "¿Lo harías si te lo propusieran?"
Te pregunta que si lo harías / habrías hecho si te lo propusieran / hubieran propuesto.

d. "Si hubieran llegado, seguramente ya habrían llamado."
Dirá que si hubieran / habrían llegado, seguramente ya habrían / habrán llamado.

B2

3 Hauptsatz im Indefinido, Imperfekt oder Plusquamperfekt
Ergänzen Sie die Sätze mit folgenden Verben.

tuviera / hiciera / aceptaría / habíamos llegado / sería / tenía

a. Me dijo que lo .... al día siguiente.

b. Nos preguntó que cómo .... allí aquel día.

c. Nos informó de que nuestra solicitud .... tramitada en los días siguientes.

d. Me contaba que si .... menos años .... el traslado.

e. Me había dicho que ese año no .... planes para viajar.

B2

4 Änderung von Personen-, Orts- und Zeitangaben
Was hat Marisa ihrer Freundin vor ein paar Monaten gesagt?
Setzen Sie den Text in die indirekte Rede.

"El jueves de esta semana, o sea, mañana, tengo una entrevista de trabajo muy importante. Si sale bien me tendré que trasladar a Uruguay. Pero ¡qué despistada que soy!, hoy no es miércoles, sino martes. Entonces si quieres puedes venir mañana a verme para despedirnos, porque es probable que me marche la próxima semana. ¿Qué te parece?"

Marisa me llamó hace tiempo y me dijo que ....

....

También me dijo que ....

También se asombró de lo despistada que era porque ....

....

Me dijo que entonces si quería ....

....

Me preguntó ....

3. Hauptsatz im Indefinido, Imperfekt oder Plusquamperfekt

a. Me dijo que lo hiciera al día siguiente.

b. Nos preguntó que cómo habíamos llegado allí aquel día.

c. Nos informó de que nuestra solicitud sería tramitada en los días siguientes.

d. Me contaba que si tuviera menos años aceptaría el traslado.

e. Me había dicho que ese año no tenía planes para viajar.

> **G** Steht das einleitende Verb im Indefinido, Imperfekt oder Plusquamperfekt, müssen die Verben in der indirekten Rede zurückgesetzt werden. Die einzigen Zeiten, die unverändert bleiben, sind Imperfekt, Plusquamperfekt und Konditional I und II.

4. Änderung von Personen-, Orts- und Zeitangaben

Marisa me llamó hace tiempo y me dijo que el jueves de esa semana, o sea, al día siguiente, tenía una entrevista de trabajo muy importante. También me dijo que si salía bien se tendría que trasladar a Uruguay. También se asombró de lo despistada que era porque ese día no era miércoles, sino martes. Me dijo que entonces si quería podía ir a verla al día siguiente para despedirnos porque era probable que se marchara a la semana siguiente. Me preguntó qué me parecía.

> **G** Auf den Raum oder die Zeit verweisende Ausdrücke sowie Personal- und Possessivpronomen müssen teilweise in der indirekten Rede an den neuen Bezugsraum bzw. an die neue Bezugszeit angepasst werden.

Lösungen

🔑 1. Das einleitende Verb

a. Me ha dicho que tiene que salir de viaje.

b. Me ha asegurado que no tengo nada de que preocuparme, que todo está controlado.

c. Me ha preguntado (que) si estoy esperando un hijo.

d. Me ha contestado que no está embarazada.

G Die häufigsten einleitenden Verben der indirekten Rede sind decir *sagen*, asegurar *versichern*, preguntar *fragen*, contestar *antworten*, responder *antworten*. Die indirekte Rede wird durch que *dass* eingeleitet. Que kann nur bei indirekten Fragen weggelassen werden.

🔑 2. Hauptsatz im Präsens, Perfekt oder Futur

a. Me ha dicho que no sabe cuándo va a poder volver a su país.

b. Me ha preguntado que cuánto tiempo hace que no me tomo unas vacaciones.

c. Te pregunta que si lo harías si te lo propusieran.

d. Dirá que si hubieran llegado, seguramente ya habrían llamado.

G Steht das einleitende Verb im Präsens, Perfekt oder Futur, bleiben die Zeiten in der indirekten Rede unverändert. Der Subjuntivo wird nur dann benutzt, wenn er in der direkten Rede verwendet wird bzw. bei der Übernahme von Imperativen.

21 Das Zahlwort

Escribe el número más grande que puedas escribir.

Schreib die größte Zahl, die du schreiben kannst.

21.1 Die Kardinalzahl

Formen

Die Kardinalzahlen bis 29 werden zusammengeschrieben:

0	cero	1	uno/-a	2	dos
3	tres	4	cuatro	5	cinco
6	seis	7	siete	8	ocho
9	nueve	10	diez	11	once
12	doce	13	trece	14	catorce
15	quince	16	dieciséis	17	diecisiete
18	dieciocho	19	diecinueve	20	veinte
21	veintiuno/-a	22	veintidós	23	veintitrés
24	veinticuatro	25	veinticinco	26	veintiséis
27	veintisiete	28	veintiocho	29	veintinueve

He estado **veinticuatro** días enfermo. *Ich bin* **vierundzwanzig** *Tage krank gewesen.*
Tengo **dieciséis** nietos. *Ich habe* **sechzehn** *Enkelkinder.*

Kardinalzahlen sind unveränderlich.
⚡ Ausnahme: Die Zahl uno richtet sich im Genus nach dem Bezugswort:
un vaso de vino y **dos** botellines de cerveza *ein Glas Wein und* **zwei** *Flaschen Bier*

una A2 lechuga y **dos** tomates *ein Kopfsalat und zwei Tomaten*
Vor maskulinen Substantiven wird **uno** zu **un**:

un kilo *ein Kilo*   **un** euro *ein Euro*

Dies betrifft auch alle zusammengesetzten Zahlen mit **uno**.
Es erfolgt aber keine Anpassung im Numerus:

veintiún euros *einundzwanzig Euro*

cuarenta y un tenedores *einundvierzig Gabeln*

Hemos visto **treinta y una** películas españolas. *Wir haben einunddreißig spanische Filme gesehen.*

Han pasado **noventa y un** días. *Es sind einundneunzig Tage vergangen.*

Von 31 bis 99 werden die Kardinalzahlen getrennt geschrieben. Dazwischen steht die Konjunktion **y** *und*:

			uno/-a
30	treinta		dos
40	cuarenta		tres
50	cincuenta	y	cuatro
60	sesenta		cinco
70	setenta		seis
80	ochenta		siete
90	noventa		ocho
			nueve

Tengo **treinta y ocho** años. *Ich bin achtunddreißig Jahre alt.*
Cuesta **sesenta y nueve** euros. *Es kostet neunundsechzig Euro.*

100	cien	500	quinientos/-as
101	ciento uno/-a	600	seiscientos/-as
200	doscientos/-as	700	setecientos/-as
300	trescientos/-as	800	ochocientos/-as
400	cuatrocientos/-as	900	novecientos/-as

⚡ Nur 100 heißt **cien**. Ab 101 wird **ciento** gebraucht:

En la exposición había **cien** cuadros. *In der Ausstellung gab es hundert Bilder.*

Mi abuela tiene **ciento dos** años. *Meine Großmutter ist hundert-(und)zwei Jahre alt.*

⚡ Von 200 bis 900 sind die Kardinalzahlen in Genus veränderlich:
Necesito **doscientos** ejemplares de ese libro. *Ich brauche zwei-*
hundert Exemplare dieses Buches.
Había **trescientas** sillas. *Es gab dreihundert Stühle.*

☀ Die Konjunktion y steht nur zwischen den Zahlen des Zehner-
blocks und den Einern:
setecientos ochenta **y** cinco *siebenhundertfünfundachtzig*
novecientos noventa **y** nueve *neunhundertneunundneunzig*

1.000	mil
2.000	dos mil
10.000	diez mil
100.000	cien mil
500.000	quinientos mil
1.000.000	un millón
1.000.000.000	mil millones
1.000.000.000.000	un billón

Mil ist unveränderlich:
mil setecientas estudiantes *eintausendsiebenhundert Studentinnen*
el año **mil** novecientos noventa y nueve *das Jahr neunzehnhundert-*
neunundneunzig

⚡ Zwischen millón/billón bzw. millones/billones und dem darauf
folgenden Substantiv steht die Präposition de:
un millón **de** visitantes *eine Million Besucher*
dos billones **de** euros *zwei Billionen Euro*

Beachten Sie, dass die Hunderter immer in Genus (genauso wie die
auf uno endenden Zehner) angepasst werden müssen:
221.581.375 habitantes: doscientos veintiún millones quinientos
ochenta y **un** mil trescientos setenta y cinco habitantes
zweihunderteinundzwanzig Millionen fünfhunderteinundachtzig-
tausenddreihundertfünfundsiebzig Einwohner
331.868.471 personas: trescientos treinta y **un** millones
ochocientas sesenta y ocho mil cuatrocientas setenta y **una**
personas *dreihunderteinunddreißig Millionen achthundertachtund-*
sechzigtausendvierhunderteinundsiebzig Personen

Gebrauch

Die Kardinalzahlen werden im Spanischen gebraucht:
- um eine Menge anzugeben:

  Tengo **cinco** hermanos. *Ich habe fünf Geschwister.*
  He comprado **veinte** sobres. *Ich habe zwanzig Briefumschläge gekauft.*
- bei der Angabe der Uhrzeit:

  Son las **cinco y veinte**. *Es sind fünf Uhr zwanzig.*
  Llegamos a las **once menos cinco**. *Wir kommen um fünf vor elf an.*

Anders als im Deutschen werden sie auch verwendet:
- bei Datumsangaben:

  el **20** (veinte) de junio *der 20. Juni*
  el **8** (ocho) de abril *der 8. April*
- bei Jahrhunderten:

  en el siglo **XXI** *im 21. Jahrhundert*
  en el siglo **veintiuno** *im einundzwanzigsten Jahrhundert*
- bei Namen von Königen, Päpsten usw. ab dem 11.:

  Papa Benedicto XVI *Papst Benedict XVI.*
  Papa Benedicto **Dieciséis** *Papst Benedict der Sechzehnte*
- bei uno/-a de cada + Kardinalzahl:

  uno de cada tres alumnos *jeder dritte Schüler*
  una de cada cinco ciudades *jede fünfte Stadt*

A2   21.2   **Die Ordinalzahl**

ⓘ Mit den Ordinalzahlen wird die Reihenfolge ausgedrückt.
Sie antworten auf die Frage der Wievielte …?

Formen

primero/-a *erste/r/s*	segundo/-a *zweite/r/s*
tercero/-a *dritte/r/s*	cuarto/-a *vierte/r/s*
quinto/-a *fünfte/r/s*	sexto/-a *sechste/r/s*
séptimo/-a *siebte/r/s*	octavo/-a *achte/r/s*
noveno/-a *neunte/r/s*	décimo/-a *zehnte/r/s*
undécimo/-a *elfte/r/s*	duodécimo/-a *zwölfte/r/s*
décimo tercero/-a *dreizehnte/r/s*	décimo cuarto/-a *vierzehnte/r/s*

vigésimo/-a *zwanzigste/r/s*	**trigésimo/-a** *dreißigste/r/s*
cuadragésimo/-a *vierzigste/r/s*	**quincuagésimo/-a** *fünfzigste/r/s*
sexagésimo/-a *sechzigste/r/s*	**septuagésimo/-a** *siebzigste/r/s*
octogésimo/-a *achtzigste/r/s*	**nonagésimo/-a** *neunzigste/r/s*
centésimo/-a *hundertste/r/s*	**milésimo/-a** *tausendste/r/s*

Primero und **tercero** werden zu **primer** bzw. **tercer**, wenn sie vor einem maskulinen Substantiv im Singular stehen:
el **primer** cumpleaños *der erste Geburtstag*
el **tercer** piso *das dritte Stockwerk*

Die Ordinalzahlen sind in Genus und Numerus veränderlich:
el **cuarto** autobús *der vierte Bus*
la **cuarta** lección *das vierte Lektion*
los **primeros** días *die ersten Tage*
las **primeras** horas *die ersten Stunden*

Die Ordinalzahlen werden im Spanischen nicht mit einem Punkt am Ende gekennzeichnet, sondern mit der hochgestellten Endung **-o** bzw. **-a**:
la **31ª** asamblea *die 31. Versammlung,* el **25°** premio *der 25. Preis*

Gebrauch
ⓘ Im Spanischen sind nur die Ordinalzahlen von **primero** bis **décimo** gebräuchlich. Ab **undécimo** werden sie fast ausschließlich in der geschriebenen Sprache verwendet.
In der gesprochenen Sprache verwendet man eher auf das Substantiv folgende Kardinalzahlen: **el grupo trece** *die Gruppe dreizehn.*

Ordinalzahlen benutzt man wie im Deutschen:
• zur Angabe der Reihenfolge:
   Hoy he hecho el **quinto** examen. *Heute habe ich die fünfte Prüfung abgelegt.*
   Ella ocupa el **vigésimo segundo** puesto. *Sie besetzt den zweiundzwanzigsten Platz.*
• ⚡ Bei Namen von Königen und Päpsten bis zum 10. Dabei steht kein Artikel vor der Kardinalzahl:
   Carlos **Quinto** *Karl der Fünfte*
   Enrique **Cuarto** *Heinrich der Vierte*

A1 21.3   **Das Datum und die Uhrzeit**

⚡ Das Datum wird im Spanischen mit Kardinalzahlen angegeben:
cuatro de mayo *vierter Mai*

Tag, Monat und Jahr werden durch die Präposition **de** verbunden:
20 **de** enero **de** 2008 *20. Januar 2008*

Datumsergänzungen werden ohne einleitende Präposition nur mit Artikel verwendet:
Nací **el** 3 de agosto de 1981. *Ich bin **am** 3. August 1981 geboren.*

¿Qué hora es? *Wie spät ist es? Wie viel Uhr ist es?*
Son ...   **las** dos (en punto) *(Punkt) zwei*
Es ist ...   **las** dos **y** cinco/veinte *fünf/zwanzig **nach** zwei*
las dos **y** cuarto *Viertel **nach** zwei*
las dos **y** media *halb drei*
las tres **menos** veinte/diez *zwanzig/zehn **vor** drei*
las tres **menos** cuarto *Viertel **vor** drei*

Zeitangaben bis zur halben Stunde werden mit **y** *und* gemacht.
Ab der halben Stunde wird **menos** *weniger* benutzt:
Son las siete **y** cuarto. *Es ist Viertel **nach** sieben.*
Son las siete **menos** cuarto. *Es ist Viertel **vor** sieben.*

⚡ Bei ein Uhr steht das Verb im Singular:
Es la una menos cuarto. *Es ist Viertel vor eins.*
Es la una y media. *Es ist halb zwei.*

☀ Nach der Uhrzeit, zu der etwas geschieht, wird wie folgt gefragt und geantwortet:
¿**A** qué hora quedamos? *Um wie viel Uhr treffen wir uns?*
A las 5. *Um 5 Uhr.*
A la 1. *Um 1 Uhr.*

Übungen

1 Die Kardinalzahlen von 1 bis 30 A1
Ergänzen Sie die Sätze mit den angegebenen Zahlen.

un / uno / una / dos / dieciséis / veintiún / veintiuno

a. Tengo veinte años y la semana que viene cumplo ....

b. .... café, por favor.

c. Quince más .... es igual a ....

d. No sé nada de él desde hace .... días.

e. Siempre compro .... o .... barras de pan.

2 Die Kardinalzahlen von 30 bis 99 A1
Schreiben Sie die in Klammern angegebenen Zahlen aus.

a. Hace (45) .... días que no nos vemos.

b. Esta mesa mide (51) .... centímetros.

c. Me han hecho exactamente (31) .... preguntas.

d. Han participado aproximadamente (97) .... coches.

e. Tiene (79) .... años.

3 Die Kardinalzahlen ab 100 A1
Schreiben Sie die angegebenen Zahlen aus.

a. 120 alumnos ....

b. 132 alumnas ....

c. 585 casas ....

d. 1.580 días ....

e. 135. 411 españolas ....

f. 1.100.000 animales ....

g. 233.632.991 palabras ....

A2

④ Die Ordinalzahlen
Schreiben Sie die angegebenen Zahlen in Ziffern.

a. Vigésima segunda edición ....

b. décimo cuarto aniversario ....

c. nonagésimo primer día ....

d. septuagésima octava asamblea ....

e. quinto examen ....

f. noveno día ....

A1

⑤ Das Datum und die Uhrzeit
**Antworten Sie mit den in Klammern angegebenen Informationen
auf die Fragen.**

a. ¿Cuándo naciste? (25.01.1982)

....

b. ¿Qué hora es? (13.05)

....

c. ¿A qué hora quedamos? (19.30)

....

d ¿Ya son las siete menos cinco? (18.50)

....

e. ¿Cuándo se casó tu hija? (15.05.1999)

....

f. ¿Cuándo nació su nieto? (03.10.2006)

....

g. ¿En qué fecha descubrió Cristobal Colón América? (12.10.1492)

....

🔑 4. Die Ordinalzahlen

a. 22ª
b. 14°
c. 91°

d. 78ª
e. 5°
f. 9°

> **G** Die Ordinalzahlen sind veränderlich im Genus und Numerus. In Ziffern werden sie mit hochgestellter Endung -o für das Maskulinum bzw. -a für das Femininum geschrieben.

🔑 5. Das Datum und die Uhrzeit

a. Nací el 25 de enero de 1982.
b. Es la una y cinco.
c. A las siete y media.
d. No, son las siete menos diez.
e. Mi hija se casó el 15 de mayo de 1999.

f. Mi/Su nieto nació el 3 de octubre de 2006.
g. Cristobal Colón descubrió América el 12 de octubre de 1492.

> **G** Das Datum wird im Spanischen mit Kardinalzahlen angegeben. Bei der Angabe von Uhrzeiten steht das Verb – außer bei ein Uhr – im Plural.

Lösungen

🔑 1. Die Kardinalzahlen von 1 bis 30

a. Tengo veinte años y la semana que viene cumplo veintiuno.
b. Un café, por favor.
c. Quince más uno es igual a dieciséis.

d. No sé nada de él desde hace veintiún días.
e. Siempre compro una o dos barras de pan.

G Uno ist im Genus veränderlich. Uno und veintiuno werden vor maskulinen Substantiven zu un bzw. veintiún, vor femininen zu una und veintiuna. Die Kardinalzahlen bis 29 werden zusammengeschrieben.

🔑 2. Die Kardinalzahlen von 30 bis 99

a. Hace cuarenta y cinco días que no nos vemos.
b. Esta mesa mide cincuenta y un centímetros.
c. Me han hecho exactamente treinta y una preguntas.

d. Han participado aproximadamente noventa y siete coches.
e. Tiene setenta y nueve años.

G Von 30 bis 99 werden die Kardinalzahlen getrennt geschrieben und durch y verbunden. Zusammensetzungen mit uno passen sich im Genus an das Bezugswort an: vor maskulinen Substantiven steht un, vor femininen una.

🔑 3. Die Kardinalzahlen ab 100

a. ciento veinte alumnos
b. ciento treinta y dos alumnas
c. quinientas ochenta y cinco casas
d. mil quinientos ochenta días
e. ciento treinta y cinco mil cuatrocientas once españolas

f. un millón cien mil animales
g. doscientos treinta y tres millones seiscientas treinta y dos mil novecientas noventa y una palabras

G Die Hunderter ab 200 sind im Genus veränderlich. Die Konjunktion y steht nur zwischen Zehnern und Einern.

22 Die Rechtschreibung A1

Was bedeutet warum? – Warum! – Weil ich es gerne wissen will.

22.1 Die Buchstaben und Laute A1

Das spanische Alphabet umfasst folgende Buchstaben:

A a	B b	C c	Ch ch	D d	E e	F f	G g	H h	I i
J j	K k	L l	Ll ll	M m	N n	Ñ ñ	O o	P p	Q q
R r	S s	T t	U u	V v	W w	X x	Y y	Z z	

Ch, ll und rr sind Digrafen, d. h. Verbindungen von zwei Buchstaben, die einen einzigen Laut wiedergeben. Sie können bei der Silbentrennung nicht getrennt werden:

co-che *Wagen*   ca-lle *Straße*   pe-rro *Hund*

Im Spanischen entspricht jeder Buchstabe weitgehend einem Laut. Es gibt jedoch Laute, die mit verschiedenen Konsonanten wiedergegeben werden können:
Der Laut [k] kann geschrieben werden:

- c + a, o, u: casa ['kasa] *Haus*, coche ['kotʃe] *Wagen*,
  A2 cuadro ['kuadro] *Bild*
- qu + e, i: Q wird immer zusammen mit einem u geschrieben, wobei das u stumm ist. Auf qu können nur e oder i folgen:
  queso ['keso] *Käse*, quien ['kien] *wer*
- k + Vokal: Der Buchstabe k kommt im Spanischen nur selten vor. Manche Wörter können auch mit c oder qu geschrieben werden:
  kárate ['karate] *Karate*, kilo ['kilo], quilo ['kilo] *Kilo*, koala [ko'ala], coala [ko'ala] *Koala*, kurdo ['kurdo], curdo ['kurdo] *Kurde*

Der Laut [θ] wird geschrieben:

- c + e, i: **cena** [ˈθena] *Abendessen*, **cine** [ˈθine] *Kino*
- z + Vokal: **zapato** [θaˈpato] *Schuh*, **zoo** [θo] *Zoo*, **zumo** [ˈθumo] *Saft*
  Es gibt nur ganz wenige Wörter, die mit **ze**, **zi** geschrieben werden: **zeta** [ˈθeta] *Z*, **Zimbabue** [θimˈbabue] *Simbabwe*

Der Laut [b] wird geschrieben:

- b + Vokal, r, l: **A2** **barco** [ˈbarco] *Schiff*, **botella** [boˈteʎa] *Flasche*, **Brasil** [braˈsil] *Brasilien*, **blusa** [ˈblusa] *Bluse*
- v + Vokal: **vacaciones** [bakaˈθiones] *Urlaub*,
  A2 **vecino** [beˈθino] *Nachbarn*, **vida** [ˈbida] *Leben*, **vocal** [boˈkal] *Vokal*, **vuestro** [ˈbuestro] *euer*

Der Laut [x] wird geschrieben:

- g + e, i: **general** [xeneˈral] *generell*, **gimnasio** [xinˈnasio] *Fitnesscenter*
- j + Vokal: **jamón** [xaˈmon] *Schinken*, **jefe** [ˈxefe] *Chef*, **jirafa** [xiˈrafa] *Giraffe*, **joven** [ˈxoben] *jung*, **juntos** [ˈxuntos] *zusammen*

Der Laut [g] wird geschrieben:

- g + a, o, u: **gato** [ˈgato] *Katze*, **goma** [ˈgoma] *Radiergummi*, **guante** [ˈguante] *Handschuh*
- gu + e, i: Das **u** ist stumm: **guerra** [ˈgerra] *Krieg*, **guitarra** [giˈtarra] *Gitarre*
  Soll das **u** bei **gue** und **gui** ausgesprochen werden, muss mit Trema (zwei Punkten) **güe** geschrieben werden: **nicaragüense** [nikaraˈguense] *nicaraguanisch*, **pingüino** [pinˈguino] *Pinguin*

Der Laut [rr] wird geschrieben:

- r am Wortanfang: **radio** [ˈradio] *Radio*, **regalo** [reˈgalo] *Geschenk*, **rojo** [ˈroxo] *rot*
- rr: kommt nur zwischen Vokalen vor: **terraza** [teˈrraθa] *Terrasse*, **perro** [ˈperro] *Hund*

A2 ## 22.2 Der Akzent

Der Akzent dient im Spanischen zur Anzeige von betonten Silben. Er verändert die Aussprache eines Vokals nicht.

Entsprechend ihrer Betonung lassen sich Wörter in drei Gruppen untergliedern. Akzente werden dabei wie folgt gesetzt:

- Wörter, die auf der letzten Silbe betont werden, schreibt man mit Akzent, wenn sie auf Vokal, **-n** oder **-s** enden:

café *Kaffee*   canción *Lied*   francés *französisch*

reloj *Uhr*   abril *April*   **B1** amor *Liebe*

➕ Die meisten Substantive auf **-on** werden auf der letzten Silbe betont und tragen daher einen Akzent:

melocotón *Pfirsich*   pantalón *Hose*   solución *Lösung*

• Wörter, die auf der vorletzten Silbe betont werden, schreibt man mit Akzent, wenn sie auf Konsonant – **-n** und **-s** ausgenommen – enden:

azúcar *Zucker*   árbol *Baum*   difícil *schwer*

oficina *Büro*   examen *Prüfung*   libros *Bücher*

• Wörter, die auf der vorvorletzten Silbe betont werden, schreibt man immer mit Akzent:

teléfono *Telefon*   médico *Arzt*   número *Nummer*

⚡ Im Plural bleibt die Betonung auf der gleichen Silbe wie im Singular. Jedoch ändert sich die Position der betonten Silbe durch das Hinzufügen der Pluralendung **-es**. Das hat zur Folge, dass der Akzent bei den auf Konsonant endenden Wörtern der 1. und der 2. Gruppe überflüssig wird und ausfallen muss bzw. notwendig werden kann und nun gesetzt werden muss:

canción → canciones   francés → franceses

joven → jóvenes   examen → exámenes

⚡ Werden Personalpronomen an den Infinitiv, das Gerund oder den bejahten Imperativ angehängt, wird die Zusammensetzung als ein einziges Wort betrachtet. Die betonte Silbe des Verbs wird beibehalten. Je nach deren Position kann ein Akzent erforderlich werden:

diga + me + lo   →   dígamelo

aber: di + lo   →   dilo

Ist bei solchen Kombinationen die viertletzte Silbe betont, wird immer ein Akzent gesetzt:

preguntando + nos + lo   →   preguntándonoslo

agradeciendo + se + lo   →   agradeciéndoselo

Adverbien auf **-mente** behalten die betonte Silbe des Adjektivs und unter Umständen auch den Akzent bei:

fácil → fácilmente, difícil → difícilmente

amable → amablemente, afortunado → afortunadamente

⚡ **B1** Stoßen zwei Vokale aufeinander, können sie eine einzige Silbe bilden, wenn sie sich zu einem Diphthong verbinden. Es können daraus aber auch zwei Silben resultieren.

Zur Bildung von zwei Silben kommt es dann, wenn die Vokale **a**, **e**, **o** aufeinander treffen, die keine Diphthonge bilden:

me-di-te-rrá-ne-o *Mittelmeer*   **ma-e**s-tro *Lehrer* **ca-o**s *Chaos*

Treffen die Vokale **a**, **e**, **o** mit den Vokalen **i**, **u** zusammen, verbinden sie sich zum Diphthong und folglich zu einer einzigen Silbe:

hue**-vo** *Ei*   **ha-bi-ta-ció**n *Zimmer*

Auch die Vokale **i**, **u** bilden zusammen eine einzige Silbe:

hui**r** *fliehen*   **c**ui**-da-do** *Vorsicht*

Tragen Silben mit Diphthong einen Akzent, wird dieser auf die Vokale **a**, **e** und **o** bzw. bei **-iu-** und **-ui-** auf den zweiten Vokal (**-iú-/-uí-**) gesetzt:

te-néis *ihr habt*   **cuí-da-te** *pass auf dich auf*   **tam-bié**n *auch*

◗ Ausnahme: Bei einigen Wörtern liegt die Betonung nicht auf den Vokalen **a**, **e**, **o**, sondern auf **i** oder **u**. In diesen Fällen setzt man immer einen Akzent:

dí-a *Tag*   **rí-o** *Fluss*   **pa-í**s *Land*   **re-ú-ne** *sammelt*

☀ Einsilbige Wörter tragen in der Regel keinen Akzent. Es gibt jedoch eine Reihe von einsilbigen Wörtern, die mit Akzent geschrieben werden, um sie von anderen gleichlautenden Wörtern zu unterscheiden.

In diesem Fall gibt der Akzent nicht die Betonung, sondern die Bedeutung an:

ohne Akzent	mit Akzent
el (Artikel) *der*	él (Personalpronomen) *er*
tu (Possessivpronomen) *dein*	tú (Personalpronomen) *du*
mi (Possessivpronomen) *mein*	mí (Personalpronomen) *mich, mir*
de (Präposition) *von*	dé (Verb) *geben*
mas (Konjunktion) *aber*	más (Adverb) *mehr*
te (Personalpronomen) *dich, dir*	té (Substantiv) *Tee*
se (Reflexivpronomen) *sich*	sé (Verb) *ich weiß, sei*
si (konditionale Konjunktion) *wenn*	sí (Adverb, Personalpronomen) *ja, sich*

¿Tú no comes con **tu** familia? *Isst du nicht mit deiner Familie?*
La carta es de **mi** hermano para **mí**. *Der Brief ist von meinem
Bruder für mich.*
No **sé** si **se** han despedido ya. *Ich weiß nicht, ob sie sich schon
verabschiedet haben.*

Auch einige mehrsilbige Wörter gehören zu dieser Gruppe:

ohne Akzent	mit Akzent
como (Konjunktion) *wie*	cómo (als Fragewort) *wie*
cuando (Konjunktion) *wenn, als*	cuándo (als Fragewort) *wann*
quien (Relativpronomen) *wer*	quién (Interrogativpronomen) *wer*
este/-a, ese/-a, aquel/la (adjektivische Demonstrativpronomen) *diese/r/s*	éste/-a, ése/-a, aquél/la (substantivische Demonstrativpronomen) *diese/r/s*
solo (Adjektiv) *allein*	sólo (Adverb) *nur*

Cuando llegue, pregúntale **cuándo** nos va a invitar.
Wenn er kommt, frag ihn, wann er uns einladen wird.
Vive **solo** desde hace **sólo** un mes.
Er wohnt erst seit einem Monat allein.

Bei substantivisch benutzten Demonstrativpronomen muss der
Akzent nur dann gesetzt werden, wenn die substantivische Funktion
nicht eindeutig erkennbar ist. In unmissverständlichen Fällen kann er
entfallen:
¿Con qué dependienta has hablado? ¿Con aquella/aquélla?
Mit welcher Verkäuferin hast du gesprochen? Mit dieser dort?
Der Akzent bei **aquella** ist optional, da die substantivische Funktion
deutlich ist.
¿Por qué ha traído aquella comida? kann mit *Warum hat er/sie
dieses Essen mitgebracht?* oder: *Warum hat sie („diese Frau") Essen
mitgebracht?* übersetzt werden.
Aber **¿Por qué ha traído aquélla comida?** nur mit *Warum hat sie
(„diese Frau") Essen mitgebracht?*
Im ersten Satz kann **aquella** adjektivisch und substantivisch
verstanden werden und sich folglich auf das Essen bzw. auf die
Überbringerin beziehen. Im letzten Satz kann es sich nur auf die
Überbringerin beziehen.

Interrogativpronomen und als Fragewort benutzte Adverbien tragen immer einen Akzent, auch bei indirekten Fragen:
¿Qué quieres? *Was willst du?*
No sé **qué** quieres. *Ich weiß nicht, was du willst.*

Por qué *warum* wird als Interrogativpronomen in Fragesätzen verwendet. Man antwortet darauf mit porque *(darum) weil*.
¿Por qué me has llamado? – **Porque** quería hablar contigo.
Warum hast du mich angerufen? – Weil ich mit dir sprechen wollte.

A1 22.3   **Die Groß- und Kleinschreibung**

Im Unterschied zum Deutschen werden Substantive im Spanischen kleingeschrieben: casa *Haus*, coche *Wagen*.

Großgeschrieben werden:
• Eigennamen sowie das erste Wort eines Satzes:
  Sonia Casado. *Sonia Casado.*
  El artículo del periódico es muy interesante. *Der Zeitungsartikel ist sehr interessant.*
• im Unterschied zum Deutschen werden Briefanfänge nach der Anrede groß geschrieben:
  Querido Carlos: **E**spero que estés bien. *Lieber Carlos, ich hoffe, dass es dir gut geht.*
• abgekürzte Höflichkeitsformen:
  Sra. Inés *Frau Inés*, aber: **señora** Inés *Frau Inés*
  D. Carlos Gómez *Herr Carlos Gómez*, aber: **don** Carlos Gómez *Herr Carlos Gómez*

⚡ Bei **ch, ll, gu** und **qu** wird nur der erste Buchstabe groß geschrieben:
Guinea *Guinea*
Llegaron muy pronto. *Sie kamen sehr früh an.*
Chacón no está aquí. *Chacón ist nicht hier.*
Quiero verte. *Ich will dich sehen.*

Übungen

1 **Buchstaben und Laute** A1
Ordnen Sie folgende Wörter in die passende Gruppe ein.

casa	cien	zumo	general	kilo
guerra	que	zanahoria	guante	gente
cena	cuando	guitarra	cerilla	Kenia
gimnasio	Juan	Guinea	joven	gato

[k]	[θ]	[x]	[g]
....	....	....	....
....	....	....	....
....	....	....	....
....	....	....	....
....	....	....	....

2 **Die Akzentsetzung** A2
Setzen Sie wo nötig Akzente an den hervorgehobenen
betonten Stellen.

a. La comida del hotel me sento fatal.

b. El piloto del helicoptero no era frances sino aleman.

c. En verano me gusta comer melon con jamon.

d. Mis amigos son de America del Sur, de Peru.

e. No me gusta escribir con lapiz sino con boligrafo.

f. De pequeños ibamos a nadar los sabados.

g. Jose es mecanico de automoviles.

h. El autobus llego con veintidos minutos de retraso.

i. Mi profesor de musica canto ayer villancicos populares en
Barcelona.

B1 ❸ **Die Akzentsetzung: Diphthonge**
Trennen Sie die Wörter in Silben und setzen Sie wo nötig Akzente.

aereo	zapateria	farmacia	miercoles	habitaciones
euro	septiembre	adios	Colombia	conferencia

a-é-re-o

A2 ❹ **Der bedeutungstragende Akzent**
Wählen Sie das richtige Wort.

a. ¿Has venido solo / sólo?

b. El / Él no es mi novio.

c. ¿Cuando / Cuándo nos vemos?

d. ¿Te / Té apetece un te / té?

e. Mi / Mí madre me lo ha dado a mi / mí.

f. No se lo de / dé usted de / dé parte mía.

g. No se / sé si podremos acabar hoy.

h. Si / Sí quieres puedes dejarlo aquí.

A1 ❺ **Groß- und Kleinschreibung**
Lesen Sie den Brief und verbessern Sie die Groß- und Kleinschreibung.

querido carlos:
el Martes de la semana pasada me encontré con alberto piñedo. ¿te acuerdas de él? era nuestro compañero en la escuela. ha terminado los estudios y ahora trabaja en el Diario el mundo con la sra. alejandra, tu vecina del piso de estudiantes.
besos. carmen

3. Die Akzentsetzung: Diphthonge

a-é-re-o, za-pa-te-rí-a, far-ma-cia, miér-co-les, ha-bi-ta-cio-nes,

eu-ro, sep-tiem-bre, a-diós, Co-lom-bia, con-fe-ren-cia

G Die spanischen Diphthonge sind ai, au, ia, ua, ei, eu, ie, ue, oi, ou, io, uo, iu, ui. Sie folgen den allgemeinen Regeln der Akzentsetzung. Die Vokale a, e, o bilden beim Zusammentreffen keinen Diphthong.

4. Der bedeutungstragende Akzent

a. ¿Has venido solo?
b. Él no es mi novio.
c. ¿Cuándo nos vemos?
d. ¿Te apetece un té?

e. Mi madre me lo ha dado a mí.
f. No se lo dé usted de parte mía.
g. No sé si podremos acabar hoy.
h. Si quieres puedes dejarlo aquí.

G Bei einigen gleichlautenden einsilbigen Wörtern entscheidet der Akzent über die jeweilige Bedeutung. Interrogativpronomen tragen immer einen Akzent, auch bei indirekten Fragen.

5. Groß- und Kleinschreibung

Querido Carlos:
El martes de la semana pasada me encontré con Alberto Piñedo. ¿Te acuerdas de él? Era nuestro compañero en la escuela. Ha terminado los estudios y ahora trabaja en el diario El Mundo con la Sra. Alejandra, tu vecina del piso de estudiantes.
Besos. Carmen

G Substantive werden im Spanischen kleingeschrieben. Das erste Wort eines Satzes wird immer großgeschrieben, genauso wie das Wort, das der Anrede eines Briefes folgt. Film-, Zeitungs-, Bildernamen usw. schreibt man ebenfalls groß.

Lösungen

🔖 1. Buchstaben und Laute

[k]	[θ]	[x]	[g]
casa	cien	general	guerra
kilo	zumo	gente	guante
que	zanahoria	gimnasio	guitarra
cuando	cena	Juan	Guinea
Kenia	cerilla	joven	gato

G Bis auf einigen Ausnahmen, wie z.B. [k], [θ], [x], [g], wird im Spanischen jeder Laut mit einem einzigen Buchstaben wiedergegeben.

🔖 2. Die Akzentsetzung

a. La comida del hotel me sentó fatal.

b. El piloto del helicóptero no era francés sino alemán.

c. En verano me gusta comer melón con jamón.

d. Mis amigos son de América del Sur, de Perú.

e. No me gusta escribir con lápiz sino con bolígrafo.

f. De pequeños íbamos a nadar los sábados.

g. José es mecánico de automóviles.

h. El autobús llegó con veintidós minutos de retraso.

i. Mi profesor de música cantó ayer villancicos populares en Barcelona.

G Auf der letzten Silbe betonte Wörter tragen nur dann einen Akzent, wenn sie auf Vokal, -n oder -s enden. Auf der vorletzten Silbe betonte Wörter tragen hingegen einen Akzent, wenn sie auf Konsonant (außer -n und -s) enden. Liegt die Betonung auf der vorvorletzten Silbe, schreibt man die Wörter immer mit einem Akzent.

Abschlusstest

1 **Der Artikel**   A1

Setzen Sie den richtigen Artikel ein.

a. ¿Puedo hablar con .... señor Sánchez?

b. No me gustan .... manzanas.

c. Me han regalado .... vestido precioso.

d. El día de mi cumpleaños voy a invitar a .... amigos a cenar.

2 **Das Substantiv**   A1

Bilden Sie den Plural der angegebenen Substantive und ordnen Sie sie in die passende Reihe ein.

mesa	hotel	casa	café	lápiz	pan
libro	papel	bar	taza	calle	reloj

-s: *mesas* ....

....

-es: *hoteles* ....

....

3 **Das Adjektiv**   A1

Ergänzen Sie die Sätze mit der passenden Form der in Klammern angegebenen Adjketive.

a. Mi hija (mayor) .... estudia en la universidad.

b. Antonio es un (bueno) .... abogado.

c. Me he comprado un abrigo y una chaqueta (marrón)

....

d. No sé si ponerme el jersey (verde) .... o la

camisa (azul) ....

A2

4 Das Adverb
Ergänzen Sie die Sätze mit den Adverbien muy, mucho, nunca, mejor oder ya.

a. .... nos llama por teléfono.

b. No me gusta .... el pescado.

c. Lo has hecho .... que otras veces.

d. Tu amiga es .... simpática.

e. ¿............................. has terminado? Es muy tarde.

A2

5 Der Vergleich
Ergänzen Sie die Sätze.

a. Esta casa es más grande .... la mía.

b. Tengo .... amigas como amigos.

c. Es el parque más grande .... la ciudad.

d. Trabaja .... como su madre.

e. Este coche no es .... caro como el otro.

A2

6 Das Personalpronomen
Übersetzen Sie die Sätze ins Spanische.

a. Ich habe es ihm gegeben.

   ....

b. Mir hat sie nichts geschenkt.

   ....

c. Ich möchte mit dir sprechen.

   ....

d. Die Kinder sind mit mir gekommen.

   ....

7 Weitere Pronomen   A2
Wählen Sie die richtige Form.

a. ¿Cuántos / Cuánto años tienes?

b. Éste es mío / mi amigo Carlos.

c. No he hablado con nadie / ningún.

d. El coche que / el cual me he comprado es rojo.

8 Das Verb   A1
Was passt? Ergänzen Sie die Sätze mit den Verben ser, estar oder hay.

a. El hotel .... muy cerca de tu casa.

b. Tus hermanas .... muy simpáticas.

c. En mi casa no .... comedor.

d. Nosotros .... estudiantes alemanes.

9 Der Indikativ – Präsens   A1
Ergänzen Sie den Text mit der Präsensform der in Klammern angegebenen Verben.

Normalmente yo (levantarse) .... a las 8, (A2 vestirse)

.... y (desayunar) .... (salir)

.... de casa a las 8.30 y (ir) .... a la

universidad. Las clases (empezar) .... a las 9 y

(A2 terminar) .... a las 2. (volver) ....

a casa a las 3. A las 5 (venir) .... mi profesor de

guitarra. (tener) .... clase hasta las 6. Después

(poner) .... música, (estudiar) ....

A las 9 (cenar) .... y a las 11.30 (B1 acostarse)

....

A2

⑩ Der Indikativ – Indefinido
Schreiben Sie den Text der Übung 9 im Indefinido.

Ayer ....

....

....

....

....

....

....

....

....

....

....

B2

⑪ Der Konditional
Ergänzen Sie die Sätze mit dem Konditional I oder II der in Klammern angegebenen Verben.

a. Si me hubieras avisado, no (yo, llegar) .... tan tarde.

b. Si quisiera, me (ella, llamar) ....

c. José no vino anoche a la cena, ¿ (él, estar) ....
enfadado?

d. Yo en tu lugar (yo, tener) .... más cuidado, es una
tarea delicada.

e. Probablemente (ellos, marcharse) .... el día antes,
por eso no los vimos.

f. Si lo hubiera sabido, te lo (decir) ....

g. ¿A usted le (gustar) .... ir a trabajar a Nicaragua?

12 Der Subjuntivo – Zeitformen B1
Verneinen Sie die Aussagen mit no creo que.

a. Sandra irá al concierto.

....

b. Antes tenía más tiempo para mis amigos.

....

c. Carmen dijo ayer todo lo que sabía.

....

d. Su hermano conduce un camión.

....

13 Der Subjuntivo – Gebrauch B1
Verbinden Sie die Satzteile.

a. Iré cuando   vengas conmigo mañana.

b. Ya sé que   tenga ganas.

c. No me parece que   ir al cine esta noche.

d. Me he comprado un coche   no quieres hacerlo.

e. Quiero   sea tan difícil.

f. Quiero que   para viajar por España.

14 Der Imperativ A2
Sind die Sätze richtig (✓) oder falsch (✗)? Kreuzen Sie an.

a. ◼ Póngame un café.

b. ◼ Levantados pronto.

c. ◼ Díceme qué necesita.

d. ◼ Me acompañe, por favor.

e. ◼ Venga conmigo.

B2 **15 Die infiniten Verbformen**
Wählen Sie die richtige Form.

a. Hemos venido **andados** / **andando**.

b. Las niñas fueron **elegidas** / **elegido** estudiantes del año.

c. Nos quedan dos temas por **repasados** / **repasar**.

d. De haberlo **sabido** / **sabiéndolo**, no hubiera venido.

B2 **16 Das Passiv**
Ergänzen Sie die Sätze mit Vorgangs- oder Zustandspassiv.
Verwenden Sie dabei die in Klammern angegebenen Verben.

a. Esos cuadros (pintar) .... por un artista
desconocido hace dos siglos.

b. Las paredes (pintar) .... de verde durante
muchos años.

c. Las ventanas (abrir) .... todo el día y ahora
hace frío.

d. El delincuente (detener) .... por la policía hace
unos días.

e. Esta semana (descubrir) .... un nuevo virus por un
grupo de científicos europeos.

B2 **17 Verbale Umschreibungen**
Ergänzen Sie die Sätze mit den angegebenen Satzteilen.

estáis haciendo / acabarán viniendo / acababa de empezar
llevo escuchándote

a. .... a comer cuando me llamaron por teléfono.

b. ¿Qué .... con esos cuadernos?

c. .... a pedirnos perdón.

d. .... dos horas.

18 Die Präposition A1

Wählen Sie die richtige Präposition.

a. He ido al / en el teatro.

b. He estado a / en casa todo el día.

c. Este regalo es por / para ti.

d. No he hablado con ellos desde / desde hace tres días.

e. Estudio español para / por hablar con mis amigos mexicanos.

19 Die Konjunktion B2

Ergänzen Sie die Sätze mit den angegebenen Konjunktionen.

con tal de que / en cuanto / por más que / como

a. Lo estrenaré .... me lo compre.

b. .... no venías, nos marchamos.

c. Te lo cuento .... no se lo digas a nadie.

d. .... me lo expliques, no lo entenderé nunca.

20 Die Wortstellung im Satz A1
Ordnen Sie die Sätze.

a. a nadie / no / he dicho / lo / se

....

b. regalar / por tu cumpleaños / lo / vamos a / te

....

c. le / un jersey / he comprado / a tu hermana

....

d. contigo / voy a / no / ir

....

A1 **21 Die Verneinung**
Verneinen Sie die Sätze.

a. Tengo sueño.

....

b. Ya hemos terminado.

....

c. ¿Has leído alguna novela policíaca?

....

B2 **22 Die indirekte Rede**
Formen Sie die Sätze in die indirekte Rede um.

a. Acabo de llegar.

Me dijo que ....

b. Mañana iré a verte en cuanto termine de trabajar.

Ayer me aseguró que ....

c. Todo ocurrió antes de que llegáramos nosotros.

Declaró que ....

A2 **23 Die Rechtschreibung**
Ergänzen Sie die Sätze mit den in Klammern angegebenen Wörtern.

a. .... me dijo que .... coche era suyo. (él, el)

b. .... novio me lo contó a .... (mí, mi)

c. ¿........... quieres .... te diga? (que, qué)

d. ...., iré .... quieres que vaya. (sí, si)

e. ¿........... ya has hablado con .... familia? (tu, tú)

🔑 10. Der Indikativ – Indefinido

Ayer me levanté a las 8, me vestí y desayuné. Salí de casa a las 8.30 y fui a la universidad. Las clases empezaron a las 9 y terminaron a las 2. Volví a casa a las 3. A las 5 vino mi profesor de guitarra. Tuve clase hasta las 6. Después puse música, estudié. A las 9 cené y a las 11.30 me acosté.

🔑 11. Der Konditional

a. Si me hubieras avisado, no habría llegado tan tarde.
b. Si quisiera, me llamaría.
c. José no vino anoche a la cena, ¿estaría enfadado?
d. Yo en tu lugar tendría más cuidado, es una tarea delicada.
e. Probablemente se habrían marchado el día antes, por eso no los vimos.
f. Si lo hubiera sabido, te lo habría dicho.
g. ¿A usted le gustaría ir a trabajar a Nicaragua?

🔑 12. Der Subjuntivo – Zeitformen

a. No creo que Sandra vaya al concierto.
b. No creo que antes tuviera más tiempo para mis amigos.
c. No creo que Carmen dijera ayer todo lo que sabía.
d. No creo que su hermano conduzca un camión.

🔑 13. Der Subjuntivo – Gebrauch

a. Iré cuando tenga ganas.
b. Ya sé que no quieres hacerlo.

c. No me parece que sea tan difícil.
d. Me he comprado un coche para viajar por España.
e. Quiero ir al cine esta noche.
f. Quiero que vengas conmigo mañana.

🔑 14. Der Imperativ

a. richtig
b. falsch → Levantaos pronto.
c. falsch → Dígame qué necesita.
d. falsch → Acompáñeme, por favor.
e. richtig

🔑 15. Die infiniten Verbformen

a. Hemos venido andando.
b. Las niñas fueron elegidas estudiantes del año.
c. Nos quedan dos temas por repasar.
d. De haberlo sabido, no hubiera venido.

🔑 16. Das Passiv

a. Esos cuadros fueron pintados por un artista desconocido hace dos siglos.
b. Las paredes estuvieron pintadas de verde durante muchos años.
c. Las ventanas han estado abiertas todo el día y ahora hace frío.
d. El delincuente fue detenido por la policía hace unos días.
e. Esta semana ha sido descubierto un nuevo virus por un grupo de científicos europeos.

Lösungen

🔑 1. Der Artikel
a. ¿Puedo hablar con el señor Sánchez?
b. No me gustan las manzanas.
c. Me han regalado un vestido precioso.
d. El día de mi cumpleaños voy a invitar a unos amigos a cenar.

🔑 2. Das Substantiv
-e: mesas, casas, cafés, libros, tazas, calles
-es: hoteles, lápices, panes, papeles, bares, relojes

🔑 3. Das Adjektiv
a. Mi hija mayor estudia en la universidad.
b. Antonio es un buen abogado.
c. Me he comprado un abrigo y una chaqueta marrones.
d. No sé si ponerme el jersey verde o la camisa azul.

🔑 4. Das Adverb
a. Nunca nos llama por teléfono.
b. No me gusta mucho el pescado.
c. Lo has hecho mejor que otras veces.
d. Tu amiga es muy simpática.
e. ¿Ya has terminado? Es muy tarde.

🔑 5. Der Vergleich
a. Esta casa es más grande que la mía.
b. Tengo tantas amigas como amigos.
c. Es el parque más grande de la ciudad.
d. Trabaja tanto como su madre.
e. Este coche no es tan caro como el otro.

🔑 6. Das Personalpronomen
a. (Yo) Se lo he dado (a él).
b. A mí (ella) no me ha regalado nada.
c. (Yo) Quiero hablar contigo.
d. Los niños han venido conmigo.

🔑 7. Weitere Pronomen
a. ¿Cuántos años tienes?
b. Éste es mi amigo Carlos.
c. No he hablado con nadie.
d. El coche que me he comprado es rojo.

🔑 8. Das Verb
a. El hotel está muy cerca de tu casa.
b. Tus hermanas son muy simpáticas.
c. En mi casa no hay comedor.
d. Nosotros somos estudiantes alemanes.

🔑 9. Der Indikativ – Präsens
Normalmente yo me levanto a las 8, me visto y desayuno. Salgo de casa a las 8.30 y voy a la universidad. Las clases empiezan a las 9 y terminan a las 2. Vuelvo a casa a las 3. A las 5 viene mi profesor de guitarra. Tengo clase hasta las 6. Después pongo música, estudio. A las 9 ceno y a las 11.30 me acuesto.

17. Verbale Umschreibungen
a. Acababa de empezar a comer cuando me llamaron por teléfono.
b. ¿Qué estáis haciendo con esos cuadernos?
c. Acabarán viniendo a pedirnos perdón.
d. Llevo escuchándote dos horas.

18. Die Präposition
a. He ido al teatro.
b. He estado en casa todo el día.
c. Este regalo es para ti.
d. No he hablado con ellos desde hace tres días.
e. Estudio español para hablar con mis amigos mexicanos.

19. Die Konjunktion
a. Lo estrenaré en cuanto me lo compre.
b. Como no venías, nos marchamos.
c. Te lo cuento con tal de que no se lo digas a nadie.
d. Por más que me lo expliques, no lo entenderé nunca.

20. Die Wortstellung im Satz
a. No se lo he dicho a nadie.
b. Te lo vamos a regalar por tu cumpleaños.
c. A tu hermana le he comprado un jersey. / Le he comprado un jersey a tu hermana.
d. No voy a ir contigo.

21. Die Verneinung
a. No tengo sueño.
b. No hemos terminado todavía. / Todavía no hemos terminado.
c. ¿No has leído ninguna novela policíaca?

22. Die indirekte Rede
a. Me dijo que acababa de llegar.
b. Ayer me aseguró que hoy vendría a verme en cuanto terminara de trabajar.
c. Declaró que todo había ocurrido antes de que ellos llegaran.

23. Die Rechtschreibung
a. Él me dijo que el coche era suyo.
b. Mi novio me lo contó a mí.
c. ¿Qué quieres que te diga?
d. Sí, iré si quieres que vaya.
e. ¿Tú ya has hablado con tu familia?

Unregelmäßige Verben

Bei der folgenden Übersicht werden die unregelmäßigen Personen der jeweiligen Zeitform angegeben. Bildet das Verb die Zeitform regelmäßig, wird nur die erste Person Singular gezeigt. Die Angabe „weitere Personen regelmäßig" zeigt an, dass die angegebene 1. Person Singular unregelmäßig ist.

Infinitiv	Indikativ Präsens	Futur I	Imperfekt	Indefinido
andar *gehen*	yo ando	yo andaré	yo andaba	yo anduve, tú anduviste, él anduvo, nosotros anduvimos, vosotros anduvisteis, ellos anduvieron
conocer *kennen*	yo conozco weitere Personen regelmäßig	yo conoceré	yo conocía	yo conocí
construir *bauen*	yo construyo, tú construyes, él construye, nosotros construimos, vosotros construís, ellos construyen	yo construiré	yo construía	él construyó, ellos construyeron
dar geben	yo doy weitere Personen regelmäßig	yo daré	yo daba	yo di, tú diste, él dio, nosotros dimos, vosotros disteis, ellos dieron

Konditional I	Subjuntivo Präsens	Subjuntivo Imperfekt	Partizip Perfekt	Gerund
yo andaría	yo ande	yo anduviera yo anduviese	andado	andando
yo conocería	yo conozca, tú conozcas, él conozca, nosotros conozcamos, vosotros conozcáis, ellos conozcan	yo conociera yo conociese	conocido	conociendo
yo construiría	yo construya, tú construyas, él construya, nosotros construyamos, vosotros construyáis, ellos construyan	yo construyera yo construyese	construido	construyendo
yo daría	yo dé, él dé	yo diera yo diese	dado	dando

Infinitiv	Indikativ Präsens	Futur I	Imperfekt	Indefinido
decir *sagen*	yo digo, tú dices, él dice, nosotros decimos, vosotros decís, ellos dicen	yo diré, tú dirás, él dirá, nosotros diremos, vosotros diréis, ellos dirán	yo decía	yo dije, tú dijiste, él dijo, nosotros dijimos, vosotros dijisteis, ellos dijeron
dormir *schlafen*	yo duermo, tú duermes, él duerme, nosotros dormimos, vosotros dormís, ellos duermen	yo dormiré	yo dormía	él durmió, ellos durmieron
estar *sein*	yo estoy, tú estás, él está, nosotros estamos, vosotros estáis, ellos están	yo estaré	yo estaba	yo estuve, tú estuviste, él estuvo, nosotros estuvimos, vosotros estuvisteis, ellos estuvieron
haber *sein,* *haben*	yo he, tú has, él ha, nosotros hemos, vosotros habéis, ellos han	yo habré, tú habrás, él habrá, nosotros habremos, vosotros habréis, ellos habrán	yo había	yo hube, tú hubiste, él hubo, nosotros hubimos, vosotros hubisteis, ellos hubieron
hacer *machen*	yo hago weitere Personen regelmäßig	yo haré, tú harás, él hará, nosotros haremos, vosotros haréis, ellos harán	yo hacía	yo hice, tú hiciste, él hizo, nosotros hicimos, vosotros hicisteis, ellos hicieron

Konditional I	Subjuntivo Präsens	Subjuntivo Imperfekt	Partizip Perfekt	Gerund
yo diría, tú dirías, él diría, nosotros diríamos, vosotros diríais, ellos dirían	yo diga, tú digas, él diga, nosotros digamos, vosotros digáis, ellos digan	yo dijera yo dijese	dicho	diciendo
yo dormiría	yo duerma, tú duermas, él duerma, nosotros durmamos, vosotros durmáis, ellos duerman	yo durmiera yo durmiese	dormido	durmiendo
yo estaría	yo esté, tú estés, él esté, nosotros estemos, vosotros estéis, ellos estén	yo estuviera yo estuviese	estado	estando
yo habría, tú habrías, él habría, nosotros habríamos, vosotros habríais, ellos habrían	yo haya, tú hayas, él haya, nosotros hayamos, vosotros hayáis, ellos hayan	yo hubiera yo hubiese	habido	habiendo
yo haría, tú harías, él haría, nosotros haríamos, vosotros haríais, ellos harían	yo haga, tú hagas, él haga, nosotros hagamos, vosotros hagáis, ellos hagan	yo hiciera yo hiciese	hecho	haciendo

Infinitiv	Indikativ Präsens	Futur I	Imperfekt	Indefinido
ir *gehen*	yo voy, tú vas, él va, nosotros vamos, vosotros vais, ellos van	yo iré	yo iba, tú ibas, él iba, nosotros íbamos, vosotros ibais, ellos iban	yo fui, tú fuiste, él fue, nosotros fuimos, vosotros fuisteis, ellos fueron
pedir *bitten*	yo pido, tú pides, él pide, nosotros pedimos, vosotros pedís, ellos piden	yo pediré	yo pedía	él pidió, ellos pidieron
poder *können*	yo puedo, tú puedes, él puede, nosotros podemos, vosotros podéis, ellos pueden	yo podré, tú podrás, él podrá, noso-tros podremos, vosotros podréis, ellos podrán	yo podía	yo pude, tú pudiste, él pudo, nosotros pudimos, vosotros pudisteis, ellos pudieron
poner *legen,* *setzen*	yo pongo weitere Personen regelmäßig	yo pondré, tú pondrás, él pondrá, nosotros pondremos, vosotros pondréis, ellos pondrán	yo ponía	yo puse, tú pusiste, él puso, nosotros pusimos, vosotros pusisteis, ellos pusieron
querer *wollen*	yo quiero, tú quieres, él quiere, nosotros queremos, vosotros queréis, ellos quieren	yo querré, tú querrás, él querrá, nosotros querremos, vosotros querréis, ellos querrán	yo quería	yo quise, tú quisiste, él quiso, nosotros quisimos, vosotros quisisteis, ellos quisieron

Konditional I	Subjuntivo Präsens	Subjuntivo Imperfekt	Partizip Perfekt	Gerund
yo iría	yo vaya, tú vayas, él vaya, nosotros vayamos, vosotros vayáis, ellos vayan	yo fuera yo fuese	ido	yendo
yo pediría	yo pida, tú pidas, él pida, nosotros pidamos, vosotros pidáis, ellos pidan	yo pidiera yo pidiese	pedido	pidiendo
yo podría, tú podrías, él podría, nosotros podríamos, vosotros podríais, ellos podrían	yo pueda, tú puedas, él pueda, nosotros podamos, vosotros podáis, ellos puedan	yo pudiera yo pudiese	podido	pudiendo
yo pondría, tú pondrías, él pondría, nosotros pondríamos, vosotros pondríais, ellos pondrían	yo ponga, tú pongas, él ponga, nosotros pongamos, vosotros pongáis, ellos pongan	yo pusiera yo pusiese	puesto	poniendo
yo querría, tú querrías, él querría, nosotros querríamos, vosotros querríais, ellos querrían	yo quiera, tú quieras, él quiera, nosotros queramos, vosotros queráis, ellos quieran	yo quisiera yo quisiese	querido	queriendo

Infinitiv	Indikativ Präsens	Futur I	Imperfekt	Indefinido
saber *wissen*	yo sé weitere Personen regelmäßig	yo sabré, tú sabrás, él sabrá, noso- tros sabremos, vosotros sabréis, ellos sabrán	yo sabía	yo supe, tú supiste, él supo, nosotros supimos, vosotros supisteis, ellos supieron
sentir *fühlen,* *spüren*	yo siento, tú sientes, él siente, nosotros sentimos, vosotros sentís, ellos sienten	yo sentiré	yo sentía	él sintió, ellos sintieron
ser *sein*	yo soy, tú eres, él es, nosotros somos, vosotros sois, ellos son	yo seré	yo era, tú eras, él era, nosotros éramos, vosotros erais, ellos eran	yo fui, tú fuiste, él fue, nosotros fuimos, vosotros fuisteis, ellos fueron
tener *haben*	yo tengo, tú tienes, él tiene, nosotros tenemos, vosotros tenéis, ellos tienen	yo tendré, tú tendrás, él tendrá, nosotros tendremos, vosotros tendréis, ellos tendrán	yo tenía	yo tuve, tú tuviste, él tuvo, nosotros tuvimos, vosotros tuvisteis, ellos tuvieron
venir *kommen*	yo vengo, tú vienes, él viene, nosotros venimos, vosotros venís, ellos vienen	yo vendré, tú vendrás, él vendrá, nosotros vendremos, vosotros vendréis, ellos vendrán	yo venía	yo vine, tú viniste, él vino, nosotros vinimos, vosotros vinisteis, ellos vinieron

Konditional I	Subjuntivo Präsens	Subjuntivo Imperfekt	Partizip Perfekt	Gerund
yo sabría, tú sabrías, él sabría, nosotros sabríamos, vosotros sabríais, ellos sabrían	yo sepa, tú sepas, él sepa, nosotros sepamos, vosotros sepáis, ellos sepan	yo supiera yo supiese	sabido	sabiendo
yo sentiría	yo sienta, tú sientas, él sienta, nosotros sintamos, vosotros sintáis, ellos sientan	yo sintiera yo sintiese	sentido	sintiendo
yo sería	yo sea, tú seas, él sea, nosotros seamos, vosotros seáis, ellos sean	yo fuera yo fuese	sido	siendo
yo tendría, tú tendrías, él tendría, nosotros tendríamos, vosotros tendríais, ellos tendrían	yo tenga, tú tengas, él tenga, nosotros tengamos, vosotros tengáis, ellos tengan	yo tuviera yo tuviese	tenido	teniendo
yo vendría, tú vendrías, él vendría, nosotros vendríamos, vosotros vendríais, ellos vendrían	yo venga, tú vengas, él venga, nosotros vengamos, vosotros vengáis, ellos vengan	yo viniera yo viniese	venido	viniendo

Sachregister